JN262186

体制転換とガバナンス

市川 顕／稲垣文昭／奥田 敦
［編著］

ミネルヴァ書房

巻頭言

　このたび，香川敏幸君の慶應義塾大学退任を記念して，ミネルヴァ書房から『体制転換とガバナンス』が公刊されることについて，心からお慶び申し上げたい。
　私と香川君とは図らざる因縁がある。私が彼と初めて出会ったのは，彼が中学生の時だった。当時の私は，慶應義塾大学の助手であったが，助手といっても無給であったため，三田と程近い芝中学校で商業の講師などをして生計をたてていたことがある。遊ばせてばかりで勉強させない先生であったが，生徒には良く慕ってもらった。香川君は実は，その時の生徒の一人であった。その後，彼が慶應義塾大学経済学部に入学した頃には私もゼミをうけもつようになっており，三田に進んだ香川君は私のゼミの一員となり，さらには私が創設にかかわった慶應義塾大学総合政策学部の教授になった。
　香川君は，私が当時研究対象としていた経済体制論に関心をもち，「体制収斂論」に研究の照準を定めた。このことには私も，大いに刺激を受けた。当時の私は，経済体制論をどのように研究していくかを思案していたのだが，彼は私に，ユーゴスラビアの研究を提示してきたのである。これが，その後の共産圏の崩壊を見通したすばらしい研究材料となったことは，いうまでもない。彼は誰よりも早くこれに眼を着け，ユーゴの実態をマスターすることで日本における頂点を極め，ロシア・東欧学会のリーダーの一人として大きな存在になっている。
　香川君はいつも謙虚に自分の専門領域をまもり，ついにそれを大成させるに至った。そんな香川君が義塾を退任したことを思うと，私は淋しくもあるが，彼が熱心に研究・教育に打ち込んだ慶應義塾湘南藤沢キャンパスの「グローバル・ガバナンスとリージョナル・ストラテジー」プログラムのチェアパーソン

である奥田敦君，ロシア・東欧学会で活躍が期待されている稲垣文昭君，そして香川君のゼミ生である市川顕君が本書の編集の労をとってくれたように，多方面に香川君の影響が伝わり，その研究が脈々と受け継がれていくことを確信し，嬉しくもある。

　今後とも，香川敏幸君に幸あれと祈念して，巻頭言とさせていただく。

2012年12月21日

慶應義塾大学名誉教授・千葉商科大学名誉学長

加藤　寛

まえがき

　アラブの民衆革命にも明らかなように，現在なお多くの国々が，体制の変革あるいは転換を迫られている。体制転換プロセスと言えば，従来は，自由民主主義体制を唯一の帰結とする「体制移行論」が主流であったが，その後，自由民主主義体制への収斂にとらわれず，個々の事例の特殊性に着目する「体制転換論」が徐々に台頭しつつある。

　例えば，すでに多くの先行研究で指摘されている通り，1990年代の旧共産圏の体制変動は，共産主義体制から自由民主主義体制への変革，つまり「民主化」及び「市場経済化」と捉えられる「体制移行」研究が中心であった。これは，体制変動，とくに民主化を志向する動きが同時多発的に生じたこと，そして冷戦が共産主義体制の敗北という形で終わったことが一要因であったと思われる。さらに，S・P・ハンチントンの『第三の波』（1991年）に代表されるように，アメリカを中心に1970年代頃から盛んになりつつあったアクターの役割に焦点を当てた行動科学の視点からの民主化論の影響も見逃せない。このアクター中心主義の体制移行論は，1950年代頃以降，戦後独立した国家に対して「自由主義的」な発想から行われた，米国による経済・政治支援（山本，1989, pp. 12-13；2006, p. 100）を源流とするものであり，民主化を人為的につくり出せるものとして移行支援のある種の思想的支柱でもあったと言える。

　これに対し，中東欧諸国や旧ソ連諸国での体制移行に関しては，その経済的な行き詰り，（特に旧ソ連における）民主化の停滞，そして中東欧諸国における移行後の差異から，それを「移行論」的視座で論じることに疑問が呈されるようになった。徐々に個別事例ごとの歴史的遺産や経路依存性など変革プロセスそのものを考察対象とする「体制転換論」の視座が重視されるようになったのである。体制移行論が行動科学に基づくアクター中心主義の分析であったのに

対し，体制転換論はより各国・地域毎の歴史・社会条件や国際環境の影響などを考慮し，体制変動の結末を自由民主主義体制に限定しない各国・地域毎に特殊性を重視する分析と言えよう。

　そこで本書は，「体制移行論」と「体制転換論」の双方に目配せしながら，さらにはそこにガバナンス論的視座を取り込むことによって，「体制転換」研究のフロンティアとして世に問うことを目的とした。そして，本書の主旨に賛同してくださった諸先生の協力を得て中東欧諸国，旧ソ連，南米，中国，イスラーム圏という世界のさまざまな地域および国家における「体制転換」と，そこにおける「ガバナンス」の現状と特徴について論じていただいた。

　なお，冷戦解体から20年以上が経ち，折しも「アラブの春」に表象される中東の政治変動の影響もあり，本書だけではなく，旧共産圏の体制転換過程を読み直す作業が活発である。例えば，2010年のロシア・東欧学会 JSSEES 合同研究大会の共通論題は「体制転換の20年——ロシア・東欧の軌跡」及び「歴史の中の体制転換」と題したものであった。これらの学術的な動きは，新自由主義的なグローバル化の進展と旧東側の体制転換期が合致したこと，その旧東側の体制転換プロセスが多様な結果を示す一方で，アジアを中心に旧中東欧への支援策の柱となっていた「ワシントン・コンセンサス」とは異なる条件下で経済発展を遂げた新興国が台頭しつつあるといった事実が影響していよう。

　本書は，このような時代的背景からもガバナンス研究を取り込む形での「体制転換」のフロンティアを問うことを目的とした。そして，その目的に鑑みて，以下のとおり（目次には明示していないが）構成上大きく三地域にパートを分けた。まず，第1章から第3章を急激な民主化・市場経済化がある程度達成されつつも，その後の政治経済情勢に差異が生まれた「中東欧地域」とした。続く，第4章と第5章は，その中東欧地域から若干遅れて起きた民主化・市場経済化が限定的もしくは進展しなかった「旧ソ連地域」，そして第6章〜第8章は，中東欧・旧ソ連圏の前例となる「中南米」および後発となる「中国」と「イスラーム圏」からなる「その他」の地域である。

　なお，体制転換のフロンティアを問うことを目的に多様な地域の事例を取上

げるのであれば,「未だ確立した方法が示されていない体制転換の比較分析の手法」(仙石・林, 2011, p.6) についても何らかの提示がなされるべきではないのかとの指摘もあるかと思われる。編者等もその指摘には全面的に賛同するものであり,上記のような地域毎に分類することで「地域間の比較」を可能とするだけではなく,読者が「『中東欧地域内』の比較」,「『旧ソ連圏』内の比較」,そして「『その他』の地域内の比較」を多少でも行い易いようにと考えた結果である。ただし,比較研究を厳密に行うための基準を本書は決めておらず,執筆にあたっては各著者に「体制転換」および「ガバナンス」の観点から専門とする地域・国家の体制変動についての分析をお願いしたのみである。これは,異なる社会・経済・歴史的背景を持つ国家・地域を比較するための,民主化・市場経済化とは異なる指標・基準をどのように規定するかが明確ではなく,本書の目的はむしろその指標・基準を模索するための基礎的な研究としての意味合いが強いためである。もちろん,基準・指標をどのように設定するかは,編者らの役務でありその基準設定にまで力が及ばなかったことは素直に反省する点であるとともに,今後取組むべき課題として受け止めている。

　そのような理由から本書は1つの固定的な概念・基準に基づく比較分析というよりも,「体制転換」と「ガバナンンス」論の多様性を明らかにすることで「体制転換とガバナンス」論を議論するための一種のたたき台を作ることを重視したものとしてご看過いただければ幸いである。

　さて,「まえがき」という限られた分量の中で各章の詳細な内容に踏み込むことは避けるが,上記の議論整理する為に,本書の主旨に従い各章の特徴について整理して文を結びたい。香川による第1章「体制の収斂か？――私の比較体制論講義」は,旧ユーゴスラヴィアを中心的な事例に「資本主義経済と社会主義経済は工業化・技術発展の結果,漸次,1つの混合経済体制に収束してゆくとの仮説」である「体制収斂論」の理論的な視座から「体制移行」を考察した上で,体制転換を文明社会から文明後社会への転換と捉え,インターネットを戦略としたグローバリゼーションによる文明的大転換の可能性を示唆している。続く家本による第2章「中東欧の体制転換とEUの拡大」では,ハンガリ

一，チェコ，ポーランドの中東欧3カ国を事例に，体制転換の実態その影響を考察しつつ，中東欧諸国がEU加盟を目指した背景と現状，そして今後の対EU政策について論じている。とくに中東欧諸国が掲げてきた「欧州への回帰」を実現する為の手段であるEU拡大における中東欧諸国の発言力の増大，つまりEUが拡大する過程でガバナンスの様態を変更させる，EUすらも体制転換をせざるを得ない状況を描き出している。そして，「南中東欧編」の締めくくりとなる市川による第3章「体制転換と欧州化」はポーランドの環境政策を事例にその体制転換を考察したものである。共産主義体制下からのポーランドの環境政策を詳細に考察することで，ポーランドが「継続と刷新」に基づく経路依存的体制転換を当初は歩むも，その後は，EU環境アキ・コミュノテールの受容という強制的側面をもつ欧州化とポーランドの環境アクターが欧州環境ガバナンスに参加するガバナンス的欧州化のハイブリッドな形態の体制転換になったことを示している。

　続く，長谷による第4章「ロシアにおける体制転換」では，民主化と連邦制を軸に旧ソ連からロシアへの国家再編について考察している。とくに中央政府と地方政府間の政治的意見表出経路として機能していた共産党の弱体化により，連邦制下で中央＝地方関係が弱体化したこと第一期プーチン政権時代の連邦制改革（再中央集権化）や「統一ロシア」党の創設がその中央＝地方関係の結節点になっていることを明らかにし，いわゆる「民主化」と異なる路線を歩まざるを得ないロシアの現状を描いている。そして稲垣による第5章「転回する中央アジア空間」では，中央アジア諸国の政治体制がソ連時代に伝統的な政治制度と共産党システムが融合したことで，一部の政治集団の利益が国家の政策に反映される「新家産制国家」化しており，その新家産制国家体制が秩序を担保しているが故に，その秩序崩壊を招きかねない自由民主主義的な帰結とする体制移行とは異なる経路にあることを明らかにした。これらロシアと中央アジアの事例は，中東欧諸国とは異なりEUの影響力の弱さも影響していると思われる。つまり，「欧州への回帰」のためにEU加盟を目指す「南中東欧諸国」は，EU的なガバナンスの枠組みをある程度受入れざるを得ないが，EU加盟の蚊

まえがき

帳の外にあるロシア，中央アジアにとっては自国の発展経路に従った秩序維持の体制を指向する傾向が強いと言える。

そして，廣田による第6章「ラテンアメリカにおける民主化以後の市民参加」では，旧共産圏に先んじて1970年代から民主化・市場経済化が進展した「民主化の第三の波」のさきがけにあたる中南米においては，代表制民主主義への疑問が呈され，グローバル化の影響もあり「討議民主主義」の段階に移りつつあることをアルゼンチンの「ピケテーロス運動」やブラジルの「参加型予算」を事例に明らかにした。これらの南米の動きは東欧諸国でも「体制移行」が一定の成功を収めているポーランド，チェコ，ハンガリーなどが次に向かう段階と「ガバナンス」のあり方を示すものと言えるだろう。続く，加茂による第7章「生き延びた中国共産党」は，2001年7月に打ち出された「『三つの代表』重要思想」以後の中国共産党のガバナンスの変化に焦点を当てたものである。旧ソ連・中東欧諸国の体制移行において，共産党が周縁へと追いやられてきたことへの憂慮から，市場経済化とそれに伴う社会的矛盾のバランスの間で苦悩しながら，世界第二位の経済大国となった中国を統べる中国共産党が権力の中枢に生き残る為の戦略を明らかにしているが，それは中東欧・旧ソ連諸国の体制移行に対する共産主義国の評価と言える。そして，最終章となる奥田による第8章「ガバナンスと宗教」ではイスラーム教を中心に公共宗教の観点から「体制移行」と「ガバナンス」あり方を模索している。2010年にチュニジアで始まった「アラブの春」以降の一連の中東地域における体制変動の波はどこまで影響を及ぼし，どのような体制が生まれるのかはいまだ明らかではない。その理由の1つに，南米や中東欧，そして旧ソ連とは異なり「イスラーム」の存在がある。そして，それは第1章で香川が提起した「文明社会から文明後社会」という体制転換を導く為の思想的な1つの回答が示されているとも言えよう。

以上のように，本書は1980年代半ばから1990年代にかけて起きた中東欧における体制変動を軸に，周縁地域，先行する地域，後発地域の各事例研究を網羅することで，「体制転換論」の可能性を探った。目的は達せられたかは読者の

vii

評価にお任せしたいと思うが，各先生のお力添えで一定の成果は得られたのではないかと思う。あらためて，執筆いただいた諸先生に感謝したい。

　なお，本書は各章毎に年表や資料，参考文献をつけるなど，これから体制転換を学び始めようとする読者にも配慮した。本書の議論を通じて特定の事例や地域に関心をもち，よりよい社会のあり方についてさらに深く学びたいという気持ちを持っていただけたならば望外の幸せである。

2012年11月1日

　　　　　　　　　　　　　　　　　　　市川顕・稲垣文昭・奥田敦

参考文献
仙石学・林忠行編著（2011）『ポスト社会主義の政治と経済――旧ソ連・中東欧の比較』ミネルヴァ書房。
山本吉宣（1989）『国際的相互依存』東京大学出版会。
―――（2006）『「帝国」の国際政治学――冷戦後の国際システムとアメリカ』東信堂。

体制転換とガバナンス
目　次

巻頭言
まえがき

第1章　体制の収斂か？──私の比較体制論講義 …………………… 香川敏幸 … 1
　　　1　20世紀とは何だったのか　1
　　　2　社会主義について　2
　　　3　体制の収斂とは　2
　　　4　冷戦の終焉と旧ユーゴの解体　4
　　　5　社会主義諸国の体制移行・体制転換における諸問題　6
　　　6　体制の収斂か，それとも多様化か──「社会的進歩」の根本原理からのこたえ　17
　　　旧ユーゴ関連年表　22

第2章　中東欧の体制転換とEUの拡大 ……………………………… 家本博一 … 25
　　　──中東欧がたどってきた20年間
　　　1　1980年代における東欧の変化　25
　　　2　1990年代前半期──東欧各国の改革の現実　33
　　　3　1990年代後半期──中東欧として新たな方向へ　38
　　　4　2000年代──EUの拡大と統合の中で　41
　　　中東欧関連年表　57

第3章　体制転換と欧州化 ……………………………………………… 市川　顕 … 67
　　　──ポーランドにおける環境政策の変遷を事例に
　　　1　体制移行と体制転換　67
　　　2　中央計画経済体制におけるポーランドの環境法・政策　68
　　　3　ポーランドの環境運動の整理　72
　　　4　1989年以降の民主化・市場経済化とポーランド環境政策　76
　　　5　EU加盟過程におけるポーランド環境法・政策上の問題点　79
　　　6　欧州における環境ガバナンスへの包摂　81

7　強制と参加による欧州化　85
　　ポーランド環境法制史関連年表　88

第4章　ロシアにおける体制転換……………………長谷直哉… 91
　　　――民主化と連邦制の狭間で
　　1　現代ロシア政治と連邦制　91
　　2　ソ連の連邦制とロシアの国家再編　94
　　3　エリツィン政権下の連邦制　99
　　4　プーチン政権下の連邦制　103
　　ロシア連邦関連年表　110

第5章　転回する中央アジア空間……………………稲垣文昭… 111
　　　――新家産制化する中央アジア
　　1　中央アジア諸国の成立と体制転換　111
　　2　長期化・権威主義化する政権　115
　　3　大統領制の導入とペレストロイカ　121
　　4　転回する中央アジア　133
　　中央アジア関連年表　140

第6章　ラテンアメリカにおける民主化以後の市民参加……廣田　拓… 143
　　　――既存の代表制を補完する社会的実践
　　1　近年のラテンアメリカの動向　143
　　2　脆弱な民主制と市民参加の相克　145
　　3　民主化以後の政治環境　149
　　4　ラテンアメリカにおけるグローバル化の影響　153
　　5　既存の代表制を補完する市民の社会的実践　156
　　6　民主制における市民参加　164
　　ラテンアメリカ関連年表　170

第**7**章　生き延びた中国共産党……………………………加茂具樹…173
　　　──体制の新しい生き残り戦略とは何か
　　1　中国共産党の生き残り戦略　173
　　2　中国共産党の変身　174
　　3　支配をなぜ受け入れたのか　178
　　4　中国共産党の憂慮　185
　　5　新しい生き残り戦略　187
　　中国共産党関連年表　190

第**8**章　ガバナンスと宗教──体制転換の狭間に学ぶ………奥田　敦…193
　　1　公共宗教とガバナンス　193
　　2　宗教と王権　197
　　3　体制転換の狭間に　201
　　4　体制転換のためのガバナンスから体制転換に囚われないガバナンスへ　208
　　コラム　アラブ民衆革命　213

あとがき　215
索　　引　218

第1章

体制の収斂か？
――私の比較体制論講義――(1)

香 川 敏 幸

Oh, East is East, and West is West, and never the twain shall meet,
Till Earth and Sky stand presently at God's great Judgment Seat;
But there is neither East nor West, Border, nor Breed, nor Birth,
……
Rudyard Kipling's THE BALLAD OF EAST AND WEST

ああ　東は東　西は西　この二つが交わることはない
大地と空が　神の審判の前に立つ最後のときまで
しかし　東もなく　西もなく　国籍もなく　民族もなく　生まれの別もない……
ラドヤード・キップリング「東と西のバラード」(1889)

1　20世紀とは何だったのか

　21世紀の今日において20世紀を回顧するとき，筆者にとって同時代であった「冷戦」という戦後秩序構築のあり方は，興味関心を惹きつけるのに十分であった。20世紀は，人類にとってモータリゼーション（自動車の普及）から航空宇宙開発と発展，そしてインターネットなど情報通信技術の発展によるグローバル化の時代であり，戦争と平和の世紀であるとともにまたイデオロギーの対立ということでは「極端な時代」であったと，言うこともできる。
　日本は，1920年代に欧米列強とともにヴェルサイユ体制の一員として世界秩序に関与することになる。日露戦役において敗れたロシア帝国は，第一次大戦中にすでにボリシェヴィキ革命により崩壊し，レーニンらによる新政権が樹立

されていわゆるソヴィエト社会主義体制が成立した。

そして20世紀の最後の10年を迎える頃から，東欧革命と呼ばれる歴史的な大転換が始まった。その象徴的な出来事の1つは，「ベルリンの壁の崩壊」である。ソ連邦もまた，ゴルバチョフによるペレストロイカ（建て直し）はグラスノスチ（情報公開，表現の自由）に掻き消されるごとく頓挫し，解体した。

2 社会主義について

筆者は1970年，「現代の社会主義——漠然とした主題にたいする体制論的接近」と題する小論を『社会思想研究』第22巻3号（社会思想研究会，1970, pp. 6-15）へ寄稿した。社会思想研究会は河合栄治郎博士の門下生が中心となって自由主義で穏健な英国的社会民主主義に立脚する知識人グループが集まってできた研究会である。したがってファシズムやマルクス主義には一貫して批判的な立場に立っていたと言える。その号の目次を見ると，巻頭論説には猪木正道先生による「社会主義という言葉」が掲載されている。本号に筆者は，三田の大学院における指導教授であった氣賀健三先生の薦めによって修士論文のエッセンスにあたる部分を原稿として編集者にお渡しした。

そこでの問いは，「社会主義は生き残るか」であった。社会主義者たちは，資本主義（体制または社会形態的には私有財産制度と自由企業制度，したがって市場制度を基本とする）の様々な弊害やまたその機能不全を批判してきた。私は，そのような社会主義者たちを革命的社会主義（マルクス主義）と漸進的社会主義（社会民主主義）との2大潮流として分類し，後者の流れにいくらかの同情と期待を込めて，後の収斂論へと展開したのである。

3 体制の収斂とは

体制の収斂とは，体制収斂論（Convergence Thesis，またはHypothesis）とも収束化理論ともよばれ，資本主義経済と社会主義経済は工業化・技術発展の結

果，漸次，1つの混合経済体制に収束してゆくとの仮説または命題のことをいう。

1960年代の「第一世代の収斂論」(第1回ノーベル経済学賞受賞者であるJ・ティンバーゲン，1961，ハーヴァード大学のJ・K・ガルブレイス，1967，ならびにC・カーなど産業社会学者)，そして1980年代の「第二世代の収斂論」(2) などに代表されるものである。ちなみに，氣賀健三先生の卓見は，ソ連・東欧の「現存する社会主義」が消滅して自由主義の経済体制に転換する「帰一論」であった。

ここでは，筆者の先の所論から「第一世代」の代表的収斂論であるティンバーゲンの議論を紹介することにしよう。

ティンバーゲンは，一方で，物理学者でもあり，同じく著名な生物学者であった弟の影響を受けているやもしれぬが，体制の運動作用や進化のあり方というものに着目し，他方で，人類の経験とか過去の教訓を学ぶことを重視し，何よりも社会民主主義者の理念から社会にとって調和のとれた最適な組織や制度，したがって体制が存在しうると考えていた。

現実の世界は，まさに東西の冷戦という緊張した時代ではあったが，ソ連の宇宙船スプートニクや米国のアポロ計画など大競争時代でもあり，両体制間の競争が盛んに行われていた。ここに幾分の楽観主義があったとも言えよう。

ティンバーゲンの問いは，「共産主義経済体制と自由企業経済体制とはその様式において収斂するか」ということである。両体制は，次第に変化しながら接近しており，①公的部門の規模の大きさ，②経営者の生産決定における裁量の自由，③生産計画の細目，④価格統制・規制，⑤生産・産業組織における経営者と従業員の関係，⑥教育の機会，⑦家計・企業の貯蓄水準，⑧投資計画・外国貿易における優先原理などに，依然として差異があるものの，量的な違いであり質的な差異ではない，と観察していた。

そして冷戦の終焉から今日のグローバル化時代を迎え，次の新しい収斂論があり得るのかについては，今後の研究課題となり得よう。

4　冷戦の終焉と旧ユーゴの解体

　1974年憲法体制によって確立したかに見えた社会主義自主管理体制（チトー＝カルデリ・モデル）は，その特殊性，連邦解体（社会計画と統一市場の分解），そして冷戦の終焉と欧州連合の東方拡大の影響など，いくつかの要因により，1990年代において極めて急激な政治経済体制の転換を経験した。
　1991年6月25日に，旧ユーゴを構成していたスロヴェニアとクロアチアが連邦からの分離独立を一方的に宣言し，いったん連邦を解体し再編することを主張したのである。
　旧ユーゴの体制崩壊から体制移行・転換に至る大きな契機となる要因は，大きく分けて2つ指摘することができる。
　第1の要因は経済体制的側面からのものである。つまり，1980年代に入ってからの主としてマクロ経済に対する総需要管理のジグザグ・コース運営からくる不安定さ，構造的な不均衡による経済発展の歪みが経済危機をもたらしたこと，そして経済危機からの脱出には1974年以来の経済体制改革が不可避であったという問題である。
　第2の要因は政治体制的側面からのものである。つまり，連邦国家と各共和国，さらには共和国と地方行政の基本単位であるコミューン・地域共同体との関係，すなわち連邦制度と連邦主義をめぐる問題，さらにその根源にあるそもそも政治体制の民主化改革，特に民主集中制＝「共産主義者同盟SKJ」の単一政党制から複数政党制への政治改革なしには，高まる政治危機を解決することができなかったこと，である。
　これらの改革要求に何らかの明確な対応ができないまま，旧ユーゴを構成する南スラブの諸民族におけるそれぞれの民族意識の高揚と政治的緊張が分裂と内戦を引き起こすこととなった。そして，その直接的な引き金は政治体制の変動にある。
　1990年4月と5月に，スロヴェニアとクロアチアの両共和国において，第2

次大戦後のユーゴでは初めての自由選挙が行われ，両共和国とも多数の政党が乱立して候補者を立てる中，従来の支配政党であった各共和国の共産主義者同盟が政権を失った。これらの選挙の争点は，単に，両共和国における複数政党制，すなわち民主的な政治制度の創出というだけに止まらず，連邦を構成するこれら北西部の両共和国にある西欧社会への志向が強いこととは対照的に，バルカンの後進性が色濃く残る南部の諸共和国・諸民族とセルビア人優位の連邦体制を，ゆるやかな共和国連合へと再編するか，それとも分離独立し将来のEU加盟により西欧諸国家の一員となるかという，連邦国家としてのユーゴ全体の動向を決定するものであった。

1950年代から始まった旧ユーゴの社会主義自主管理体制は，国家社会主義あるいは市場社会主義の「ユーゴ・モデル」として，自由市場経済とソヴィエト型社会主義の中間的な収斂形態モデルと考えられてきた。旧ユーゴ経済に深く浸透していた慣行は，協議経済＝市場や指令とは異なる協議により調整される経済である。国民経済全体にわたり労働組織＝企業では労働者自主管理の名の下に安易な商品生産と市場価格に関するカルテル化が進み，これに企業や個人が出資して設立された銀行が金融節度を越えた融資を行い，政治家や行政もこれを助長し，産業の寡占化に導いてきた。したがってこのようなユーゴ経済は，競争や効率からはほど遠いものとなる。このことについてユーゴを代表するエコノミストであるリュブリアナ大学のメンツィンガー教授は，「ユーゴの経済システムの基本的な欠陥は，現実的なヴィジョンに欠けていることであって，これは現実から遊離した誤解と経済学に対する無知にもとづいており，実際にはありもしない『ユーゴ・モデル』の特殊性ということですべて片づけている」と，批判している。

こうして市場経済を発達させ，適正なマクロ経済政策の運営を図るというよりは，石油危機などの外的ショックによる物価高騰を価格凍結と所得政策のような手段で抑制しようとして，かえって連邦・共和国・地方のそれぞれの政府による干渉と統制という分権制とは逆抗する結果が招来された。その一方で，連邦の中央政府の国民経済運営に対する求心力は大きく低下してしまったので

ある。⁽³⁾

5　社会主義諸国の体制移行・体制転換における諸問題

(1)　ワシントン・コンセンサス

　社会経済諸国における市場経済への移行は，のちに詳述するように，「ワシントン・コンセンサス」方式と言える。すなわち，概ね IMF・世銀や OECD 諸国などの信用供与や支援を背景にマクロ経済安定化プログラム⁽⁴⁾の実施により開始されたという点では，基本的な共通点があると言えよう。しかしながら，改革の初期条件⁽⁵⁾や改革のプロセスとそのテンポの相違から，いわゆる改革・移行のショックとその後のパフォーマンスに違いが見られる（**表1-1**）。

　中・東欧のうちポーランド，ハンガリー，そしてチェコとスロヴァキアでは，比較的早い段階（1993年ないし1994年）で，産出高の回復と経済成長がマイナスからプラスへと転じ，新しい成長軌道への道が開けた。⁽⁶⁾一方，ロシア・CIS を含め，南東欧の一部では依然として産出高の減少と失業やインフレなど不均衡から回復できない状態が続いた。市場経済移行のプロセスが10年目に近づいた頃でも，これらの地域における国民の生活水準を改善して，国民経済を安定した成長軌道に乗せるという所期の期待を実現するには，まだ遠い現状にあった。

　市場経済移行諸国のうち，いち早く1990年1月にいわゆる「バルツェロヴィチ改革」を実施したポーランドにおいて，1991年の産出水準は1989年当時の6分の1近くにまで下落し，中・東欧諸国中最大の落ち込みを示したが，1992年にはその「ショック療法」が功を奏して，プラスの成長に転じ，その後順調に成長率を高めてほぼ1989年水準を回復している。それに反して，ロシアをはじめとする旧ソ連の共和国においては，産出水準の落ち込みは中・東欧諸国に比べて大きくはないものの，アルメニアを除いてマイナス成長から脱し切れない状態がつづき，なおかつ複数の経済安定化政策を実施しながらも，高水準のインフレ率に悩まされるという状況が続いた。

表 1-1 体制転換の経済的ショックとその後の回復

(対前年比％，ただし，ゴチックの1999と2004は，1989年を100とする)

	クロアチア	チェコ共和国	ハンガリー	ポーランド	スロヴァキア	スロヴェニア
1990	-9.3	-1.2	-3.5	-8.0	-2.5	-4.7
1991	-28.7	-14.2	-11.9	-7.6	-14.5	-9.3
1992	-11.7	-3.3	-3.1	2.6	-6.5	-5.5
1993	-8.0	0.6	-0.6	3.8	-3.7	2.8
1994	5.9	3.2	2.9	5.2	4.9	5.3
1995	6.8	6.4	1.5	7.0	6.9	4.1
1996	6.0	3.9	1.3	6.1	6.6	3.3
1997	6.5	1.0	4.4	6.9	6.5	3.8
1998*	2.1	-0.8	4.8	5.0	4.2	3.9
1999*	-1.5	1.3	4.2	4.5	1.5	5.4
1999	**79**	**95**	**99**	**121**	**101**	**107**
2000	2.9	3.9	5.2	4.0	2.0	4.1
2001	4.4	2.6	4.3	1.0	3.8	2.7
2002	5.2	1.5	3.8	1.4	4.6	3.5
2003	4.3	3.2	3.4	3.8	4.5	2.7
2004	3.8	4.7	4.6	5.3	5.5	4.2
2004	**94**	**114**	**120**	**142**	**121**	**126**
2005	4.3	6.0	4.1	3.2	6.0	3.9
2006	4.4	5.3	4.6	4.5	6.1	4.3
2007	4.5	4.7	4.2	4.6	6.5	4.1
2008*	2.4	3.2	0.5	4.9	6.4	3.5
2009*	-3.0	-3.5	-5.0	0.0	-3.5	-4.0

(注) 旧ユーゴの先進2共和国とヴィシェグラード4カ国を取り上げた。表中の1990-93年（影の部分）は，いわゆる「移行のショック」でマイナス成長を示している。
＊については，欧州復興開発銀行（EBRD）のデータ（Table A.2.1, 各国とも実質GDP，http://www.ebrd.com/country/sector/econo/stats/index.htm 参照）から引用。2008年の数字は推計値，2009年については予測値である。

(出所) 1990-1999：Berend, Ivan T. (2000), "Chapter 2 From Regime Change to Sustained Growth in Central and Eastern Europe," Table 2.2.1, United Nations Economic Commission for Europe, *Economic Survey of Europe 2000 No. 2/3*, p. 53。2000-2007：Berend, Ivan T. (2009), *From the Soviet Bloc to the European Union: The Economic and Social Transformation of Central and Eastern Europe since 1973*, (Cambridge University Press), Table 5.8, p. 169より筆者作成。

(2) 市場経済移行の論点

今日のロシア・CIS（旧ソ連）と中・東欧における，市場経済への移行に関する諸問題について議論するときに，いくつかの論点が存在する。

その第1は，共産主義の時代の政治経済システムとその社会的遺産である。つまり，最高指導者の交代に見られる国内政治の変動と，特に1960年代半ばの

経済改革の時代などの場合を除けば、基本的に、このシステムにおいては、変化に対する現状維持の姿勢が優位であることである。国民の生活必需品である食料品の公定価格の引き上げを契機にしばしば発生した国民の抵抗もこの例外ではない。もちろんこのような国民の不服従はしばしば指導部の交代という政変の引き金になったことも事実である。リベラルな思想と行動は大幅に制限ないし禁止されていたから、指導部のみならず国民に至るまで、変化よりは現状維持を図ろうという姿勢が強いのは当然である。そしてこのような傾向がどこまで政治・経済システム固有の性質から生まれるのか、それとも特にロシア・CISのように、20世紀初頭の革命以前の未発達な資本主義しか経験していない社会と国民自身に根強くある性質からくるものなのか、いずれが根本にあるのかというような観点もあり得よう。新生ロシア共和国におけるエリツィン政権の性格づけにおいて、しばしばポピュリズムと評されたり、政権内部での権力のありようを宮廷政治になぞらえたりされるのは、おそらく後者の見方からくるものと思われる。

(3) 移行戦略と移行政策実施のプロセス

　第2は、第1の点と関連して、移行にあたってどのような戦略と政策実施のプロセスを採用するかという点についてである。ここでも中・東欧諸国における市場経済改革プログラムと移行プロセスの代表例として、ハンガリーとポーランドを挙げることができる。

①ハンガリーにおける経済安定化計画（1990-91年）

　ハンガリー政府は、IMFおよび世銀と協定を締結した。協定の目標は、厳しい財政調整（1990年、GDP2パーセント）、実質国内純資産・通貨の縮小、プラスの実質利子率を実現し維持する水準への利子率の引き上げ、消費財・生産財価格（エネルギー価格を含む）の自由化の継続、為替レートの名目切り下げ（15パーセント、1990年）などにある。さらに構造調整面では、民営化の推進、企業に対する補助金の削減、貿易自由化の拡大などの諸措置が含まれていた。

特に貨幣数量指標，補助金，および通商政策などに関して，これらの協定に含まれている目標に対応する一般的な目標が設定された。とりわけ，交換性通貨による経常勘定の目標は，予測される結果以上にその達成が強く求められていた。これに対して，成長・インフレ・予算についての目標設定はいずれにせよ概ね楽観的であることが明らかであった。

②ポーランド政府と IMF・世銀との協定

　協定は厳しい財政調整を求めており，1990年には GDP の約6パーセント，そして1991年にはさらに赤字の縮小を目標としていた。実質国内純資産については，1990年第1四半期には減少が見込まれたにもかかわらず，1990-91年には増加することを見込んでいた。また，利子率は実質でプラスになるように目標設定されていた。為替レートは30パーセント以上切り下げた後，1990年米国ドルに対して固定レートに設定され，1991年5月からは一定の通貨バスケットに対するクローリング・ペッグ制に移行した。賃金引き上げは低率のインデックス指標によって決定されるシーリングに従うこととされ，賃金支払は1990年には総量規制がとられ，1991年には平均賃金が規制された。民間セクターは1991年にこの賃金規制から外され，ほとんどの価格は1990年に自由化されるに至った。貿易に関するほとんどすべての数量規制は，1990年の初めには撤廃され，すべての商品輸入について従価関税（最恵国は当初平均8.9パーセント，1990年5月には4パーセントに引き下げ）が適用された。1990年に諸目標に対応する一般的な目標が設定され，中でも財政および国際収支の経常勘定の改善については目標以上に強く求められた。1991年の目標は達成されことがなく，この2カ年とも，成長とインフレについての目標は概ね楽観的であったという結果が示された。構造調整の面では，民営化計画は計画通りには進行しなかったが，ただし，1991年末には大民営化計画が承認されるに至った。

　これはしばしば，「ショック療法」対「漸進的で緩やかな療法」というように対比される議論である。この点は移行の初期条件と切り離しては議論できない問題であり，特にロシア・CIS の場合は，「負の遺産」と密接に関連する論

点でもある。

　1992年1月にエリツィン政権が旧ソ連からロシア連邦へと権力を引き継いだ時に，しばしば負の遺産も同時に引き継いだと言われる。エリツィンは直ちに若い経済学者ガイダール（のちに自ら政党を組織しロシア議会下院議員など政治でも重要な役割を果たしたが，2009年12月に53歳の若さで死去）を経済改革の責任者に登用し，ガイダールと彼の改革チームは急進的な改革路線を採用したのである。後にガイダール自身が行った，ロンドン・スクール・オブ・エコノミクスにおける「ライオネル・ロビンズ記念講義」（Yegor Gaidar, "Russian Reform", 1993）でも，この負の遺産のことが最初に述べられていることからもわかるように，「自由化」の議論や政策に先立って，初期条件の社会的基盤とも言える「われらが遺産」の議論が必要と言えよう。このように特に政権移行後のロシアにおいて，エリツィン政権には，二者択一式の選択の余地はほとんどなく，この点で他の中・東欧諸国とも，またあるいは異なる移行過程にある中国などと単純に比較をすることはできないかもしれない。

　しかし結局のところ，「ガイダール・チーム」による経済安定化措置は，実際には，導入されてから半年後には実施の後退を余儀なくされた。ロシア政府が，いわゆる「ショック療法」といわれる経済改革を開始したのは，1992年1月のことだが，1月2日には，ほとんどの価格統制を廃止し，同時に，緊縮財政と信用引き締め政策を採用した。価格自由化により，物価は翌日には250パーセントも急上昇し，ロシアの国民の多くは，国家貯蓄銀行に預金をしていた貯蓄を失うという事態となり，年金生活者など高齢者への影響は深刻なものとなった。物価上昇はその後も続き，インフレ率は1日当たり1パーセントの割合で上昇し続けたが，しかし現実には，エリツィン政権の移行政策はジグザグのコースをたどり，真にショック療法と言えるのは，わずか最初の半年程度にしかすぎなかった。

　いわゆる国有国営企業の民営化政策については，ともかく22万5000の国営企業を例外なく一律に民営化という方向に向けるという原則で断行しなければならないということから，「小規模民営化」と「大規模民営化」の2つのプログ

ラムを1992年6月の大統領令によって開始させたが，ここでも民営化の初期条件における社会的基盤は脆弱であり，いろいろ困難がともなった。中・東欧諸国の民営化プログラムと競争政策，そして構造調整の必要性は，とりわけヴィシェグラード4カ国（ポーランド，ハンガリー，チェコとスロヴァキア）において，いわゆるヨーロッパ基準やEU市場での競争力という観点から重要であると言える。

③民営化の課題と競争関係法の制定

　中・東欧諸国の市場経済移行への道における最大の障害となるのは，指令型計画経済と重工業・巨大企業という産業構造・組織という遺産であり，市場の諸力それ自体によって自発的に市場の条件を創り出すことができないということであった。したがって民営化の課題は，市場経済の諸制度と制度的基盤の生成・確立を図りながら，企業管理の組織を発展させインセンティブを持った人材を育成して，企業・産業さらには経済全体の競争力を増進させるよう再構築を図ることにある。

　競争関係法については以下に示す通り，概ね1990年以来，中・東欧諸国において制定された。
・ポーランド
　反独占的慣行法（1990年2月14日成立），反独占庁創設――民営化に対しては競争的環境の確保を義務づける。
・ハンガリー
　不公正市場慣行禁止法（1990年11月20日成立），経済競争省創設――民営化に対しては限定的機能を持つ。
・チェコ・スロヴァキア
　競争保護法（1991年1月30日成立），経済競争省（連邦とチェコおよびスロヴァキア両共和国にそれぞれ）創設――民営化の申請に対して競争条件への影響を審査する機能を持つ。
　これら3カ国は，1991年11月22日に欧州共同体（マーストリヒト条約以前の

EC) と欧州連合協定（EAA）を締結しており，このことにより競争政策について両者の間で議論が開始された。これら3カ国は連合協定により1995年1月1日までに，ローマ条約（EEC設立条約）第85条（カルテルの禁止）・第86条（支配的地位の濫用の禁止）・第92条（禁止される国の援助と禁止されない国の援助）の各条項を段階的に採用することとなった。

（4） 移行国家群と国際環境

　第3に，これら移行国家群と国際環境の問題がある。すなわち，「西側経済の長期不況局面と遭遇し，東アジア・中南米諸国などの目覚ましい交流によって魅力度が相対的に低下したことなど，旧ソ連・東欧諸国にとって，総じて国際的な客観情勢が不利に働いた」という論点がこれである。

　これらの点に加え，ロシア・CISおよび中・東欧の市場経済移行，すなわちここでいう市場創造への援助と支援，広くは国際政治経済関係に関する論点が存在する。当時，発足間がないクリントン政権とドイツ統一を果たしたコール首相の主導によるG-7の先進主要国は，総額240億ドルの対ロ経済支援の枠組みを決定した。これはもちろん東西冷戦の終焉直後と，いわゆる「平和の配当」というような国際環境の変化によるものであると言える。

　旧ソ連・東欧の国際経済関係は旧コメコンが主体であり，西欧との経済リンケージは限定されたものであった。旧コメコンと欧州共同体（EC）とが多国間レジームとして，互いに公式に承認したのは，1988年6月25日の「共同宣言」においてである。1970年代以来のいわゆる「聴覚障がい者どうしの対話」といわれた実りのない長い交渉過程の時期と，それぞれの加盟国間における個別の通商協定による二国間関係を通じた限定的な相互関係を経て，当時の西ベルリンのECにおける地位をめぐる問題の解決により，相互承認が実現したのである。これに先立つ旧西ドイツによる35億マルクの対ソ輸出信用の供与，そしてゴルバチョフのペレストロイカと，なによりもハンガリーをはじめとする中・東欧諸国の対EC市場への接近の熱望などが，この促進要因であった。1990年には，旧コメコン域内貿易は20パーセントも縮小しており，また1991年

1月から域内貿易に世界市場価格が導入されたことから，中・東欧諸国にとって旧ソ連の原材料・エネルギー資源の魅力が失われた。また同時に旧ソ連自体も域内貿易の比重を55パーセントまで減少させ，EC市場への依存を高めており，ここにおいて旧コメコンの意義は消滅したと言える。

(5) Phareプログラムによる市場経済への移行支援

他方ECは，旧コメコン崩壊後，PHARE（Poland and Hungary Assistance for the Restructuring of the Economy，今日ではPhareと表記）プログラムと呼ばれる中・東欧諸国に対する市場経済への移行支援計画により，この地域とのリンケージを回復させるよう働きかけた。当プログラムによる支援は，1990〜92年の期間において総額約23億エキュー（約30億ドル）に上った。当プログラムによるプロジェクトの主な分野は，農業，環境保全，人道的援助，産業構造改善，中小企業育成，教育など，域内を対象とした構造・地域政策の延長線上にある。ECは，1991年12月に，中・東欧諸国のうち，ハンガリー，ポーランドおよびチェコとスロヴァキアとの間で，将来の加盟へ向けた連合協定（欧州協定）を締結しており，このことは（今日ではすでにEUの東方拡大として2004年に加盟が実現しているが），当時としては加盟国の拡大の可能性へと一歩踏み込んだと言えよう。

また中・東欧諸国においても，先の3カ国による中欧地域協力構想，そしてこの3カ国にイタリア，オーストリア，そして旧ユーゴを含み，すでに1978年以来30年近くの実績を持ち，作業委員会など実質的な協力体制を構築しているアルプス・アドリア地域協力（いわゆるペンタゴナーレ，現在のヘクサゴナーレ）など，多角的な地域協力の展開も見られるようになる。

こうしてEUは，欧州自由貿易連合（EFTA）との間で欧州経済地域（EEA）を創出し，15カ国からさらにと拡大したEUの次のステップとしての27カ国へ拡大の日程と，そしてその対象としてすでに1993年6月のコペンハーゲン・サミットにおける3つの主要議題の1つであるチェコ，ハンガリー，ポーランド，そしてスロヴァキアのいわゆるヴィシェグラード・グループの加盟をめぐる諸

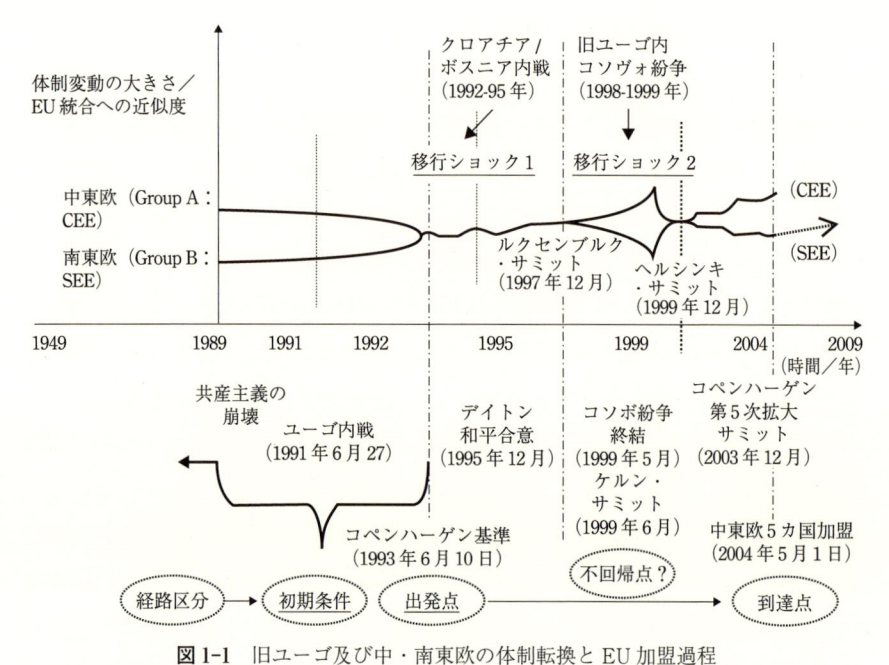

図 1-1　旧ユーゴ及び中・南東欧の体制転換と EU 加盟過程

(出所)　Andreev, Svetlozar (2006) 'Path Dependence during the Fifth EU Enlargement: Comparing East-Central and Southeast Europe,' (URL) http://becsa.org/News/2006/Path%20Dependence%20in%20Central%20and%20Southeast%20Europe%20(S.A.%20Andreev)%20paper.pdf を参考にして筆者作成。

問題を中心に，EU の対外経済支援・共通安全保障政策と中欧地域協力構想など多元的な地域統合への動きを加速化していくことになったのである (**図 1-1**)。

(6)　経済体制における設計主義と自然秩序の対比

第 4 に，経済システムの設計主義と自然秩序との対比に関する問題がある。市場経済への移行は，一朝一夕に行われるはずはないのであって，計画経済を廃止すれば，それで直ちに市場経済への移行が行われるという理由はどこにもない。共産主義経済システムにおいても，全く市場経済がなかったわけではなく，コルホーズ市場には部分的に自由価格が存在していたし，「第 2 経済」とか，「影の経済」と呼ばれたいわゆる闇市場も存在していたことも事実である。国民経済全体に占めるこの種の「市場経済」の割合は，少なくとも 8 パーセン

ト程度であると推定されたり，実際はもっと多くの割合を占めていたのではないか，とも言われたりしている。また，1960年代半ばの経済改革の時期の中心的課題の1つは，利潤の導入や伸縮的な価格制度の導入など，「市場経済改革」であった。ハンガリーの誘導市場システムのように，規制された市場ではあっても，はっきりと市場経済導入を正面に掲げた経済改革の例も存在したのである。

「円滑な市場経済移行と市場経済創造についての，敢えて言えば幻想に囚われていたことである。これには市場経済創造に関する設計主義的発想の誤謬や市場経済システムの本質についての不十分な理解，先例のない歴史的大事業にたいする認識の甘さ，それに過去の『負の遺産』の軽視などが含まれる」（福田亘，1995）。

上記福田の指摘するように，一般に，市場経済転換・移行へのプロセスは，政治の民主化と安定化によって，価格の自由化や市場の導入および国営企業の民営化と独占企業の解体が，仮に2～3年の比較的短期間で行えたとしても，社会主義経済における産業構造の歪みという経済システムの負の構造的遺産を解消して，市場経済への転換を達成するにはかなり長い期間が必要なのである。

(7) 市場創造の手順は存在するか

さらに，どのようなモデルの市場経済を創造し，そのためにはどのような市場創造の戦略と政策のプログラム，とりわけ行動計画とでも言うような市場創造の具体的な進め方や手順があるかどうかという点は，移行過程の中で絶えず点検されるべき問題であろうと思われる。とりわけ価格を自由化し数量統制や国家調達を廃止し，農地や企業の私有化を導入すれば，すなわち計画メカニズムを廃止すれば，自動的に市場メカニズムを導入して作用させることができるという単純な市場経済移行プログラムは，基本的に誤りであると言える。

この観点はロシア・CISにおいては欠けていたり，またIMF流のあるいはマネタリストの原理主義的な政策に依存しすぎて，ロシア・CISの現実には必ずしも適切でない政策が適用されたりしたという問題に通ずる。誰のための市

場創造なのかという観点を見失うことは，おそらく根本的な困難に遭遇する最大の原因になると思われる。社会主義経済からある種の市場経済へ移行するためには，諸々の課題に対して，責任と能力のある政府の経済政策の役割が必要不可欠である。

(8) 中・東欧諸国と欧州の国際関係

　最後に，市場経済移行諸国，特に中・東欧諸国とその地政学的観点からみた欧州の国際関係については，次のいくつかの点が挙げられる。
①冷戦構造の崩壊後における欧州は，依然としてEUを中心とした「西」と，コメコン解体後からEU加盟に至るまでの再編成過程にある中・東欧との間の不均衡状態にある。中・東欧は，欧州への回帰，ことにEUへの加盟を熱望する「西欧への回帰」の決意を強調してきた。つまり，このことが中・東欧にとって外部的なインセンティブとなり，EUにとってはそのガバナンス領域を拡大・普及することになる，いわゆる「欧州化＝ブリュッセル・コンセンサス」である。(7) 中・東欧諸国は，EUによる財政的・技術的支援とともに一貫して共同市場へのアクセスを求めてきたのである。しかし，南欧へも拡大したEUと，またアジアの新興市場諸国など高成長・高パフォーマンス経済などと比較して，中・東欧諸国が国際競争力の点で劣位にあることは否定できない。
②欧州の中核は明らかにEUにあると言えるが，これはブリュッセルの委員会，ボン（そしていまやベルリン）やパリやロンドンなどの各国政府，そして様々な利益集団などからなる一大ネットワーク（「黄金の三角形」）がその実態となっている。これに比べて，その東側の諸国はいわば強制された条件付の統合（Coercive integration with conditionality）により，経済的な連関はともかくも，政治的合意と求心力に欠ける。特に中・東欧は公然と西の隣国をモデルとみなすようになり，EU委員会のイニシアティブによる西側の経済支援の枠組が形成されるに至って，EUの共通ルール（*Acquis communautaire*）を受容しようとする動きが強まった。(8)
③EUの求心力が，今後，試されるとすると，共通の欧州という一体感を共有

できるかどうかという，いわゆる深化の問題である。すなわち，EU 諸国はその東への拡大により，これまで以上に EU 機構と政策による資源や財政の再配分や，産業の構造調整がいっそう求められるのである。

6　体制の収斂か，それとも多様化か
——「社会的進歩」の根本原理からのこたえ

　第 1 世代の収斂論は，資本主義経済システムと共産主義経済システムの（平和的）共存のある（現存の）姿を描こうとした。この収斂論をめぐる論争においては，「イデオロギーの終焉」あるいは「脱イデオロギー」が語られた。この時代は，確かに，今日とは異なる意味で自由主義（市場の諸力の作用）と共産主義（集産主義の生産様式）との明確なイデオロギー上の対立として映ったからである。自由と繁栄を享受する「幸せな西のひとびと」と飢餓や貧困からは解放されたがそれでも閉ざされた社会の中の「不幸な東のひとびと」という，相まみえることのない 2 つの世界として描かれた。しかしながらこのような囚われた観念を払拭し分裂する世界を解消するのにもイデオロギーが必要であると考えられた。つまり新たなイデオロギーの登場である。

　「もし転換（文明社会から文明後社会への）を成功させるのに特別ふさわしいイデオロギーがあるとすれば，それは資本主義でも社会主義でもなく，社会に適用される科学的イデオロギーそれ自身である。大転換にとってのイデオロギーは，それだからイデオロギーであるよりは戦略というべきである。」（K・E・ボールディング，1967）。

　批判を恐れず単純化すれば，今日のグローバリズムとその伝播手段であるインターネットこそこの「戦略」である。このように文明の大転換として人類社会を捉えることができるならば，「体制の収斂」の意義も十分にあると考えられる。

　最後に，「自由の道徳的秩序」という社会哲学的原理を示された氣賀健三先生の『社会的進歩の原理』（1956）から次の教えを引用して，本章を締め括り

たい。

「…社会的な抑制，すなわち社会的秩序を合理的に調整する原理として自由を考えなくてはならぬ。それは何であるか。各個人が自ら合理的なる社会秩序に調和することにおいて各人に自由が存する。(中略)これを成就する条件（現実のいかなる社会においても，完全な調和の状態の実現されたこともなく）は，根本的には人々が物事を合理的に処理する精神的能力の育成である。(中略)われわれの社会の進歩という見地からみれば，外的な権力によって精神的自由の秩序が維持されるということは，決して望ましい事態ではない。」(pp. 286-290)

追悼の辞——故加藤寛先生に捧げる

去る2月1日に，余りにも突然，加藤寛先生の訃報に接した。本書の刊行にあたり「巻頭言」を戴いた直後のことで，大きな驚きとともに本章の筆者にとっては悲痛な想いの極みで，暫し言葉を失った。

本書の編者はじめ筆者たちは，直接・間接に，加藤寛先生の学恩に浴している。ロシア・東欧学会をはじめとする日本の学会やその他の国際的な会議を通じて，また慶應義塾大学湘南藤沢キャンパスの教員・学生（院生）として，多くが先生の謦咳に触れる機会に恵まれたからである。

「巻頭言」にもあるように，本章の筆者は慶應義塾大学経済学部の研究会（ゼミ）で加藤寛先生に直接ご指導を受けた。さらにサブ・ゼミで「比較体制」グループに加わり，自発的な読書会に参加して輪読を重ねた。こうして次第に体制思想・運動原理，制度・機構（メカニズム）と成果基準などの基礎を学び，具体的な研究対象としてソ連・東欧の体制に関心を持った。

加藤寛先生は，常に歴史的展望の中で世界を洞察され，「体制転換」を見通していらした。先生が好んで引用されたのは，英国ケンブリッジのA・マーシャルの流れを汲むA・C・ピグーの「『経済学の始まり』は，『社会的情熱』にある」という一節であった。先生ご自身の研究動機の原点がここにあり，さまざまな社会改革（行財政・

税制，規制，教育，福祉など広範な分野）に対して精力的に取り組まれ，学問を実践された。実際，日本の経済社会への貢献は計り知れない。

本書の刊行は，加藤寛先生なくしてはあり得なかった。ここに編者・筆者を代表して，先生の生前の学恩に対して心からの感謝を込め，天国に旅立たれた先生を追悼し，哀悼の誠とともに本書を捧げたい。　　　　　（2013年2月　香川敏幸　記）

注
（1）　本章は，2010年2月27日に慶應義塾大学三田キャンパスで開かれた，筆者の最終講義の原稿を加筆・修正したものである。市川顕氏（関西学院大学産業研究所准教授）の労に対して記して感謝したい。
（2）　これについては福田敏浩による次の論稿を参照。福田敏浩（2008）「第二世代の三つの収斂論──経済民主主義への収斂，EUへの収斂，ネオリベラリズムへの収斂」『彦根論叢』第374号，pp. 105-120。
（3）　旧ユーゴ年表（章末）を参照のこと。
（4）　第1に自由化の諸手段を含む秩序政策，第2に通貨供給について適切な金融政策と政府予算の健全化の財政政策など経済安定のマクロ経済政策，そして第3に国有・国営企業の私有化・民営化の諸措置など，基本的な経済改革パッケージ。
（5）　ヴィシェグラード・グループといわれるハンガリーとポーランドの両国の改革時の初期条件の特徴は，GDPと就業者の構成でみた民営部門の割合ではポーランドが大きく，消費財の価格自由化率ではハンガリーが高く，両国にはこのような差異を除けば，ともに市場経済改革の条件を備えていたと言える。
（6）　同じく，表1-1を参照のこと。
（7）　これについては，市川顕（2008）を参照のこと。
（8）　図1-1「旧ユーゴ及び中・南東欧の体制転換とEU加盟過程」を参照のこと。
（9）　これについては，香川敏幸・市川顕（2011）編著『グローバル・ガバナンスとEUの深化』，慶應義塾大学出版会を参照のこと。

参考文献
青木昌彦（1995）『経済システムの進化と多元性──比較制度分析序説』東洋経済新報社。
阿部望（1993）『ユーゴ経済の危機と崩壊』日本評論社。
市川顕（2008）『政策ネットワークによる環境ガバナンスの形成と変容に関する研究──ポーランドの環境政策の変遷を事例として』慶應義塾大学政策・メディア研究科博士学位請求論文（2007年度）。

岩田昌征（1994）『ユーゴスラヴィア――衝突する歴史と抗争する文明』NTT 出版。
――――（1999）『ユーゴスラヴィア　多民族戦争の情報像――学者の冒険』御茶の水書房。
――――（2003）『社会主義崩壊から多民族戦争へ――エッセイ・世紀末のメガカオス』御茶の水書房。
大津定美・吉井昌彦編著（2004）『ロシア・東欧経済論』ミネルヴァ書房。
香川敏幸（1974）「資本主義と社会主義の体制収斂論」丸尾直美編著『セミナー経済学教室　経済政策』日本評論社，pp. 214-220。
――――（1975）「人と思想――思想の実践者ヤン・ティンバーゲン」『革新』1975年4月号，pp. 178-185。
――――（1979）「ユーゴスラヴィア――自主管理型社会主義の理念」岩田昌征編『経済体制論第IV巻　現代社会主義』東洋経済新報社，pp. 221-243。
――――（1992）「内戦の時代――ユーゴスラヴィア」『三田評論』932号（1992年1月），pp. 18-25。
――――（1996）「EU の拡大と中・東欧」『ロシア・東欧学会年報』第24号（1995年版），pp. 21-32。
――――（1997）「旧計画経済諸国の市場経済移行に関する諸問題について」『広島大学経済論叢』第20巻第4号，pp. 33-51。
香川敏幸・市川顕編著（2011）『グローバル・ガバナンスと EU の深化』慶應義塾大学出版会。
加藤寛・香川敏幸・島和俊（1971）『情報化社会論III　最適社会のシステム』（講座情報社会科学第8巻）学習研究社。
氣賀健三（1956）『社会的進歩の原理――経済政策原理の社会哲学的研究』塙書房。
小山洋司（2004）『EU の東方拡大と南東欧――市場経済化と小国の生き残り戦略』ミネルヴァ書房。
スキデルスキー，ロバート（2003）『共産主義後の世界』本田毅彦訳，柏書房。
月村太郎（2006）『ユーゴ内戦――政治リーダーと民族主義』東京大学出版会。
ドルーロヴィチ，ミロイコ（1980）『試練に立つ自主管理――ユーゴスラヴィアの経験』髙屋定國・山崎洋訳，岩波書店（岩波現代選書）。
羽場久美子・小森田秋夫・田中素香編（2006）『ヨーロッパの東方拡大』岩波書店。
福田敏浩（2008）「第二世代の三つの収斂論――経済民主主義への収斂，EU への収斂，ネオリベラリズムへの収斂」『彦根論叢』第374号（2008年7月），pp. 105-120。
福田亘（1995）「旧ソ連・東欧における市場創造の困難性をめぐって」『市場創造と経済政策』日本学術会議経済政策研究連絡委員会第8回シンポジウム報告集（1995年3月）。
北海道大学スラブ研究センター・家田修（2008）『講座スラブ・ユーラシア学第1巻　開かれた地域研究へ――中域圏と地球化』講談社，pp. 142-168。

溝端佐登史ほか（2005）「第Ⅱ部　体制転換論を鳥瞰する」上原一慶編著『躍動する中国と回復するロシア――体制転換の実像と理論を探る』高菅出版，pp. 193-379。

レーン，デービッド（2007）『国家社会主義の興亡――体制転換の政治経済学』溝端佐登史・林裕明・小西豊著訳，明石書店。

ロスチャイルド，ジョゼフ（1999）『現代東欧史――多様性への回帰』羽場久美子・水谷驍訳，共同通信社。

Seroka, Jim and Vukasin Pavlovic (1992), *The Tragedy of Yugoslavia: The Failure of Democratic Transformation*, M. E. Sharpe, Inc.

Tinbergen, Jan (1961), "Do Communist and Free Economies Show A Converging Pattern?" *Soviet Studies*, Vol. 12, No. 4 (Apr., 1961), pp. 333-341.

Wiles, Peter J. D. (1990), "Convergence Hypothesis," in Eatwell, John, Murray Milgate and Peter Newman eds., *The New Palgrave: Problems of Planned Economy*, The Macmillan Press Limited, pp. 73-79.

旧ユーゴ関連年表
I．「社会主義自主管理体制（1974年憲法体制）」の崩壊

1929年10月	ユーゴスラヴィア王国の成立（「第1のユーゴ」）
1943年11月	ユーゴスラヴィア臨時政府樹立
1945年11月	ユーゴスラヴィア連邦人民共和国の成立（「第2のユーゴ」）
1948年6月	コミンフォルム決議（ユーゴ共産党チトー主義非難）の採択
1950年6月	労働者自主管理に関する法律採択
1952年11月	ユーゴ共産党の党名をユーゴ共産主義者同盟（SKJ）に改称
1965年1月	共和国の権限拡大，分権化，経済改革導入，市場法則の適用拡大
1968年	学生暴動，労働者のストライキ，およびコソヴォ自治州でアルバニア系住民による暴動など，政治的危機の発生
1971〜1972年	クロアチア民族主義運動が高揚（いわゆる「クロアチアの春」）「チトーの手紙」（1972年9月）による党の指導権復活キャンペーン
1973〜1974年	穏健リベラル派の追放，哲学誌『プラクシス』の発禁。同誌に関係する知識人，大学教師，学生などに対する弾圧
1974年2月	「新憲法」の制定
1976年2月	「社会計画基本法」制定
11月	「連合労働法」制定
1980年5月	チトー大統領死去

II．旧ユーゴの崩壊と「新ユーゴ」

1981年3-4月	コソヴォ自治州でアルバニア系住民による暴動，非常事態発令
1987年	セルビア共産主義者同盟第一書記に，ミロシェヴィチ選出
1988年11月	コソヴォにおける「セルビア系住民大量虐殺」に抗議して，ベオグラードで百万人デモ
	1974年憲法に関する修正の公布
1989年3月	マルコヴィチ連邦首相，急進的な経済改革プログラムの実施
1990年4-5月	スロヴェニアとクロアチアで，複数政党による自由選挙の実施
1991年6月	スロヴェニア，クロアチアが，ユーゴ連邦からの分離独立を一方的に宣言。ユーゴ内戦の開始
1992年1月	欧州共同体（EC）が，スロヴェニア，クロアチア両国を国家承認
	ボスニア・ヘルツェゴヴィナ内のセルビア人議会，「セルビア人共和国」独立を宣言。内戦全面化の様相を呈する
2月	ガリ国連事務総長，国連防護軍（UNPROFOR）のユーゴ派遣を勧告
3月	ボスニア・ヘルツェゴヴィナで，独立をめぐる国民投票実施

4月	ECが，ボスニア・ヘルツェゴヴィナを国家承認。セルビアとモンテネグロの両共和国，「ユーゴ連邦共和国」（「新ユーゴ」，第3のユーゴ）樹立を宣言
6月	ボスニア・ヘルツェゴヴィナ大統領府，全土に戦争状態を宣言
11月	国連安保理が，新ユーゴに対する制裁強化を決議

Ⅲ．それぞれの南スラブ（西バルカン），体制転換とEU加盟への道

1994年3月	スロヴェニア，NATOと「平和のためのパートナーシップ」（PFP）協定に調印
1995年11月	ボスニア・ヘルツェゴヴィナ議会，連邦国家案を承認。デイトン和平交渉を経て合意仮調印により，ボスニア内戦が終結
1997年7月	ミロシェヴィチが，新ユーゴ大統領に選出
	欧州連合（EU），スロヴェニアを含む中東欧諸国5カ国を加盟交渉国に決定
1998年2月	コソヴォで，アルバニア系住民とセルビア系住民の大規模な衝突
1999年3月	NATO軍によるコソヴォ空爆
5月	コソヴォ紛争の終結
2001年3月	EU，クロアチアと安定化連合協定（SAA）調印
2003年12月	EU，コペンハーゲン首脳会議で第5次拡大を決定
2004年5月	スロヴェニア，EUへ正式加盟
2005年	セルビア・モンテネグロ，連邦を解消，「新ユーゴ」消滅
2008年4月	EU，セルビアと安定化連合協定（SAA）に調印
2008年6月	EU，ボスニアと安定化連合協定（SAA）に調印

第2章

中東欧の体制転換と EU の拡大
—— 中東欧がたどってきた20年間 ——

家 本 博 一

本章では,ポーランド,ハンガリー,チェコなどの中東欧諸国を対象として,①社会主義から資本主義への体制転換がどのような現実の下で進み,②それが社会主義以後の変革過程にどのような影響を及ぼしたのか,また,③中東欧各国が資本主義への体制転換過程においてどのような理由から EU 加盟を目指し,その際どのような現実に直面したのか,といった点について,当時の状況を示しながら明らかにする。加えて,本章では,④中東欧諸国が置かれている最近の状況を説明した上で,⑤今後の EU 拡大に対して中東欧諸国がどのような姿勢を示すのかについても,その根拠を示しながら説明する。

1 1980年代における東欧の変化

(1) 1970年代末における東欧の政治と経済

ソ連では,1980年代に入って,ブレジネフ政権(64年〜82年)首脳の高齢化が進む中で,社会・政治統制の硬直化,計画化と経済管理の形式主義がますますはっきりしてきた。国民の間に閉塞感が拡がり,労働意欲や活力の減退,経済生活の非効率や歪みなどに起因する問題(アルコール中毒や汚職の急増,闇経済の拡大など)が表面化し,経済全体に悪影響を及ぼすようになった。重工業部門の一部では,国営企業間での資材・部品供給が計画通り進まない状況を逆手にとって,タルカーチ(押し屋)と呼ばれる隙間(ニッチ)ビジネスが横行し,非公式の経済活動が公式の経済活動を支えるという逆転現象が見られるようになった。

一方，東欧でも，ポーランド，ハンガリー，ルーマニアの3カ国が，70年代末になって経済政策の失敗から対西側債務の累増，財政赤字の拡大，インフレの昂進という三重苦に喘いでいた。これら3カ国では，70年代初め以降，東西間（米ソ間，欧ソ間）での緊張緩和を背景として積極的な対外経済政策を実施した。それは，西側先進諸国から資金，技術，設備・機械を大量導入し，生産の効率化と製品の品質向上を図った上で，製品を西側先進諸国へ輸出して借入資金の返済を進める，という経済発展戦略であった。しかし，これが「第1次石油危機」（73年10月発生）を発端とする西側先進諸国の急激な成長鈍化によって継続不能となり，これら3カ国はマクロ経済の不均衡の拡大に苦しむ結果となった。さらに，ポーランドでは，これに政権党の施策（例えば，西側先進諸国からの借入資金の一部を流用して高品質の西側製品を輸入し，これを国民へ廉価で販売するといった人気取り策）による財政支出の増加が重なって，西側諸国への純債務残高が70年代に32倍に激増した（ルーマニアは29倍）。ハンガリーでは，1人当たりの純債務残高が東欧で最大となり，これら3カ国は債務の返済に窮する状況となった。

　他方，「プラハの春事件」（68年8月）に際して軍事侵攻と改革の挫折を経験したチェコスロヴァキアでは，その後一貫して，ソ連による東欧締め付けのための外交原則である「ブレジネフ・ドクトリン」（社会主義全体の利益が優先され，個々の社会主義国の利益はその限りにおいて制限されるという制限主権論。ブレジネフが68年11月に発表）とワルシャワ条約機構やコメコンというソ連を中核とする政治・軍事・経済の国際的な枠組みを政策運営の基礎に据えながら，一党独裁体制と計画経済制度を強化し，西側先進諸国との経済・貿易関係を最低限に抑えるという保守的で慎重な経済政策を進めていた。このため，チェコスロヴァキアでは，70年代末になっても，マクロ経済の不均衡は，ポーランド，ハンガリー，ルーマニアの3カ国と比べてそれほど大幅なものではなかった。

　また，東ドイツでは，ホーネッカー政権（61年～89年）が教条主義的な権力支配を続けながら，70年代初め以降の東西間での緊張緩和と経済関係の進展の中で，成長著しい隣国西ドイツとの産業・貿易関係を進展させて自国の成長を

加速化させようという新たな発展戦略を導入した。こうした戦略は，一面では，東西両ドイツの政治・経済関係の安定化，さらには東西間の緊張緩和の促進というメリットを有していたが，他面では，東西両ドイツの関係が進展すればするほど，社会・経済実績での優劣，つまり，資本主義の西ドイツと社会主義の東ドイツとの発展格差が一層明瞭になるというリスクを有していた。

　このような状況にあった70年代末，ソ連・東欧の首脳の誰もが予想しなかった事態が発生した。78年10月，ポーランド出身のカロル・ヴォイティワ大司教・枢機卿がカトリック教会の最高位であるローマ教皇に選出された（教皇名―ヨハネ・パウロ2世，在位78年10月～2005年4月）。国民の90％以上がカトリック教徒というポーランドでは，この知らせに国全体が一挙に熱狂し，国営TVを通じた教皇就任式の録画放送は75％もの高視聴率（当局発表）を記録した。また，翌年6月，教皇が就任後初めて里帰りし，ワルシャワ国際空港に到着した際には，20万人を越える人々が空港を取り囲んだ。教皇は，各地での歓迎ミサの席上「強くなりなさい。強くありなさい。希望を捨ててはなりません。希望を持ち続けなさい」と繰り返し呼びかけ，国民を励まし続けた。こうした状況は，ポーランド人にとってのみならず，東欧各国民にとっても，世俗世界の最高権力（政権党）でさえ聖なる世界の権威（教皇）に圧倒され，それに抗することができない，という現実を彼らの脳裏に深く焼き付ける結果となった。

（2）　1980年代における東欧の政治と経済
①ポーランド「連帯」運動とその影響

　1980年7月初め，ポーランドのバルト海沿岸都市において労働者の抗議行動が発生した。当初は小規模の抗議行動であったが，工場間での労働組合の連携網ができ上がるにつれて，抗議行動は各工場に拡大していった。工場間の連携網はやがて「連帯」という名の労働組合連合体に発展した。7月中旬には，政権党代表団と「連帯」幹部との公式協議がグダンスクとシチェチンの造船所で始まり，その後，これら2つの都市で社会主義ポーランド史上初めて政権党と非公認（非合法）の労働組合との間で政労合意議定書が調印された。これは，

非公認の労働組合の要求に対して社会主義政権が示した初めての本格的な譲歩であり、まさしく「社会主義体制の壁の一枚がこの時初めて剝がれる」こととなった（「連帯」顧問ゲレメク―当時，元外相）。その後，「連帯」は、国民とカトリック教会の双方から絶大な支持と支援を受けながら組合員1000万人（国民の3.5人に1人）の大規模組織に発展し，政権党にとって無視できない存在となった（「連帯」運動の詳細については，伊東（1998）を参照）。「連帯」運動の拡大は，ポーランドの政権党にとってだけでなく，ソ連・東欧各国の政権党にとっても一党独裁制度を基礎とする社会主義体制を大きく揺るがす危険な出来事と考えられた。

　「連帯」運動の歴史的な意義とは，それまで政権党だけが提示してきた政策や改革の内容について，「連帯」が、国民の意見や要求を集約してその代替案を提示したため，政権党がそれを無視することができなくなり，権力支配の正統性の根拠である政権党による指導的な役割が圧倒的多数の国民から否定されたことであった。このため，ソ連・東欧各国の首脳は，ソ連を中核とする社会主義共同体の維持と安定を理由としてポーランドへの軍事侵攻を検討したが，ポーランドは（ロシア帝国，ドイツ帝国，オーストリア帝国など）近隣列強による度重なる占領とそれへの執拗な抵抗という歴史を有していることから，ソ連・東欧各国の首脳は，ハンガリー動乱やプラハの春事件のように軍事侵攻が可能か否か難しい判断を迫られた。また，軍事侵攻は，ポーランドのヤルゼルスキ政権（81年～89年）にとっても，社会統治での最後の頼みの綱であるカトリック教会との関係を完全に断ち切る恐れがあったため、ヤルゼルスキ政権は，ソ連・東欧諸国の軍事侵攻に代わる選択肢として自国の軍と警察による武力鎮圧を急ぎ準備することとなった。

　1981年12月13日，ポーランド全土に戒厳令が布告された。「連帯」幹部の大半が逮捕・拘禁され，1年9カ月続いた「連帯」運動は大きな転換点を迎えた。戒厳令体制については，これを当時の最高指導者であったヤルゼルスキとの戦いという意味で今も「（ヤルゼルスキとの）戦争状態」と呼ぶ人たちがいる。これは，戒厳令の布告が当時どれほど国民にとって大きな衝撃であったかを示す

1つの証左である。戒厳令体制の下,「連帯」運動は社会生活の表面からは姿を消したが,政権党が「連帯」運動を一時的に武力鎮圧することができたとしても,国民の脳裏に焼きついた「記憶」を消し去ることまではできなかった。

ソ連軍による「アフガニスタン侵攻」(79年12月勃発)以来続いていた西側先進諸国による対ソ・対東欧経済制裁は,ポーランドでの戒厳令の布告を機に一層強化され,巨額な債務を抱える東欧諸国は危機的な状況に追い込まれた。

特に,ポーランドでは,戒厳令体制下の1982年1月から実施された経済改革が国民の非協力的な姿勢によって1年足らずで失敗に終わり,出口の見えない閉塞状況に陥った。また,巨額な対外債務,財政赤字の拡大,インフレ率の拡大という三重苦に加えて,①第1市場(合法)の不振と第2市場(大半が非合法,一部は合法)の活況,②国内通貨の価値低下(自国通貨の不信認)と西側主要通貨の価値上昇(闇ドル・闇マルク市場の拡大),③国営企業での経営幹部と従業員との対立による生産や原価などの経営管理の崩壊,という3つの問題が表面化した。特に,第3点に関しては,生産現場での対立によって原材料供給や部品生産の遅れや中断が生じたため,コメコン域内での分業体制にあったソ連・東欧各国の生産活動に悪影響を及ぼす結果となり,その影響は80年代後半まで及んだ。

このように,改革の前進も後退も許されない閉塞の状況に陥った時,皮肉にもモスクワから新しい指導者の登場が伝えられた。

②ソ連ゴルバチョフ政権による「ペレストロイカ」路線とその影響

85年3月,ゴルバチョフがソ連の最高指導者(共産党書記長)に選出された。これを機に,ソ連の政治は,ブレジネフ,アンドロポフ,チェルネンコと3代20年以上続いた老年支配からスターリン時代以降に政権党の中核に入った世代(脱スターリン世代。ゴルバチョフ,エリツィンなど)を基軸として動き始めた。その後,ゴルバチョフ政権は,チェルノブィリ原子力発電所爆発事件(86年4月)を直接の契機として,グラースノスチ(情報公開,表現の自由),経済改革(成長の加速化と経済主体の自主性の拡大),新思考外交(西側との緊張緩和外交)

という3つの柱からなる「ペレストロイカ路線」を実施した。

　対東欧政策については，ゴルバチョフは，コメコン首脳会議（86年2月）の席上，東欧各国の自主的な改革を支持し，「ソ連は今後東欧各国の改革に口出しはしない」ことを言明した。これに対して，東欧各国の首脳は当初懐疑的であったが，ポーランドでは，ゴルバチョフの発言を受けて，政権党の中核をなしていた行政と経済の専門家層が中心となって「経済改革の第2段階」と称する改革措置を実施し，経済状況の悪化に歯止めをかけようとした。しかし，これも僅か1年足らずで挫折したため，87年11月，政権党は，その威信を賭けて政治の民主化と経済の自由化への賛否を問う国民投票を実施した。この際，政権党は，西側先進諸国による懸念を払拭するため，秘密投票，投票所や開票所への監視員の配置，西側記者による取材の自由を保証した。また，政権党は，国民投票での絶対的な勝利を誇示するため，賛否を問う2つの項目について投票総数の過半数ではなく有権者数の過半数をもって賛否を決すると定めた。結果は，政権党の予想を裏切るものとなり，これによって，政権党の中核をなしていた行政と経済の専門家層の間から政権党による権力支配の限界を強く主張する声が出てきた。その後，88年春と秋に行われた「連帯」主導のゼネ・ストが転機となって，政権党と「連帯」がカトリック教会を立会人として円卓会議を開催するという政労合意が成立した。

　また，ハンガリーでは，「ペレストロイカ路線」の実施と並行して政権党内の改革派が台頭し，経済の自由化と市場型改革の実施，政治の民主化，歴史の見直しなどが論議された。88年には，「ハンガリー動乱」（1956年10月～11月）以降40年以上にわたって政権を主導してきたカダールが引退し，党内改革派の地位はさらに高まった。

　さらに，自由化や民主化には極めて消極的であったチェコスロヴァキアや東ドイツでも，80年代後半になって環境破壊や人権侵害を告発する抗議行動が拡がり，その中核に作家，音楽家，教師，牧師といった文化人，芸術家，宗教人などが名を連ねるようになった。これらの抗議行動は，「（第2次）ヘルシンキ宣言」（1985年，人権尊重の再確認）への調印，「ペレストロイカ路線」の実施を

背景とした東西間での緊張緩和,東西両ドイツの関係緊密化といった国際情勢の変化を追い風として進められた。このため,両国の政権党にとっても,こうした抗議行動をあからさまに弾圧することもできず,抗議行動は次第に国民の間に拡がっていった。

③1989年東欧政変(東欧革命)

　89年2月,カトリック教会を立会人として政権党と「連帯」が対等の立場で協議する円卓会議がポーランドで始まった(〜4月)。円卓会議では,政治,経済,社会,文化など数多くの問題が取り上げられ,その1つひとつについて合意文書が作成された。この結果,社会主義体制を維持した上で,①議会制度の変革(二院制度の復活),②総選挙の実施(上院は自由選挙,下院は制限選挙),③「連帯」など非公認組織の再合法化,④市場型経済改革の推進などが合意された。そして,合意に基づき,6月4日,総選挙が実施された。結果は,政権党だけでなく,「連帯」幹部の予想をも大きく上回り,「連帯」が圧倒的な勝利を収めることとなった。

　選挙後,政権党と「連帯」の間で連立政権交渉が断続的に行われた結果,9月12日,社会主義史上初めて非政権党員を首相とするマゾヴィエツキ政権が成立した。新政権の最大の課題は,危機に瀕していた経済の安定化と制度の変革であり,これを主導する蔵相として経済学者のバルツェロヴィチ(当時41歳)が任命された。バルツェロヴィチ主導の下,45日間で策定された新たな経済改革案は議会の承認を経て90年1月から実施された(「バルツェロヴィチ・プログラム」)。

　また,89年5月,ハンガリーとオーストリアが国境の鉄条網を実質的に撤去することで合意し,翌月実施された。この結果,東ドイツ国民がハンガリー経由でオーストリアへ出国するという経路ができ上がった。東ドイツ国民はハンガリーに出国する場合には警察当局の事前認可を必要としなかったため,1万人以上の東ドイツ国民がこの経路を経てオーストリアへ出国した。さらに,東ドイツ国民の一部は,7月初旬以降,ハンガリーの首都ブダペストにある西ド

イツ大使館へも押し寄せ，7月下旬には，3000人以上の人々が大使館敷地内に逗留する状況となった。西ドイツ大使館に押し寄せた東ドイツ国民は，東西両ドイツ政府の合意の下，西ドイツ国営鉄道の用意した特別列車で西ドイツへ出国していった。こうして，89年夏だけで，東ドイツ国民1万5000人以上がハンガリー経由でオーストリア，あるいは西ドイツへ出国していった。

さらに，ハンガリーでは，党内改革派が中心となって「ハンガリー動乱」後に処刑されたナジ・イムレの国民葬がブダペストの英雄広場で行われ，また，「ハンガリー動乱」に加わった廉で処刑された500名以上の墓碑の建立が許可された。さらに，89年8月，憲法を改正し，政権党による一元的な権力支配の法的根拠となっていた政権党の指導的な役割という規定を廃した上で，国名を社会主義時代以前の国名（ハンガリー共和国）へ変更した。

チェコスロヴァキアや東ドイツでは，人々がポーランドやハンガリーでの変化に注目しながらも，治安警察当局による取り締まりを恐れて，89年夏には，表だった抗議行動は見られなかった。しかし，10月下旬になって，国民の間に「ポーランドやハンガリーに続け」という民主化や自由化の要求が強くなり，文化人，音楽家，宗教家などの呼びかけに国民の多くが呼応し，抗議行動に参加するようになった。東ドイツでは，こうした国民の声を恐れた政権首脳によって30年以上政権の座にあったホーネッカーが退任を強いられ，その右腕と言われたクレンツが代わって最高指導者に就任した。しかし，クレンツ指導部は，首脳間の意思統一に失敗し，11月9日夕方，突然ベルリンの壁を開放するという誰もが予想しなかった事態を招いてしまった。その後，チェコスロヴァキアでも，学生・市民層が前面に出て抗議行動が展開され，11月17日，20年近く政権の座にあったフサークが退任し，共産党による一党独裁制度の放棄が決定された。

ブルガリアにおいても，35年間政権の座にあったジフコフの退任，共産党による一党独裁制度の放棄が決定されたが，これは，ジフコフの側近の間での宮廷革命に過ぎず，民主化や自由化が本格化するまでには相当の時間が必要であった。

ルーマニアでは,堅固な独裁体制を構築していたチェウシェスク政権が,12月中旬になって,国民の反発と政権幹部の離反の結果,僅か数日の内に崩壊した。12月25日,フランス国営 TV を通じてチャウシェスクと同夫人が銃殺刑に処せられた映像が放送され,チャウシェスク時代の終焉を告げた。

このように,東欧政変と一括して呼ばれるにしても,その実態はそれぞれ異なり,ポーランドのように「下」からの変革を求める声が政権幹部を動かすことになったケースもあれば,政権首脳間での権力闘争の結果(宮廷革命)や政権幹部の離反の結果として長期政権が崩壊したというケースもある。したがって,ポーランドのケースは社会主義政権の自己崩壊と呼ぶことができるが,ブルガリアやルーマニアのケースは,そのように呼ぶことは相応しくない。

東欧では,89年夏~冬にかけて,社会主義政権の崩壊,一党独裁体制の放棄,憲法の改正,国名の変更といった出来事が連続して生じ,一部の国々では,その直後から社会主義体制の根本的な変革を目指す動きが表面化した。

2 1990年代前半期——東欧各国の改革の現実

1989年東欧政変を経て,東欧諸国の一部では,政治,外交・安全保障,経済,社会,文化などほぼすべての分野において制度機構,政策,倫理規範,行動様式などを抜本的に変革することが求められた。しかし,こうした国々においてさえ,社会主義時代の制度機構,政策,倫理規範,行動様式などは,国民生活や国民意識の中にしっかりと根づいていたため容易に変革できるものではなかった。

他方,東ドイツでは,「ドイツの統一」(90年10月)によって西ドイツに吸収された後,西ドイツ主導の大規模な統合計画が実施された。このため,他の東欧諸国とは事情が大きく異なった。統一前に実施された東西ドイツ・マルクの等価交換によって(実際には,3:1,ないしは4:1で西ドイツ・マルクが強かった。等価交換は一定の条件の下でのみ実現した),旧東ドイツの実物・金融資産が実際の価値よりも3倍~4倍高く評価されたため,旧東ドイツの国営企業の価

値や国有資産の価値が大幅に割高となり，西ドイツによる統合計画はその当初から困難に直面した。この影響は，現在も東西ドイツ間の地域間格差の一因となっている。

90年代における変革のあり方，進め方などに基づいて区分すると，東欧では，3つの変革のケースが見られた。

第1はポーランドのケースである。これは，その後，他の東欧諸国に対してだけでなく，エリツィン政権下のロシアに対しても大きな影響を及ぼした。80年代を通じて，マクロ経済の不均衡が拡大し，さらに国営企業の業績が悪化の一途を辿る中で，87年4月，「経済改革の第2段階」の改革措置の1つとして国内通貨と西側主要通貨（米ドル，英ポンド，西ドイツ・マルク，日本円など）との国営銀行での交換と外貨専門店（正式名一国内輸出企業PEWEX）での使用が自由化された。また，西側通貨での外貨預金も開始された。規定上，それまでは外貨を入手した場所と方法を証明しない限り，国営銀行での交換や外貨預金，外貨専門店での使用ができなかった。しかし，実際に設定された預金金利はインフレ率に比べて低く，また，為替レートも第2市場のそれに比べて3分の1～4分の1程度であったため，国営銀行での交換と外貨預金は国民の多くから無視された。加えて，80年代初め以降，インフレ率が年々上昇し，国内通貨の価値が低下し続ける中で，名目賃金の引き上げ幅はそれに及ばず，実質賃金の目減りが大きくなったため，国民の間では，入手した国内通貨をできるだけ早く第2市場で価値の安定した西側主要通貨に交換し，必要な時に西側主要通貨を国内通貨に再び交換して使用する，という通貨間での「渡り現象」が見られるようになった。こうした「渡り現象」は，80年代後半になって第1市場でのモノの不足と余剰の並存（人々が必要とするモノは価格が低いためすぐに足らなくなり，一方で，人々が必要としないモノは価格が低くても売れ残る状態）が先鋭化すればするほど顕著となり，国営銀行の交換レートと第2市場のそれとの格差もさらに拡大した（例えば，87年12月の月間平均では，公式の交換レートは1米ドル＝320ズウォティ，自由・非合法レートは1米ドル＝1000ズウォティ）。この結果，第2市場での交換レートが国民の毎日の関心事となった。

こうして，社会主義時代の終焉時には，マクロ経済の不均衡に加えて国内通貨の不信認という極めて厳しい状況に追い込まれたため，マゾヴィエツキ新政権は，制度機構の変革を進める前に，マクロ経済の不均衡と国内通貨の不信認をできるだけ早急に解消しなければならなかった。これらの状況に対処するため作成された改革案が「バルツェロヴィチ・プログラム」であった（89年10月に公表された「バルツェロヴィチ・プログラム」に関しては，家本（2004）に邦訳全文が掲載されている）。マゾヴィエツキ新政権は，社会主義の体制と歴史の否定，その裏返しである早期の「欧州への回帰」という国民の強い期待を実現しなければならない一方で，厳しい経済状況を早急に改善するためには，国民に相当の負担を課さなければならない，という厳しいディレンマの中で変革に着手することとなった。

「バルツェロヴィチ・プログラム」は3つの政策措置から構成されている。1つは，不均衡の解消によるマクロ経済の安定化を目指す安定化政策（S政策），2つは，社会主義時代に存在していた経済活動への規制や制約を撤廃し，経済の自由化を目指す自由化政策（L政策），3つは，制度機構の変革と新たな構築を目指す制度政策（I政策）である。このプログラムでは，安定化政策の実施と並行して自由化政策を導入した上で，制度機構の変革と新たな構築を実施する，という重層的な政策経路が想定されていたが，マクロ経済の不均衡を是正するためには，初めに国内通貨の価値の安定が不可欠であるとの認識に基づいて，改革導入直前の89年12月末，西側主要通貨に対して国内通貨を大幅に切り下げた上で（1米ドル＝6000ズウォティから1米ドル＝9500ズウォティへ36％の切り下げ），交換レートを1米ドル＝9500ズウォティに固定し，これを当面維持することを表明した。これは，西側主要通貨への強い信認を利用して，国内通貨が西側主要通貨に固定的，一元的に結びつくことを確約することによって国内通貨の信認の回復を目指すという非常措置であった。その上で，このプログラムでは，自由化政策によって価格，国内取引，国際貿易の自由化といった経済活動の自由化を実施し，モノ不足の状況を短期間で解消する一方で，国営企業への国庫補助金の大幅な削減を実施し，国営企業の財務体質の改善を

目指した。しかし、この時点では、国営企業の独占・寡占の状態を変革するまでには至らなかったため、国営企業は利潤を確保するため、生産量と雇用量を大きく削減した上で、製品価格を大幅に引き上げるという行動をとった。このため、生産と雇用が急減し、失業者が急増する一方で、インフレが猛威を振るう（90年のインフレ率700％）という厳しい状況が生じた（こうした状況を「移行不況」と呼ぶ）。しかし、このプログラムでは、インフレ率の上昇を理由とする名目賃金の引き上げに対しては、一定の引き上げ幅を認めるだけで、それを上回る引き上げに対しては重税を課すという厳格な姿勢を貫いたため、実質賃金の目減りは大きく、国民に多大な犠牲を強いる結果となった。このため、改革へ強い期待を抱いていた国民の多くは大きな失望感を味わい、こうした感情は、新政権の成立後も依然として国営企業や政府機関の幹部としてその地位を保持している旧政権幹部への批判として表面化し、やがてこうした批判は大統領に就任していた旧政権党の最高指導者であったヤルゼルスキに向けられることとなった。

　第2はハンガリーやチェコスロヴァキア（93年1月からチェコとスロヴァキアに分離）のケースである。これら両国は、マクロ経済の不均衡がポーランドよりも小さかったため（ただし、ハンガリーは対外債務の増加という問題を抱えていた）、両国の新政権は「バルツェロヴィチ・プログラム」のような急進的な改革路線ではなく、段階的に自由化を進めながらマクロ経済の諸問題を解決した上で、制度機構の変革や新たな構築を進める、という漸進的な改革路線を採用した。両国とも、価格、国内取引、国際貿易の段階的な自由化は実施したため、モノ不足の状況は大幅に改善したが、国営企業は、西側先進諸国からの良質な輸入製品に押されて売上高を大きく減少させる結果となった。このため、新政権は、国営企業の経営破綻や失業者の急増を防ぐため国庫補助金の削減を大部分先送りすることを決定した。両国とも、ポーランドのようなインフレの昂進や失業者の急増という事態を招くことはなかったが、国営企業の生産の効率化や製品の品質向上を今後どのように実現するのかが重要な課題となった。

　そこで、両国の新政権は、民営化政策を国営企業の生産の効率化を促す鍵と

して位置づけたが，その内容は両国間で大きく異なるものとなった。ハンガリーでは，商業化によって株式会社に転換した旧国営企業の株式の売却を民営化政策の柱に据えたが，チェコスロヴァキアでは，バウチャー型民営化と呼ばれる大衆民営化路線を採用し，短期間の内に所有権の移転を実現しようとした。これは，全成人に一定額の民営化証書（バウチャー）を配布した上で，商業化された旧国営企業が株式を公開する際に公開株式を民営化証書と一定比率で交換することによって大衆民営化を実現しようとする方式であった。

　しかしながら，①そもそも国民に民営化に関する基本情報（例えば，具体的な手順，内容，方法など）が周知徹底されていたわけでもなく，また，②大衆民営化の場合には，（実物・金融）資産の価値再評価を通じた株式公開時の価格設定が重要であるが，新政権には，こうした手法も経験もなかった。そればかりか，その基礎となる数値や資料さえ手元にはなかった。このため，株式公開時の価格の設定は，民営化対象企業から提出された資料や数値に基づくものとなり，結果的に恣意性の強い価格設定となった。イギリスの著名な資産評価企業が96～98年にかけて大衆民営化路線に基づいて民営化された大企業21社，中小企業43社（製造業，サービス業）について資産を再評価したところ，公開時の価格は本来あるべき価格を平均して35～40％下回っていたとのことである（Lewis, 2008, pp. 165-186）。さらに，③大衆民営化の場合，株式公開時の当初価格として低水準の価格を設定された国営企業の株式交換（所有権移転）が大きな問題点として存在している。設定価格の低い国営企業の株式に対しては，交換希望者が少ないため，民営化されずに政府当局が株式を全て所有する形のまま残ることとなった。加えて，④国民は，価格の自由化に基づく物価上昇によって民営化証書の額面価値が低下することを恐れて早急に現金化することを望み，旧政権や国営企業の幹部が設立した投資基金の募集に対して額面を下回る価格で進んで売却した。結局，民営化証書はこれら投資基金に集約される結果となり，民営化政策の大義名分の下に，旧政権や国営企業の幹部は，引き続き民営化企業の経営陣の中核を構成することとなった。彼らは，短期的な利潤の極大化を目指して価格の引上げによる利潤の増加に努め，民営化政策の所期の

目標であった生産の効率化は後回しにされてしまった。

　第3はブルガリアやルーマニアのケースである。これら両国は，共産党の指導的な役割という規定こそ憲法から削除したものの，実際には，旧政権や国営企業の幹部が依然として政治や経済での意思決定主体としてその地位と役割を維持していた。このため，90年代前半期を通じて，これら両国の新政権も，彼らの地位と役割を否定するような改革路線を実施することはなかった。むしろ，彼らは，意思決定の独占を利用して，改革という旗印の下に，国営企業の民営化，国有資産の売却・リースなどの過程で自らの経済的利益を最大限拡大することに努め（テクノクラート型民営化。インサイダー民営化とも呼べるもの），皮肉にも社会主義時代以上に大きな行動の自由を手に入れることになった。

　このように，東欧各国では，90年代前半期それぞれの政策を実施しながらマクロ経済の安定化と新たな制度機構の構築を目指して試行錯誤を繰り返していた。こうした中，ポーランドと同じように急進的な改革路線を採用したユーゴスラヴィアでは，90年1月の改革実施の直後から共和国間での対立という事態を招き，91年以降，スロヴェニアとクロアチアの独立をめぐって，これら両国とセルビアとの間で武力紛争が勃発し，国家の分裂が決定的となった。

3　1990年代後半期──中東欧として新たな方向へ

(1)　ユーゴスラヴィア紛争のインパクトとその結果

　90年代初めの危機的な状況を経て，ポーランドでは，92年以降GDP対前年増加率がプラスとなる回復期を迎えた。しかし，東欧政変前のGDP水準と比べると，90年と91年の2年間で42％もの大幅な減少を記録したため，GDPが東欧政変前の水準に回復するまでには90年代末を待たなければならなかった。

　一方，ハンガリーでは，90年代前半期を経ても国営大企業の生産の効率化，製品の品質向上が進まないばかりか，コメコン域内貿易による対外需要を失った打撃は大きく，国民経済全体が移行不況の渦に巻き込まれる事態となった。また，チェコスロヴァキアでも，91年以降に実施されたバウチャー型民営化の

「失敗」によって大企業の経営再編が進まず，依然として国家財政に依存する企業体質が温存された。失業率こそ低水準に留まっていたが，これも企業の破綻を防ぐように国庫補助金の支給が続いていたためであった。これら両国では，90年代前半期には，経済の対外開放化に伴う国際競争力の向上という重要な問題にどのように対処するのかについての施策は不明確なままであった。

　ところが，91年以降，ユーゴスラヴィア地域での武力紛争が連続的に拡大し，激化したため，ワルシャワ条約機構（91年解散）という軍事・安全保障体制から離れた東欧各国にとっては，自国の安全保障をどのように確保していくのかが喫緊の政治課題となった。当初は，政治・経済においても，外交・安全保障においても「欧州への回帰」を実現する唯一の道として欧州連合EUに早急に加盟し，自国の経済発展と安全保障を図るという基本姿勢を示していたが，これに関しては，EUがボスニア・ヘルツェゴヴィナ紛争（92年～95年）の解決に失敗するだけでなく，最終的には国連平和維持軍の駐留によって停戦が実現するという現実に直面して，東欧各国は，政治・経済と外交・安全保障という2つの側面でそれぞれ別個の基本構想を検討せざるを得なくなった。つまり，それは，外交・安全保障の側面ではNATOへの加盟を優先することによって，また，政治・経済の側面ではEUへの加盟を優先することによって自国の経済発展と安全保障を実現するという基本構想であった。そして，こうした基本構想を共有する領域概念として，ポーランド，ハンガリー，チェコなどの国々では，それまでの東欧という包括的な概念に代わって中東欧（CEE, Central and Eastern Europe）という領域概念が使われるようになった（なお，本章では，これ以降，ポーランド，ハンガリー，チェコ，スロヴァキアの4カ国を示す領域概念として中東欧を用いる）。

　90年代後半になって，ポーランド，ハンガリー，チェコなど中東欧各国は，アメリカのクリントン政権に接近してNATO加盟を急ぐと共に，EU加盟への道を本格的に検討することとなり，EU加盟へ至る主要な経路としてOECD加盟→WTO加盟→EU加盟という3段階の経路を想定した。そして，98年3月，ポーランド，ハンガリー，チェコの中東欧3カ国は，スロヴェニア，エス

トニアなど共に EU 加盟を正式に申請し（東欧での第 1 次加盟申請），正式加盟に向けての加盟交渉を迎えることとなった（スロヴァキアは遅れて2000年に加盟申請を提出した）。

（2） EU 加盟交渉のインパクトとその結果

　中東欧各国が目指した EU 加盟は，加盟交渉が開始されるや否や，それがそれまで想定していたほど容易なものではないことが直ぐに明らかとなった。つまり，29項目の加盟条件（環境，人権・少数民族，司法・警察，農業，漁業など分野別・部門別の加盟条件）すべてで合意するためには，なお一層の制度変革，あるいは政策転換が不可欠であることが明らかとなった。中東欧各国は，それまでの制度設計や政策体系を根本的に見直す必要に迫られた。しかし，その際，各国は，加盟条件をすべて満たすためには，既加盟国との間に存在する経済発展水準と国際競争力の大きな格差を徐々に縮めていくことが必要であると認識した（この時点では，中東欧の 1 人当たりの GDP 水準は EU15カ国平均の 3 分の 1 程度であった）。このため，それへの解決策として，巨大経済圏として出現した EU との経済連関を深めることによって経済発展水準と国際競争力の格差を是正する，という政策方向を構想した。これは，具体的には，EU 加盟国や日米両国など先進各国の多国籍企業（製造業，建設業，商業，金融・保険業など）を積極的に誘致し，製品の輸出増，雇用の拡大，技能形成方式の習得を図りながら，その経営管理を学ぶと共に，国内企業が多国籍企業へ部品や資材，食品や原料などを供給する関連企業として成長しうるように，国内企業自らが資本，技術，設備・機械を導入して抜本的な経営再編を図る，というものであった。こうした政策は，体制転換当初の改革構想からは大きくかけ離れたものであり，しかも，多国籍企業の誘致という未知の構想を含んでいたため，90年代末になって，中東欧各国は，先進各国からの多国籍企業の誘致，つまり，外国直接投資（FDI。特に，新工場の建設を伴うグリーンフィールド型投資）の誘致に全力をあげて取り組むようになった。

　ところが，こうした中東欧各国の政策転換は，EU 加盟国や日米両国など先

進各国にとって極めてタイミングの良いものであった。それは，90年代を通じて，先進各国は，情報通信技術の高度化，ヒトやモノの輸送手段の高速化を背景とした地球規模での経済活動の拡大（グローバリゼーション）に直面して，自国の国際競争力をさらに向上させ，経済成長を持続させるためには，良質で廉価な労働力が豊富に供給される地域に新たに生産現場を移し，生産技術の絶対的な優位性を活用して今まで以上に安価で高品質の製品を供給することを検討していたからである。このため，90年代末以降，中東欧各国には，自動車製造及び同部品製造，家庭用電気機器製造，食品加工，飲料製造などの多国籍製造企業が次々と進出することとなった。さらに，多国籍製造企業の進出に伴って，金融（銀行，証券），不動産，建設，大規模小売などの多国籍企業も次々と進出するようになった。この結果，ポーランド，ハンガリー，チェコの3カ国は，多国籍企業の進出実績で他の東欧諸国を圧倒する結果となり，外国直接投資の流入額が増加するにつれて，それが経常収支（中でも，貿易収支）の赤字を補塡するという資金の好循環が生まれるようになった。

　このように，90年代後半期の中東欧各国は，経済発展と安全保障の両立という難しい課題に直面する中で，外交・安全保障の側面でのNATO加盟の優先と政治・経済の側面でのEU加盟の優先という2つの道を構想し，その実現に向けて歩み出した。これは，持続的な経済成長を目指す先進各国の経済発展戦略とも利害が一致する結果となり，90年代末以降，先進各国からの外国直接投資が急増することとなった。

4　2000年代──EUの拡大と統合の中で

（1）　EU加盟前後における中東欧
①EU加盟前
　中東欧各国では，2000年代に入って，先進各国からの外国直接投資が増加し，多国籍企業による生産が軌道に乗り始めると，先進各国への輸出を梃子とした経済成長への基本図式が姿を現した。こうした図式は，2000年代初め以降の日，

米，EUの間での国際競争の激化によって一層明瞭なものとなり，外国直接投資の流入額が多いポーランド，ハンガリー，チェコの3カ国は欧州の生産基地としての地位を築くこととなった。特に，ドイツ，フランス，イギリス，イタリアなどEU主要国の経済成長は，これら3カ国にとって最重要の成長誘因となったため，これら3カ国はEU主要国との産業・金融両面での結びつきをますます強めていった。

ところが，こうしたEU主要国との結びつきの強化は，生産現場の一層の効率化，企業経営のさらなる再編だけでなく，(道路，鉄道，港湾，空港，情報通信など)インフラの拡充，社会規範や行動様式のより一層の変革をも迫るものとなり，中東欧各国では，加盟交渉の最終段階において加盟後の新たな状況に不安を抱く一部の人々（農民，漁民，石炭労働者など）が加盟に強く反対するという事態が生じた。これは，彼ら自身が，加盟後に生じるモノ，サービス，ヒト，カネの自由移動という新たな環境の中で厳しい国際競争を生き抜くことができないのではないかと考えたからであった。しかし，こうした反対運動は，皮肉にもこれらの人々が加盟直後から多くの恩恵（例えば，EU加盟各国からの需要の急増，構造転換のためのEU支援金の授受など）に与るという予想外の出来事の結果，加盟直後にはほとんど姿を消した。こうした現実は，ポーランド，ハンガリー，チェコなどに続いてEU加盟を希求していた国々（ルーマニア，ブルガリアなど）にとって加盟実現を急ぐことの理由の1つとして用いられることとなった。

② EU加盟後

2004年5月，中東欧4カ国（ポーランド，ハンガリー，チェコ，スロヴァキア），スロヴェニア，バルト3国（エストニア，ラトヴィア，リトアニア）の計8カ国は，キプロス，マルタと共にEU加盟を実現した（EUの第5次拡大）。

新規加盟8カ国は，EU加盟後，その多くが加盟以前よりも成長率が高まるという新たな状況を迎えた。これは，EU加盟国に加えて，ロシア，中東，中国などとの産業・貿易関係の拡大がもたらした結果ではあったが，それ以上に，

第2章　中東欧の体制転換とEUの拡大

こうした結果は，EU主要国など先進各国からの①要求水準の高い製品需要の増加，②高失業率地域での労働力需要の増加，③先進的な生産技術の移転，④長期雇用を可能とする技能形成方式の移転，といったさまざまな要因が一体となって強力な成長動因となったからであった。とくに，ポーランド，ハンガリー，チェコの3カ国は，多国籍製造企業の進出によって欧州の生産基地としての地位を確立すると共に，金融，不動産，建設，商業，貿易，情報通信などの分野への多国籍企業の進出と外国間接投資（株式や債券などの購入を通じた外国からの投資）の急増によって，経常収支（とくに貿易収支）の赤字が補填されるばかりか，経済成長による税収増，成長期待に基づく為替レートの上昇などによって財政赤字の改善や輸入コストの低減という好循環が生まれる結果となった。これに対応して，EU加盟国を本拠とする西欧系金融機関は次々と中東欧各国の金融機関を買収・統合し，積極的に中東欧各国への融資を拡大したため，これがさらに資金の好循環という枠組みを強化することとなった。

しかし，ハンガリーでは，少数与党による不安定な政権運営が続く中で，総選挙前に人気取り策を実施して財政規律を弛緩させたため，財政赤字の拡大という事態を生み，インフレ率の拡大，輸出競争力の低下といった問題が表面化した。このため，ハンガリーは，EU加盟以降，外国（直接・間接）投資の伸び悩みという事態を招くこととなった。さらに，こうした事態による資金不足を補うため，為替レートの上昇を背景として，個人や企業の別なく，国内金利に比べて金利が低い西欧系金融機関からの融資（住宅購入，設備投資，運営資金などへの借入れなど）を積極的に導入し，西欧系金融機関との結びつきをさらに強めることとなった。しかし，こうした結びつきは，西欧地域とハンガリーの双方がある程度経済成長を続けている限りは問題を引き起こすことはないが，2008年秋に世界経済・金融危機が表面化すると，西欧系金融機関は，返済の滞りや不良債権の発生を恐れて資金をハンガリーから一斉に引き上げたため，ハンガリーでは，個人や企業の別なく，多くの経済主体が資金枯渇ゆえの破綻に追い込まれた。

一方，ポーランドやルーマニアでは，EU加盟の実現に加えて「シェンゲン

条約」(国境での出入国管理の廃止を定めた協定,現在の加盟国は24カ国)の発効が重なり,多くの労働者がEU加盟国へ就労機会を求めて次々と出掛ける状況が生まれた。特に,ポーランドでは,EU加盟直後から国内労働市場を完全開放したイギリス,アイルランド,スウェーデンの3カ国に多数の労働者が出掛け,その数は累積数で280万人を越えている。しかし,こうした出稼ぎも,労働者の熟練度,学歴,年齢層別,性別によって大きく異なる傾向を示している。一般的に言えば,ポーランド国内での自らの熟練度や学歴に対応した形で就労している者は比較的少なく,多くの者は自らの熟練度や学歴には対応しない,つまり,それを必要としない形で就労している者が多い。また,年齢層別,性別で言えば,25歳～34歳の男性が出かけるケースが多く,その一部は家族を同伴したり,後で呼び寄せたりしている。ただし,ポーランド人家族の場合,イギリスやアイルランドでは,平均して7組～8組に1組の割合で出稼ぎ先において離婚するケースが見られ,その場合は,大半のケースで女性が子供と共に現地に残るという状況が生じている。加えて,言語会話能力の有無やその水準が求職活動の時間と就労可能な職業の範囲を大きく左右していることも明らかとなっている。

　一方,出稼ぎ先のイギリスやアイルランドでは,2000年代初め以降労働需要が大幅に増加したにもかかわらず,比較的低水準の名目賃金でも就労を希望する外国人(特に,ポーランド人)を多数雇用することができたため,名目賃金の上昇幅が抑えられ,出稼ぎ先の企業や雇用主にとっては非常に好都合の状況が生まれた。

　こうした労働の国際移動は,ポーランド国内の失業率を下げ,さらには,国内家族への送金額の急増によって国内での耐久消費財需要を大きく伸ばす,という副次的な効果をもたらしたが,その一方で,国内労働市場にいくつかの問題を引き起こすこととなった。1つは,国内で必要とされる高熟練・高技能の就業者(脳外科医,麻酔医,看護師,金融・財務・投資の専門家,航空パイロット,航空整備士,ゼネコンのコーディネーターなど)が次々と国外へ移動したため,高熟練・高技能就業者の不足が表面化し,彼らの名目賃金を大きく上昇させた

ことである。2つは，ポーランドへ進出した多国籍企業において，一般従業員と最高幹部との間で言語能力を駆使して業務命令，業務上の慣行，行動目標などを一般従業員へ説明し，伝達する中間管理層が次々と国外へ移動したため，同じく中間管理層の不足が生じ，彼らの名目賃金を大きく上昇させたことである。3つは，季節労働者（建設労働，ホテル・レストランの洗い場作業，農業の収穫作業など）として農民が多数近隣諸国（ドイツ，オーストリア，イタリア，フランスなど）へ出かけたため，農産物の収穫期に大幅な人手不足が生じたことである。これに関しては，2007年以降，6カ月という短期間ではあるが，ポーランドは，ウクライナとベラルーシから労働力を受け入れている（建設業においても同様の措置が始まった）。

このように，中東欧各国は，EU加盟以降，加盟以前には予想できなかった（正・負の）経済実績を示す結果となり，モノ，サービス，ヒト，カネの自由移動を伴う厳しい国際競争の只中に巻き込まれることとなった。

（2） 中東欧にとってEU拡大はどうあるべきか

2007年1月，南東欧2カ国（ルーマニア，ブルガリア）がEUに加盟し，EUの加盟国数は27カ国となった（EUの第6次拡大あるいは第5次拡大）。これによって，加盟国数が，現時点でのEU基本条約である「ニース条約」（2001年2月調印，2003年2月発効）が想定した上限に達したため，これ以上の拡大を実施する場合には，基本条約の改訂が必要となった。このため，EUでは，2004年10月，基本条約とEU機構の抜本変革を目指して「欧州憲法制定条約」の調印に漕ぎ着けたが，2005年5月と6月に実施されたフランスとオランダでの国民投票で否決されたため，さまざまな試行錯誤の後，2007年10月，新たな基本条約として「リスボン条約」が調印された。加盟国による批准過程は2009年に入って最終段階を迎え，残るはアイルランド1国のみとなった（アイルランドは2009年10月に国民投票を実施）。

また，ユーロ通貨圏も拡大し，単一通貨ユーロを導入している国は2009年1月時点で16カ国となり，中東欧では，スロヴェニアとスロヴァキアの2カ国が

既にユーロ通貨を導入した。中東欧・バルト8カ国は、いずれもEU基本条約（「マーストリヒト条約」）によってユーロ通貨の導入が義務づけられている。

　EUは、今や人口5億人、GDP総計は米国の2倍、日本の4倍に達し、世界最大の経済圏として、その動向は世界経済に甚大な影響を及ぼすものとなっている。2008年秋以降に激化した世界経済・金融危機では、表面的には米国のサプライム・ローン問題が発端となって米国の産業と金融が大打撃を被ったと言われているが、「日銀レビュー　国際金融ネットワークからみた世界的な金融危機」（2009年7月）に示されているように、実際には、世界の金融のハブとして重要な役割を果たしていた欧州の金融の危機が発端となって世界の経済と金融を混乱に陥れる結果となった。

　現在のEU加盟候補国は、トルコ、クロアチア、マケドニアの3カ国であるが、クロアチアとマケドニアは、それぞれ既加盟国のスロヴェニアとギリシャとの間で領土・国境線をめぐる対立が長期化しており、正式加盟へ向けての歩みは緩やかなものとなっている。また、トルコは、1987年にEC（欧州共同体）に加盟申請したものの、その後20年以上にわたって加盟を実現していない。加盟交渉も2008年3月に始まったばかりであり、加盟への道程は相当長いと言われている。

　EUは、正式加盟への道程として、①当該国との間で「安定化・連合協定」を結び、EUとの経済関係の緊密化を通じて当該国の社会経済基盤の強化を図り、②当該国の民主主義と市場経済の機能可能性について確認した上で、③正式な加盟申請の受理を経て、④加盟交渉に入り、加盟条件すべてにおいて合意が成立し、⑤既加盟国すべてが当該国の正式加盟に同意すれば、当該国の正式加盟が実現する、という手順が想定されている。

　現在、EUが「安定化・連合協定」を結んでいる国々は、セルビア、ボスニア・ヘルツェゴヴィナ、モンテネグロ、アルバニアという南東欧4カ国である。これまでの拡大過程を踏襲すれば、中・長期にわたることにはなるが、南東欧4カ国は今後正式加盟への道を歩むことになると考えられる。

　以上の点を前提とすれば、中東欧各国にとって今後のEU拡大はどのような

ものであることが望ましいのか。これに関しては，次のような点を考慮しておく必要がある。中東欧各国は，EU 加盟国でありながら，依然として一人当たり GDP が EU 15カ国平均の50％前後という発展水準の低い国々であり，今後発展水準を引き上げるためには，国際競争力の一層の向上とインフラのさらなる拡充が不可欠である。しかも，2000年代に入って，中東欧各国と EU 主要国との経済連関は，過去に例がないほど強化されているが，皮肉にもそれが主因となって中東欧各国は現在深刻な経済不振に喘いでいる。ましてや，中東欧各国の経済回復，さらには発展水準の引き上げという課題は自らの熱意と創意だけでは実現不可能であるため，今後も当分の間 EU 主要国などからの資金，技術，設備・機械，人材養成方式の供与に大きく依存せざるを得ない。そうであるならば，中東欧各国にとって，EU の今後の拡大は，自らのこうした必要を制約するものであってはならない。つまり，今後の EU の拡大は，中東欧各国にとってその必要を大きく制約しない限りにおいて受け入れ可能なものとなり，特に，その発展水準の低さから EU の資金，技術，設備・機械などが大量に供与される可能性が高い国々の新規加盟に対しては，中東欧各国は否応なしに抵抗せざるを得ない。加えて，中東欧各国，中でもポーランドは，今もロシアへの複雑な国民感情を抱えているため，ウクライナの EU 加盟には積極的に支援する姿勢を示しながらも，その一方で，南東欧4カ国の加盟には，EU からの資金の配分が少なくなることを恐れてそれほど積極的であるとは言えない（ただし，クロアチアの加盟については，最近になって共にカトリック教国であるという共通項から，これとは多少異なる姿勢を示し始めている）。新規加盟は，既加盟国すべての合意を得て初めて実現するため，中東欧各国，とりわけポーランドの姿勢は今後の EU 拡大過程で鍵となる可能性が考えられる。その際，中東欧の一部に民族主義的で歴史の記憶に深く根ざした国民感情が今も存在することを忘れてはならない。

　このように，今後の EU 拡大過程は，中東欧各国にとっては EU 加盟国と肩を並べる発展水準とインフラを実現するための過程と重なり，また，体制転換当初からの基本目標である「欧州への回帰」を真に実現するための過程とも重

なり合う。このため，今後のEU拡大過程では，中東欧各国の主張や要求がこれまで以上に強く示されることとなる。逆に言えば，EUは，今後も引き続き拡大と統合を進めていく中で，EU主要国と比べて発展水準の低い「小国」の反乱に翻弄される可能性がますます高くなると考えられる。

(3) 中東欧にとっての「欧州危機」とその影響

ギリシャ・パパンドレウ新政権による財政統計数値の虚偽とその修正値の公表（2009年10月）を直接の契機とする「欧州危機」は，当初こそ，ギリシャ政府債務危機（ソブリン債務危機）という様相を示していたが，その後，ギリシャ既発国債の償還可能性への疑義の高まりを発端として，以下のような波及経路を経て，今や先進国ばかりか，新興国をも巻き込む形で金融・実体両面の不振が浮き彫りとなっている。[1]

以上のような波及径路を経て，今や先進国（例えば，欧州・ユーロ圏）と新興国（例えば，BRICSの5カ国）の双方を巻き込んだ同時並行不況を引き起こしている。

ところで，中東欧地域では，ポーランド，ハンガリー，チェコの3カ国を先行グループとして，1990年代末以降，西欧地域の先進国（ドイツ，フランス，イタリア，オランダなど）からだけでなく，アメリカ，日本などの非欧州地域の先進国からも，多国籍大規模企業――特に，自動車・商用車など輸送機械及び同部品の製造，家庭用電気製品など電気機械及び同部品の製造，アルミニウム製品加工や銅製品加工など金属加工及び同再生品加工，各種の食品加工など製造業に加えて，金融業（銀行，証券など），（卸・小売）商業，（陸上・海上）輸送業など――が次々と進出してきた。これは，①ポーランド，ハンガリー，チェコなどによる欧州連合EUへの正式加盟申請の受理（1998年3月）を契機として，1990年代初め以来進められてきた体制移行過程が一定の成果を生み出し，政治（内政・外交），経済，社会の各側面で一定の安定度を示すようになった点が高く評価されたからであり，また，②近い将来，EUが世界最大の経済圏として登場し，北米経済圏に拮抗するばかりか，先進国と新興国の双方にとって

> ギリシャ既発国債の償還可能性への疑義が急速に高まった（2009年10月）。
> →既発国債の償還資金を確保するための借り換え国債の新規発行に際して，発行市場で要求される利回りが急上昇した。
> →欧州・ユーロ圏各国の政府機関と金融機関（銀行，生命保険会社，損害保険会社など）によるギリシャ既発国債の保有残高が明らかになるにつれて，欧州・ユーロ圏各国の政府機関と金融機関の財務内容への不安が増大した。
> →欧州・ユーロ圏各国の金融機関の財務内容への不安が金融機関の経営不安の問題として注目されるようになった。
> →経営不安に陥った金融機関に対して，欧州・ユーロ圏各国政府が救済資金を投入したが，これを発端として，欧州・ユーロ圏各国の一部が財政危機と債務危機に陥った（アイルランドは2010年11月に，ポルトガルは2011年5月にそれぞれ欧州連合EUと国際通貨基金IMFに対して緊急支援を要請した）。
> →この結果，欧州・ユーロ圏全体として，政府債務危機と金融機関の経営危機との連携・連動性が顕在化し，このため，金融機関は，貸出債権の売却，貸し剥がし，貸し渋り，資金の本国回帰といった自己防衛行動をとるようになり，実体経済での生産と消費は大きく冷え込み結果となった。
> →その一方で，欧州・ユーロ圏との貿易と投資の増大を通じて高い成長を記録していた新興国においても，成長への悪影響が顕在化し，（先進国だけでなく）新興国においても，実体経済の冷え込みが進行するようになった（例えば，中国では，2011年第1四半期以降，7四半期連続で成長率の鈍化を記録している—2012年11月現在）。

図2-1 欧州危機における金融・実体両面での波及過程

(出所) 筆者作成。

貿易と投資の起点と目的地として位置づけられると考えられたからであり，さらには，③モノとサービスの生産と消費，そして，これらに係わる流通と金融がEUという1つの域内のみで「完結」しうること，つまり，（産業，金融，租税など各側面に関して）ほぼ同一のルールや規程の下で経済活動を営むことができるという域内活動の利点を最大限活用することができると予想されたからである。この結果，欧州地域に新たな生産基地，消費基地，さらには金融ビジネス基地を求めて，世界的に著名な多国籍大企業が大量進出するという波が中東欧3カ国に押し寄せるようになった。

一例を挙げれば，ポーランドへ投資された対外直接純投資額の変化を見ると，下表のような変化を示している。

上表から明らかなように，1990年代末以降，ポーランドへの対外直接純投資は，2000年（103億34百万ユーロ），2004年（99億83百万ユーロ），2006年（150億61百万ユーロ）という3つの頂点をもつ波形をしめしていると共に，ポーランドがEU正式加盟を実現した2004年〜2006年の3カ年間には，対外純投資総額

表 2-1 1999年～2011年でのポーランドへの対外直接純投資の変化

(単位：100万ユーロ)

1999	2000	2001	2002	2003	2004	2005	2006	2007	2008	2009	2010	2011
6,824	10,334	6,372	4,371	4,313	9,983	8,280	15,061	4,020	3,072	3,335	4,149	3,722

(注) 2003年には，ポーランドの EU 正式加盟を直前に控えて，対外（直接・間接）投資統計の見直しが実施され，既発表数値3671万ユーロが4313万ユーロに修正されている。
(出所) Narodowy Bank Polski（NBP，ポーランド国立銀行）統計。

は333億24百万ユーロ（これら3カ年の円・ユーロ平均レートで見ると，約5兆2千億円）に達しており，これは，これら3カ年の GDP 平均値の約18％に相当する規模となっている。

加えて，2007年「アメリカ・サブプライム・ローン危機」，2008年～2009年「世界経済・金融危機」（「リーマン・ショック」）を経ても，ポーランドへの対外直接純投資額は，総額こそ2008年以降大きく減額したものの，「欧州危機」の最中にあった2010年と2011年においても，41億49百万ユーロ，37億22百万ユーロとなり，2007年（40億20百万ユーロ）に近い実績値を記録している。さらに，2012年11月発表の2012年1月～8月対外直接純投資額の速報値（NBP）を見ると，69億86百万ユーロとなり，実績値が今年になって大きく増額していることがわかる。

また，2000年以降における GDP 対前年増加率の推移を見ると，**表 2-2**のような変動を示している。

これから明らかなように，ポーランド，ハンガリー，チェコの中東欧3カ国では，2000年以降，比較的高い成長率を記録している。特に，EU 加盟が実現した2004年以降では，これら3カ国は，EU 平均は言うまでもなく，EU 主要4カ国（ドイツ，フランス，イギリス，イタリア）及びユーロ圏主要4カ国（ドイツ，フランス，イタリア，スペイン）のいずれよりも高い成長率を記録している。また，2009年には，EU 平均ばかりか，EU 主要4カ国及びユーロ圏主要4カ国のいずれもがマイナス成長を記録している中で，ポーランドはプラス成長（1.6％）を記録し，その結果として，2000年～2011年にかけて，EU 圏において唯一12年連続してプラス成長を記録している。

第2章　中東欧の体制転換とEUの拡大

表2-2　2000年～2011年でのユーロ圏主要国及び中東欧3カ国の成長率変動

(単位：％)

	2000	2001	2002	2003	2004	2005	2006	2007	2008	2009	2010	2011
EU	3.9	2.2	1.3	1.4	2.5	2.0	3.3	3.2	0.3	−4.3	2.0	1.5
独	3.1	1.5	0.0	−0.4	1.2	0.7	3.7	3.3	1.1	−5.1	3.7	3.0
仏	3.7	1.8	0.9	0.9	2.5	1.8	2.5	2.3	−0.1	−2.7	1.5	1.7
伊	3.7	1.9	0.5	0.0	1.7	0.9	2.2	1.7	−1.2	−5.5	1.8	0.4
西	5.0	3.7	2.7	3.1	3.3	3.6	4.1	3.5	0.9	−3.7	−0.1	−0.7
英	4.5	3.2	2.7	3.5	3.0	2.1	2.6	3.5	−1.1	−4.4	2.1	0.7
希	3.5	4.2	3.4	5.9	4.4	2.3	5.5	3.0	−0.2	−3.3	−3.5	−6.9
波	4.3	1.2	1.4	3.9	5.3	3.6	6.2	6.8	5.1	1.6	3.9	4.3
洪	4.2	3.7	4.5	3.9	4.8	4.0	3.9	0.1	0.9	−6.8	1.3	1.7
チェ	4.2	3.1	2.1	3.8	4.7	6.8	7.0	5.7	3.1	−4.5	2.5	1.9

(表記)　EU＝EU成長率平均，独＝ドイツ，仏＝フランス，伊＝イタリア，西＝スペイン，英＝イギリス，希＝ギリシャ，波＝ポーランド，洪＝ハンガリー，チェ＝チェコ
(出所)　EUROSTATより筆者作成。

　さらに，2012年9月EUROSTAT発表の2012年成長率推計を見ると，EU平均−0.3％，独0.8％，仏0.2％，伊−2.3％，西−1.4％，英−0.3％，希−6.0％，波2.4％，洪−1.2％，チェ−1.3％というように，ポーランドは，EU圏で数少ないプラス成長国であると共に，最も高い成長率の達成が予測されている。

　一方，中東欧の2カ国（ハンガリー，チェコ）では，いずれも2009年に大幅な成長減速を記録し，とくにハンガリーでは，2008年に資金難に陥り，EUと国際通貨基金IMFの金融支援を受けた後，2011年11月には，既発国債の流通価格の大幅な下落，通貨フォリントの大量の投げ売りなどによって，財政資金の調達に困難を来す状況に陥ったため，EUとIMFに対して資金支援を要請した。ハンガリーでは，1990年代末～2000年代前半にかけて，欧州地域においても高い部類に入る成長率が続き，政府機関，企業，家計による資金需要が急増した結果，①ハンガリー国内に比べての欧州地域及びユーロ圏における貸出金利の相対的な低さ，また，②ハンガリーの高成長を背景としたハンガリー通貨のユーロ通貨及び非ユーロ通貨（とくに，スイス・フラン）への為替レートの

上昇,という2つの条件を受けて,国内の資金需要を満たすための有力な措置として,外貨建(ユーロ建,あるいは非ユーロ通貨建)の借り入れを急増させることとなった。しかも,③ハンガリーの場合,ハンガリー国内の(外資系,非外資系)金融機関による外資調達に関する借り入れ上限枠が2008年5月まで設定されないばかりか,それまでは各金融機関の経営判断に委ねられたままになっていた(こうした規制の導入は,ポーランドやチェコに大きく遅れることとなった)。こうしたことから,ハンガリーでは,2008年～2009年「世界経済・金融危機」による資金の本国回帰の影響を受けて,国内の金融機関は次々と経営危機に陥り,さらには,金融機関への救済資金の投入による政府財政赤字の急拡大によって,ハンガリー政府自体が財政危機に陥り,EUやIMFに資金支援を要請する結果となった。

チェコは,ハンガリーのような政府財政危機に陥るまでには至っていないものの,「世界経済・金融危機」及び「欧州危機」の影響を受ける形で2010年・2011年と連続して成長鈍化を記録し,2012年にはマイナス成長に落ち込む結果となっている。

こうしたハンガリーとチェコの状況に比べて,ポーランドでは,歳入の20%～30%を占めるEU資金(2014年終了予定)の受け取り,さらには,付加価値税率の引き上げ,課税対象所得区分の概略化による税収の増加といったプラス要因に加えて,隣国ドイツへの労働移動だけでなく,EU域内,あるいはユーロ圏域内への労働移動に伴う相当規模の国内への送金額(国内への送金額—2010年約44億ユーロと2011年約46億ユーロ,ポーランド国立銀行NBP)といった要因もプラスに作用し,財政赤字幅は比較的低い水準(2012年推計値−3.4%)に留まっている。

このように,中東欧にとっての「世界経済・金融危機」～「欧州危機」による悪影響は,中東欧地域での先行グループとして対外直接投資を早くから受け入れ,EU域内でも高い成長率を記録していたポーランド,ハンガリー,チェコ3カ国の間に,目に見える形で境界線が引かれるといった結果を招いた。つまり,①「世界経済・金融危機」～「欧州危機」の影響によって財政破綻を経

験したハンガリー，②大幅なマイナス成長，財政赤字幅の拡大を記録した結果として，緊縮財政政策の実施を余儀なくされたため，2013年もマイナス成長を予想されているチェコ，そして③「世界経済・金融危機」〜「欧州危機」による悪影響を受けながらも，上述したようなポーランド固有の要因を「活用」して，小幅ながらもプラス成長を継続し，現在も対外直接投資の受け入れが続くポーランド，といった三者三様の結果と示している。

　ところで，中東欧にとっての「世界経済・金融危機」〜「欧州危機」による悪影響の程度を確定しようとする際には，中東欧3カ国と欧州・ユーロ圏各国や米国との資金面でのつながりを分析の要に据える必要がある。なぜなら，中東欧3カ国の有力な（商業・専門）銀行の大半が欧米地域に本拠を置く大手銀行の傘下に置かれているからである。2011年12月31日時点における資産ベースでの大手銀行のシェアは，ポーランド62.8％，ハンガリー89.2％，チェコ86.6％であり（BRE Bank, *Financial Market Research*, 2012/03/02），しかも，その上位には，フランスを本拠とするソシエテ・ジェネラル銀行，イタリアを本拠とするウニ・クレディト銀行，インテーザ・サンパウロ銀行，オーストリアを本拠とするエルステン銀行，ライファイゼン銀行，オランダを本拠とするING銀行，ドイツを本拠とするドイツ銀行，コメルツ銀行など，ユーロ圏各国を本拠とする大手銀行が名を連ねている。こうした状況は，1990年代後半〜2000年代中頃にかけての「中東欧ブーム」の時期に作り上げられた状況であり，中東欧3カ国政府が，それぞれ金融制度の改革と金融機関の対外競争力の向上を目指して国有・国営金融機関の民営化，金融市場の対外開放に大きく踏み出した結果であった。そして，中東欧地域に設立されたユーロ圏系銀行は，親会社であるユーロ圏の大手銀行からの資金供与を得て，中東欧地域において，企業部門における旺盛なビジネス（投資）需要に対してだけでなく，潜在需要の大きさを指摘されていた家計部門における住宅需要や耐久消費需要に対しても積極的に与信を増加させることによって，高い収益を獲得することに成功した。この結果，中東欧地域に進出したユーロ圏系銀行は，いわば欧州・ユーロ圏から中東欧地域への資金供給ベルトとして機能し，金融経済面での欧州・ユ

ーロ圏と中東欧地域との結びつきを大幅に強める役割を果たした。

しかし,「世界経済・金融危機」～「欧州危機」という一連の危機を経て,ユーロ圏を本拠とする大手銀行は,①ユーロ圏での財政・金融危機の深刻化を受けて,中東欧地域からの資金還流(リパトリエーション,repatriation)の強化を図ると共に,②欧州連合 EU (及び欧州銀行監督機構 EBA) による銀行管理の強化,資産価格の下落や実体経済の冷え込みに伴うユーロ圏及び一部の中東欧諸国での不良債権の累増という状況に直面して,中東欧地域への関与の度合いを低下させている。このため,中東欧3カ国の金融環境は,とくにハンガリーにおいて深刻さを増し,不安定化しつつある。ただし,ポーランドとチェコでは,ハンガリーほどの金融環境の深刻さは見られないものの,銀行融資の停滞による実体経済の落ち込みが日増しに明らかとなりつつある(ただし,ポーランドでは,2012年第一四半期以降も,住宅ローン需要が底堅く推移しているため,家計部門への銀行融資残高の顕著な減少は見られない)。

このように見てくると,「1989年東欧革命」に始まる中東欧の体制移行の時期とその後に続く EU 加盟の時期について,これを全体として一定の連続性を有する変動過程と見るのか,それとも体制移行の時期とその後の EU 加盟の時期とに何らかの「分断」,あるいは「断絶」の状況を見出すのか,といった点が改めて問われなければならない。そして,今後の中東欧各国の発展過程の中にその解答が見出されるように思われる。

注
(1)「欧州危機」が何ゆえ生じたのかについては,本章の範囲を超えるため,ここでは論議を進めることはしないが,そもそも「欧州危機」の発端となったギリシャ政府債務危機が顕在化した根本的な要因は,1990年代後半におけるアメリカ「クリントノミックス」(金融業,IT 産業,商業を国民経済の中核に位置づける産業構造転換政策)を直接の契機とする IT バブルとその崩壊,その後の大幅な景気刺激措置,さらには不動産バブルとその崩壊(サブプライム・ローン危機⇒「リーマン・ショック」)という一連の動きであり,中期的に見て,バブルとその崩壊への対策としての大幅な金融緩和措置が背景となっている。この意味では,ギリシャ政府による財政統計数値の

虚偽とその修正の発表は，あくまでもギリシャ危機の直接の契機に過ぎない。
（2）　ポーランド国立銀行 NBP の公表統計によれば，2012年第一四半期における不良債権比率（＝融資残高に占める不良債権の割合）を見ると，ポーランド4.8％，ハンガリー14.3％，チェコ4.6％，ルーマニア15.9％，ブルガリア16.2％であり，ブルガリア，ルーマニア，ハンガリー3カ国での不良債権問題の深刻さが浮き彫りとなっている。

参考文献

家本博一（1994）『ポーランド脱社会主義への道——体制内改革から体制転換へ』名古屋大学出版会。
家本博一（2004）『中欧の体制移行と EU 加盟（下）——ポーランド』三恵社。
家本博一（2011）「中・東欧の市場経済移行」吉井昌彦・溝端佐登史編著『現代ロシア経済論』ミネルヴァ書房。
伊東孝之（1988）『ポーランド現代史』山川出版社。
桑原進（2005）『中欧の体制移行と EU 加盟（上）——チェコとスロバキア』三恵社。
コウォトコ，グジェゴシュ・W（2005）『「ショック」から「真の療法」へ——ポスト社会主義諸国の体制移行から EU 加盟へ』家本博一・田口雅弘・吉井昌彦訳，三恵社。
田口雅弘（2005）『ポーランド体制転換論——システム崩壊と生成の政治経済学』御茶の水書房。
田口雅弘（2006）「東欧の大国ポーランドと EU 加盟」田中俊郎・庄司克宏編『EU 統合の軌跡とベクトル―トランスナショナルな政治社会秩序形成への模索』慶應義塾大学出版会，pp. 301-319。
田中宏（2005）『EU 加盟と移行の経済学』ミネルヴァ書房。
羽場久美子・小森田秋夫・田中素香編（2006）『ヨーロッパの東方拡大』岩波書店。
ハルツェロヴィチ，レシェク（2000）『社会主義・資本主義・体制転換』家本博一・田口雅弘訳，多賀出版。
Balcerowicz, L. (2002), *Post-Communist Transition: Some Lessons*, The Institute of Economic Affairs, The Wincott Foundation.
Hardy, J. (2009), *Poland's New Capitalism*, Pluto Press.
Havrylyshyn, Oleh and Thomas, Wolf eds., (2001), *A Decade of Transition: Achievements and Challenges*, IMF.
Kemp-Welch, A. (2008), *Poland under Communism: A Cold War History*, Cambridge University Press.
Lewis, Charles Paul (2008), *How the East was Won: The Impact of Multinational Companies in Eastern Europe and the former Soviet Union 1989-2004*, Palgrave

Macmillan.

World Bank (2002), *Transition: The First Ten Years. Analysis and Lessons for Eastern Europe and the Former Soviet Union*, World Bank.

第2章　中東欧の体制転換とEUの拡大

中東欧関係年表

1989年	「東欧革命」に揺れた1年
2月	ポーランド政労間での「円卓会議」（～4月）
4月	ポーランド政労間での「政労合意基本文書」の調印
	⇒社会主義体制を前提とした政治・経済・社会改革へ
5月	ハンガリーとオーストリアの国境鉄条網の撤去
	⇒東独国民がハンガリー，チェコスロヴァキア，ポーランドの西独大使館へ殺到
	⇒「汎ヨーロッパ・ピクニック」（8月）
	⇒ハンガリーからオーストリアを経て，東独国民が多数西独へ脱出（8月）
6月	ポーランド国会議員選挙の実施で「連帯」が圧勝
	ハンガリーにおいて，「ハンガリー動乱」（1956年10月～11月）の際に首相として改革を進めたナジ・イムレの再埋葬式典の挙行
	⇒社会・政治面での多元化を目指す改革の実施
	⇒ハンガリー政権党内改革派と西独コール政権との改革協議の進行
7月	仏アルシュ・サミットにおいて「ポーランド・ハンガリー経済再建支援計画PHARE」の設立で合意
9月	ポーランド・マゾヴィエツキ政権の成立（「連帯」と旧政権党による連立政権）
	⇒「欧州共同体EC・ポーランド通商経済協力協定」の調印
10月	ソ連邦ゴルバチョフ書記長が東独建国40周年記念式典に出席し，東独ホーネッカー政権に対して社会・政治改革を促す
	⇒東独国民多数から「ゴルビー，ゴルビー」との歓迎の声が上がる
11月	「ベルリンの壁」の崩壊
	チェコスロヴァキア・プラハにおいて「ビロード革命」の開始
12月	ルーマニアにおいて，「救国戦線」が政権を掌握し，チャウシェスク大統領を逮捕・処刑
	⇒チャウシェスク独裁体制の崩壊
	「欧州共同体EC・ソ連邦通商協定」の調印
	チェコスロヴァキアにおいて，反体制運動の中心人物で作家のハヴェルを大統領に選出（1989年～1992年チェコスロヴァキア連邦大統領，1993～2003年チェコ共和国大統領）
1990年	「体制移行への第一歩」
1月	ポーランドとユーゴスラヴィアにおいて，経済改革の開始
	⇒ポーランド「バルツェロヴィチ経済改革」

		⇒ユーゴスラヴィア連邦国家体制の崩壊
		(⇒スロヴェニア,クロアチアの独立)
	2月	ソ連邦共産党が「共産党の指導的な役割」の規程を放棄
	3月	ハンガリー国会議員選挙で旧政権党(1989年8月に社会党へ改名)の敗北
		エストニアの独立宣言
		ソ連邦ゴルバチョフが大統領に選出(〜1991年12月)
	4月	ハンガリーにおいて,「民主フォーラム」と旧政権党による連立政権の成立
	5月	「欧州共同体EC・チェコスロヴァキア経済通商協定」の調印
		ルーマニア国会議員選挙で「救国戦線」が圧勝
	6月	チェコスロヴァキア国会議員選挙で「市民フォーラム」(チェコ)が圧勝
		「第2次シェンゲン協定(シェンゲン補足協定)」の調印
		⇒仏,西独,ベネルックス3国が調印
		⇒ヒトの域内自由移動への制度基盤の再構築へ
	7月	**東西ドイツの通貨統合**(西独マルク通貨への統一)
		ソ連邦ゴルバチョフ書記長が**「ブレジネフ・ドクトリン」の放棄**と**「欧州共通の家」構想**を発表
		⇒中東欧各国の「ワルシャワ条約機構」からの脱退交渉の開始
		経済・通貨同盟EMU第1段階の開始
		⇒資本の域内自由移動への第一歩
	10月	**「ドイツの統一」**
	11月	欧州共同体ECと米国が共同宣言「新大西洋憲章」に調印
		イタリアが「第2次シェンゲン協定」に調印
		全欧安全保障協力会議CSCEパリ首脳会議の開催
		「欧州通常兵器条約CFE」の調印
		⇒NATOは中東欧各国を連合国(Associate)と認定
1991年		**ソ連邦の解体過程の進行**
	1月	ラトヴィアとリトアニアで武力衝突が発生(「血の日曜日」事件)
	4月	「欧州復興開発銀行EBRD」の設立(本部:ロンドン)
	6月	**「経済相互援助条約(コメコン,セフ)」の解体**
	7月	**「ワルシャワ条約機構」の解体**
		中立国スウェーデンが欧州共同体ECに加盟申請
	8月	ソ連邦で「保守派クーデタ」の勃発
		⇒3日天下に終わる
	9月	ソ連邦がリトアニア,ラトヴィア,エストニアの独立を承認
		⇒バルト3国の国連加盟
		ユーゴスラヴィア内戦の激化
		⇒クロアチア独立戦争

11月	北大西洋条約機構 NATO ローマ首脳会議の開催 「ローマ宣言」の採択
12月	欧州共同体 EC がポーランド，ハンガリーチェコスロヴァキアと「欧州協定」（連合協定）に調印 ⇒中東欧3カ国の EC 加盟への道が開かれる **「北大西洋協力会議 NACC」の開催**（NATO16カ国＋中東欧9カ国） ⇒中東欧諸国の NATO 加盟への道が開かれる 独立国家共同体 CIS の創設 ⇒「ソ連邦の消滅」
1992年1月	ロシア連邦において，「エリツィン経済改革」が開始 欧州共同体 EC がスロヴェニアとクロアチアの独立を承認
2月	**「欧州連合 EU 条約（マーストリヒト条約）」の調印**（12カ国）
3月	中立国フィンランドが欧州共同体 EC へ加盟申請 欧州共同体 EC と欧州自由貿易協定 EFTA が「欧州経済領域 EEA 設立条約」に調印 「ボスニア・ヘルツェゴヴィナ」紛争の発生
4月	欧州共同体 EC がボスニア・ヘルツェゴヴィナの独立を承認
7月	「欧州通常兵器条約 CFE」の発効
9月	欧州通貨危機の発生 ⇒英ポンド，伊リラが欧州通貨統合からの離脱
12月	ノルウェーが欧州共同体 EC へ加盟申請
1993年1月	欧州共同体 EC の域内市場統合の完成 ⇒モノとサービスに関する単一市場の発足 チェコスロヴァキア連邦の解体 ⇒チェコとスロヴァキアの独立
2月	ルーマニアが欧州共同体 EC と「欧州協定」に調印
3月	ブルガリアが欧州共同体 EC と「欧州協定」に調印
6月	コペンハーゲン欧州理事会において，中東欧諸国の欧州連合 EU 加盟の政治・経済条件について合意 ⇒「コペンハーゲン基準」
10月	チェコとスロヴァキアが欧州共同体 EC と「欧州協定」に調印
11月	**「欧州連合 EU 条約（マーストリヒト条約）」の発効** ⇒**欧州連合 EU の創設**
1994年1月	経済・通貨同盟 EMU 第二段階の開始 ⇒**欧州通貨機構 EMI の設立** 「欧州経済領域 EEA 設立条約」の発効

		⇒欧州経済領域 EEA の創設
	3月	ハンガリーが欧州連合 EU に加盟申請
	4月	ポーランドが欧州連合 EU に加盟申請
	6月	欧州連合 EU とロシア連邦が「パートナーシップ協力協定」に調印
	10月	ロシア連邦**ルーブル通貨の大暴落**（「暗黒の火曜日」）
	12月	全欧安全保障協力会議 CSCE ブダペスト首脳会議の開催
		⇒全欧安全保障協力機構 OSCE への改組を決定
1995年1月		オーストリア，スウェーデン，フィンランドの中立3カ国が欧州連合 EU へ加盟（加盟国15カ国，**第4次拡大**）
		全欧安全保障協力機構 OSCE の創設
	3月	独，仏，ベネルクス3国，スペイン，ポルトガルの5カ国が「シェンゲン協定」を施行
		⇒シェンゲン圏内でのヒトの自由移動の開始
	4月	オーストリアが「シェンゲン協定」を実施
	6月	ルーマニアとスロヴァキアが欧州連合 EU に加盟申請
		欧州連合 EU とバルト3国が「欧州協定」に調印
	10月	ラトヴィアが欧州連合 EU に加盟申請
	11月	「ボスニア・ヘルツェゴヴィナ紛争」に関する「デイトン和平合意」の設立
	12月	リトアニアとブルガリアが欧州連合 EU に加盟申請
		マドリード欧州理事会で「単一通貨ユーロの1999年1月1日導入」を決定
1996年1月		チェコが欧州連合 EU に加盟申請
		トルコが欧州連合 EU の関税同盟に参加
	2月	**「コソボ紛争」**の勃発（～1999年6月）
	3月	第1回アジア欧州会議 ASEM の開催（バンコク）
	6月	欧州連合 EU とスロヴェニアが「欧州協定」に調印し，EU へ加盟申請
	12月	デンマーク，フィンランド，スウェーデンの3カ国が「シェンゲン協定」を施行
1997年6月		EU 財務相理事会が「安定・成長協定」を採択
		⇒経済・通貨同盟 EMU の推進への財政政策の運営に関する合意の形成
	7月	「アジア通貨危機」の発生
		⇒ロシア連邦へ波及
		マドリード NATO 首脳会議がポーランド，ハンガリー，チェコ3カ国の加盟を提案
	10月	**「欧州連合 EU 改正条約（アムステルダム条約）」**の調印
	12月	ルクセンブルグ欧州理事会が**「アジェンダ2000」**を採択し，ポーランド，チェコ，ハンガリー，スロヴェニア，エストニア，キプロスの6カ国（「ルクセンブルク・グループ」）との加盟交渉の開始を決定

1998年		中東欧への多国籍製造大企業による直接投資プロジェクトが数件発表される
	3月	欧州連合EUが「ルクセンブルク・グループ」6カ国と加盟交渉を開始
		NATO軍による「**セルビア空爆**」の開始（～6月）
	4月	第2回アジア欧州会議ASEMの開催（ロンドン）
	5月	ブリュッセル欧州理事会で経済・通貨同盟EMU参加11カ国（独，仏，伊，蘭，ベルギー，ルクセンブルク，アイルランド，スペイン，ポルトガル，フィンランド，オーストリア）を正式決定
	6月	**欧州中央銀行ECBの設立**（本部：フランクフルト）
	8月	ロシア通貨危機の発生
1999年		中東欧への多国籍製造大企業による直接投資プロジェクトが次々と公表される
	1月	**経済・通貨同盟第3段階の開始**
		⇒単一通貨ユーロの（計算単位としての）導入
	3月	**ポーランド，ハンガリー，チェコ3カ国がNATOへ加盟**
		NATO軍による「**コソボ空爆**」の開始（～6月）
	5月	「欧州連合改正条約（アムステルダム条約）」の発効
	12月	ヘルシンキ欧州理事会でラトヴィア，リトアニア，スロヴァキア，ルーマニア，ブルガリア，マルタの6カ国（「ヘルシンキ・グループ」）との加盟交渉の開始を決定
2000年	2月	欧州連合EUが「ヘルシンキ・グループ」6カ国と加盟交渉を開始
	3月	リスボン特別欧州理事会で「リスボン戦略」を採択
	5月	「シューマン宣言50周年記念式典」の開催
	10月	第3回アジア欧州会議ASEMの開催（ソウル）
2001年	1月	**ギリシャが経済・通貨同盟EMU第3段階を開始**
		⇒ユーロ通貨の導入（ユーロ圏12カ国）
		「**マケドニア紛争**」の発生（～2月）
	2月	「**欧州連合再改正条約（ニース条約）**」の調印
	9月	米国ニューヨーク・世界貿易センタービルへのテロ攻撃の発生（「**9・11テロ**」）
	12月	ラーケン欧州理事会で「ヨーロッパの将来に関する諮問会議（コンベンション）」の開催と「ヨーロッパの将来に関するラーケン宣言」の採択を決定
2002年	1月	**ユーロ現金通貨の流通開始**（12カ国）
	3月	「コンベンション」の開始（～2003年6月）
	7月	「欧州石炭鉄鋼共同体ECSC条約」が期限満了（50年）のため失効
	12月	コペンハーゲン欧州理事会で中東欧8カ国と地中海2カ国の2004年EU加盟と南東欧2カ国の2007年EU加盟を決定

2003年	1月	欧州8カ国が米国の対イラク戦争を支持すると表明
	2月	「欧州連合再改正条約（ニース条約）」の発効
		クロアチアが欧州連合EUに加盟申請
		中東欧10カ国が米国の対イラク戦争を支持すると表明
	6月	「コンベンション」が「欧州憲法制定条約草案」を採択して終了確認
	9月	ポーランド軍司令官が率いる多国籍軍がイラク侵攻を開始
2004年		**中東欧での体制移行の終了を画する1年**
	3月	マケドニアが州連合EUに加盟申請
	5月	**中東欧8カ国（ポーランド，ハンガリー，チェコ，スロヴァキア，スロヴェニア，リトアニア，ラトヴィア，エストニア）と地中海2カ国（キプロス，マルタ）の10カ国が欧州連合EUへ加盟（加盟国25カ国，第5次拡大①）**
		中東欧7カ国（スロヴァキア，スロヴェニア，ルーマニア，ブルガリア，リトアニア，ラトヴィア，エストニア，）がNATOへ加盟（加盟国26カ国）
	10月	欧州連合25カ国が「**欧州憲法制定条約**」に調印
	11月	ウクライナ「**オレンジ革命**」の開始（～12月）
2005年	3月	ブリュッセル欧州理事会で「安定・成長協定」の財政規律の緩和を決定
	5月	仏が国民投票で「欧州憲法制定条約」の批准を否決
	6月	蘭が国民投票で「欧州憲法制定条約」の批准を否決
	10月	欧州連合EUがクロアチアとトルコと加盟交渉を開始（トルコの加盟申請は1987年）
	12月	ブリュッセル欧州理事会でマケドニアを加盟候補国として認定
2006年	4月	**欧州連合EU9カ国が中東欧8カ国からの労働者流入規則をさらに3年延長決定**
	6月	欧州連合EUとアルバニアが「安定化・連合協定SAA」に調印
2007年	1月	ルーマニアとブルガリアが欧州連合EUへ加盟（加盟国27カ国，**第5次拡大②**）
		⇒EU13カ国がルーマニアとブルガリアからの労働者流入規制を実施（最長7年）
		スロヴェニアが経済・通貨同盟第3段階を開始
		⇒ユーロ通貨の導入（ユーロ圏13カ国）
	3月	「ローマ条約調印50周年記念式典」の開催
		⇒「ベルリン宣言」の採択
	10月	米国でサブプライム住宅ローン問題が表面化
		⇒「**サブプライム・ローン危機**」
		欧州連合EUとモンテネグロが「安定化・連合協定SAA」に調印
	12月	「**欧州連合再々改正条約（リスボン条約）**」の調印
		中東欧8カ国（ポーランド，ハンガリー，チェコ，スロヴァキア，スロヴェ

	ニア，リトアニア，ラトヴィア，エストニア）とマルタの9ヵ国が「シェンゲン協定」を施行
2008年	**先進国での経済と金融の急激な落ち込みの1年**
1月	**キプロスとマルタが経済・通貨同盟EMU第3段階を開始** ⇒ユーロ通貨の導入（ユーロ圏15カ国）
2月	**コソボの独立** ⇒米，英，独，仏，伊，蘭，日，トルコなどが直ぐに承認
7月	ポーランド，チェコ2カ国と米国が「ミサイル防衛MD配備協定」に調印
9月	**「リーマン・ショック」の発生** ⇒「世界経済・金融危機」
10月	アイスランドが国際通貨基金IMFに対して救済融資（総額21億ドル）を要請 **ハンガリー**が欧州連合EU，国際通貨基金IMF，世界銀行に対して支援を要請 ⇒ハンガリー国家財政の破綻の表面化
2009年	**世界同時不況の1年，「欧州債務危機」の始まり**
1月	**スロヴァキアが経済・通貨同盟第3段階を開始** ⇒ユーロ通貨の導入（ユーロ圏16カ国）
10月	ギリシャ・パパンドレウ新政権が財政統計数値の虚偽と修正を公表 ⇒ギリシャ既発国債の償還への疑義の急速な高まり ⇒ギリシャ政府債務危機
2010年	**ギリシャ政府債務危機からユーロ圏政府債務危機へ**
6月	欧州連合EUと国際通貨基金IMFが「対ギリシャ第1次救済支援」（総額1100億ユーロ）で合意 ⇒一部のみ実施
11月	**アイルランド**が欧州連合EUと国際通貨基金IMFに対して支援を要請（総額850億ユーロ）で合意 ⇒アイルランド国家財政の破綻の表面化
2011年	**ユーロ圏政府債務危機から欧州金融危機へ**
1月	**エストニアが経済・通貨同盟第3段階を開始** ⇒ユーロ通貨の導入（ユーロ圏17カ国）
4月	ポルトガルが，既発国債の償還原資の不足を理由として，欧州連合EUと国際通貨基金IMFに対して救済融資を要請
5月	**ポルトガル**が欧州連合EUと国際通貨基金IMFに対して支援を要請（総額780億ユーロ）で合意
6月	米国格付け会社S&Pがギリシャ長期国債の格付けが最低ランク「CCC」へ3段階引下げる

		⇒ギリシャ長期国債の利回りが18％台へ上昇
	7月	欧州銀行監督機構EBAが欧州地域を本拠とする90行を対象として実施した健全性検査（ストレステスト）の結果を公表
		⇒スペイン5行，ギリシャ2行，オーストリア1行の不合格が判明
		ユーロ圏首脳会議が**「対ギリシャ第2次救済支援」**（総額1090億ユーロ）で合意
		⇒一部のみ実施
	8月	欧州中央銀行ECBがスペイン既発国債とイタリア既発国債の買い入れを開始
	10月	米ニューヨーク・ウォール街で**「ウォール街を占拠せよ」**との抗議活動が始まる
		仏・ベルギーを本拠とする**銀行デクシアの経営破綻**
		⇒国有化へ
		欧州中央銀行ECBが**カバード・ボンドの買い入れを再開**（買い入れ規模400億ユーロ）
		（カバード・ボンド＝住宅ローン債権，公共部門向け債権を担保として金融機関が発行する債券）
		ギリシャ・パパンドレウ首相が「第2次救済支援」を受けるに際して国民投票を実施する」と表明
		⇒独と仏の「強い説得」を受けて撤回
	11月	欧州中央銀行ECB総裁にドラギ（前イタリア中央銀行総裁）が就任
		米，欧，日，英，加，スイスの中央銀行が，各中央銀行間でいずれの通貨でも低利で融資し得る「通貨スワップ取決め」で合意
		⇒2013年2月まで有効
	12月	欧州中央銀行ECBが，**「異例の措置」**として金融市場に対して流動性供給オペを実施（約4700億ドル）
2012年		**欧州債務危機，欧州金融危機が先進国ばかりか，新興国へも波及し，世界的な規模で景気の減退を引き起こしている**
	1月	欧州委員会が，ハンガリー政府の財政再建への取り組みは不十分であると認定
	2月	欧州中央銀行ECBが，**「異例の措置の第2弾」**として金融市場に対して流動性供給オペを実施（約5300億ドル）
	3月	EU25カ国（英とチェコを除く）が「財政規律の強化に関する協定」に調印
		ギリシャ既発国債を保有する民間金融機関を対象とした債務減免について合意成立（額面53.5％，実質74.1％）
		⇒ギリシャによる**「秩序だった債務不履行」**
	5月	社会党オランドが仏大統領に就任

6月	ギリシャ国会議員選挙で連立政権樹立に至らず再選挙へ
	キリシャ国会議員選挙の再選挙によって新たな連立政権が成立 　⇒緊急政策の継続
	スペインが欧州連合 EU に最大1,000億ユーロの銀行救済融資を要請
	キプロスが国際通貨基金 IMF に対して救済融資を要請
7月	スペインの地方州の一部（バレンシア州など）が中央政府に対して救済支援を要請
9月	**欧州中央銀行 ECB が残存期間3年以内の既発国債を無制限で購入する「新たな国債購入プログラム」（OMTs）を決定**
10月	欧州版の国際通貨基金に相当する**「欧州安定メカニズム ESM」の創設**

第3章

体制転換と欧州化

——ポーランドにおける環境政策の変遷を事例に——

市 川　顕

　本章では，ポーランドにおける環境政策に焦点をあてることにより，共産主義・中央計画経済体制から民主主義・市場経済体制への体制転換過程を跡付けることを目的とする。ここでは特に，旧体制における環境政策の検討と「実施面の不備」の解明，80年代の環境運動の興隆，体制転換期の環境政策の発展，EU加盟にともなうアキ・コミュノテール受容の影響，欧州における環境ガバナンスへの包摂に焦点をあてて分析を行う。その結果，ポーランドの環境政策からみた体制転換は，その初期においては「継続と刷新」に基づく経路依存的な転換過程であり，その後は，一方でEU環境アキ・コミュノテールの受容という強制的側面をもつ欧州化と他方で環境アクターが欧州における環境ガバナンスに参加というガバナンス的側面をもつ欧州化，のハイブリッドな形態であったと結論づける。

1　体制移行と体制転換

(1)　体制移行・体制転換・欧州化

　1989年に始まった中東欧諸国の共産主義・社会主義体制から民主主義・市場経済体制への体制転換過程は，約20年間の時を経る中で，その分析手法・視点において変化が見られる。このことは「体制移行（Transition）」と「体制転換（Transformation）」という用語の使い分けにもあらわれている。仙石（2006, p. 1）や溝端（2005, pp. 201-202）が指摘するように，「体制移行」がある状態から新しい状態，つまり古い状態から質的に異なる状態（この場合明確な目的地

67

が存在する）に，変化することを意味するのに対して，「体制転換」は個別事例ごとの歴史的遺産や経路依存性に着目した実際の変動を意味している。この意味で，「体制転換」は，旧共産主義・中央計画経済諸国のみに生じるものではなく，すべての社会で生じ得るものであるとされる（Andersson, 1999, p. 14）。

さらに，EU 加盟を果たした諸国における体制転換過程の考察には，EU 加盟にともなう制度・政策の変容に着目する欧州化論に依拠したシステム変容の分析が増えている（仙石，2006, p.1）。その理由としては，田中が指摘するように，中東欧諸国における体制転換による経済移行において重要なことは「その過程で EU 制度と共通するか共存し得る形の新しい経済諸制度が模索されてきている」ことである（田中，2002, p.155）。

（2） 本章の目的

本章では，ポーランドにおける環境政策に焦点をあてて，共産主義・中央計画経済体制から民主主義・市場経済体制への体制転換過程を跡付けることを目的とする（本章の分析の詳細は，市川（2008）に詳しい）。具体的には，第 1 に旧体制におけるポーランドの環境政策の検討，環境政策における「実施面の不備」の構造の解明，第 2 にポーランドの環境運動の整理，第 3 に体制転換過程初期におけるポーランド環境政策の発展における「継続と刷新」の確認，第 4 に EU 加盟によるとポーランドの環境政策への影響，そして最後に欧州における環境ガバナンスへの参加，に焦点をあてて分析する。

2 中央計画経済体制におけるポーランドの環境法・政策

（1） 中央計画経済体制下ポーランドにおける環境汚染の特徴

1989年以前の中央計画経済体制下ポーランドにおける環境汚染の特徴については，下記の3点を指摘することができる。

第1に，ポーランドに顕著な石炭を中心としたエネルギー構成である。不幸

なことに，1970年代以降の経済不況を背景として，環境負荷の少ない良質な無煙炭は外貨獲得の手段として海外に輸出され，国内においては環境負荷の高い褐炭の使用割合が高まった結果，大気汚染が深刻化した。

第2に，1950年代から始まるソ連型工業化である。ポーランドでは1950-1955年の「6カ年計画」において，急激な重工業化が強行され，輸送機械，重電気，化学，金属といった新たな部門が次々と興された。また，1935年8月にソ連においてドンバスの採炭労働者スタハノフが，ノルマの14倍の採掘を行った（袴田，2002，pp.71-72）として，これを模範にノルマ超過達成を呼びかける「スタハノフ運動」が採掘工業（石炭，岩塩，非鉄金属など）を中心に展開された（家本，1994，p.14）。この結果，ポーランド南部のシレジア地域を中心とした重化学工業の集中化が進み，その周辺における激しい「公害」を引き起こす契機となった。

第3に，割当生産量の達成を優先する中央計画経済体制における企業経営者の志向も環境悪化の要因として指摘できる。企業経営者にとって達成すべき重要な基準は，割当生産量であり，これにより脱硫装置や排水浄化装置といった環境浄化設備の設置よりも，割当て生産量の達成に最大のプライオリティが置かれた。

（2） 中央計画経済体制におけるポーランドの環境法・政策の検討

興味深いことに，前項で指摘したような環境汚染が存在したことは，ポーランドにおいて環境政策が存在しなかったことを意味しない。戦間期から1960年代までのポーランドにおける環境政策を整理すると以下の三点が指摘できる。

第1に，ポーランドでは，かなり早い段階から環境政策に属する政策が存在していたことである。工業排水の許可制を導入した1922年の水利法，造林・廃棄物処理・土壌流出を防止するためのグリーンベルトの創設などを規定した1949年の自然保護法はその好例である。特に後者は，取り扱う環境問題の広範さ，および環境保護を国家の政策目標として規定した点において，1969年にアメリカで採択された国家環境政策法（NEPA）の前身であるとされる

(Jendrośka, 1998, p. 82)。

　第2に，東側諸国の経済協力組織であるコメコンによる大気汚染・水質汚濁に関する科学的・技術的調整を意図した1962年の決議にあわせて，さらなる環境政策の改定が行われた。1962年新水利法では，①国内河川への汚染物質排出の許可制，②汚染物質排出企業への廃水処理施設の建設・操業の義務化，③上記に抵触した汚染者は，刑事罰および損害賠償の責を負う，とされた。また，1966年にはポーランド初の大気保護法が制定され，ここでは環境脅威となる大気汚染物質を排出する工場を閉鎖する権利をもつ健康検査官が導入された。

　第3に，1960年代になると，ゴムウカ政権におけるテクノクラート層の台頭に比例して，環境政策立案アクターとしての環境テクノクラートが登場した。また，コメコンとの環境問題に対する協力の必要性から，環境問題を取り扱う科学者も，環境政策立案に関わるアクターとして登場し始めた。

　1970年代のギエレク政権下でも，環境政策の強化と環境研究の高揚という方向性は不変であった。環境政策に関しては，1972年に環境保護・領域管理省が創設され，1975年には行政・領域管理・環境保護省に改変された。これにより，環境保護は政府が扱うべき問題として公式に認識されるに至る（Andersson, 1999, pp. 49-50）。また，コメコン加盟国が，環境保護手法の科学的・技術的協力をさらにすすめるための合意文書に調印した1974年には，ポーランドにおいて1974年修正水利法が施行された。ここでは，河川の水利用および排水に関する環境使用料・課徴金制度が規定され，これによる収入は水質保全のために水管理基金が管理・投資することとなった。さらに，1976年にはポーランド人民共和国憲法において環境条項が導入された。その第12条2項では「ポーランド人民共和国は環境保護と環境の合理的発展を確保する」，第71条では「ポーランド人民共和国の市民は自然環境の価値を享受する権利と，それを保護する義務を有する」と定められた。ここにおいて，ポーランドにおける環境保護は，立憲的基礎および社会・政治・倫理的な前提を得るに至った。

　他方，環境研究においては，ポーランドで初めて環境問題を広範に扱う月刊雑誌『Aura』が，旧首都クラクフを中心とした科学者やエンジニアの手によ

って刊行された。この雑誌は，投稿論文を中心に編纂され，一般の人にも容易に理解でき，幅広い環境問題を扱っていた。また，著者の中には数名のアメリカ人も含まれていた。また，1978年にはヤン・ユダ教授による，ポーランドにおける大気汚染の程度に関する研究が公表された。この研究は特に科学者の間で大きな影響を与え，多くの追加的研究を喚起した。

　これまで概観してきた一連のポーランドにおける環境政策の発展を踏まえて，1989年以降のポーランド環境法・政策の原型ともなったという意味で「母なる法」ともよばれる環境保護形成法が1980年に成立する。同法は，①環境配慮の社会経済計画への統合を要求し，②広範な環境問題を扱い，③中央政府，地方政府機関，企業，個人に環境保護の義務があることを認め，④排出許可量制度と環境使用料・課徴金制度による環境保護手法の確立，および⑤国家環境保護検査局の設立，を行った。

（3）「共産主義のパラドクス」と「実施面の不備」

　このように戦間期から1980年までのポーランドにおける主たる環境法・政策を概観してきたが，ここで指摘しなければならないことは，政府が環境汚染を制限すべく多くの法律を用意してきたにもかかわらず，実際には，これらによって環境汚染を食い止めることができなかったという，パラドキシカルな状況が発生していたことである。この状況をウォーラーらは「共産主義時代のパラドクス」とよぶ（Waller and Millard, 1992, p. 164）。この「実施面の不備」について，筆者は政策ネットワークの5つの資源（①権威（法的資源），②資金（財政的資源），③政治的正当性（政治的資源），④情報資源，⑤組織資源）の存在状況から分析を試みる（**表3-1**参照）。これによると，1980年代に政治的資源は改善をみせるものの（第3節参照），1980年代までのポーランドの環境政策コミュニティにおける資源の状態は，一貫して組織資源と財政的資源が弱体であったことが指摘できる。1974年の修正水利法，1980年の環境保護形成法などにより環境使用料・課徴金制度が確立しても十分な経済的インセンティブが働かず，環境関連省庁や国家環境保護検査局が設立されても他省庁との競合において弱体

表 3-1 ポーランドの環境政策コミュニティにおける資源の状態

(上段:資源の有無状況,下段:資源を有するアクター)

	1960年代	1970年代	1980年代	体制移行期初期
権威 (法的資源)	○	◎ (1976年憲法環境条項)	◎ (環境保護形成法)	◎ (Ⅰ NEP)
	環境テクノクラート	環境テクノクラート	環境テクノクラート	環境保護・自然資源省
資金 (財政的資源)	×	△→× (70年末の環境投資の減少)	△ (経済不況化でも環境投資が減少せず)	○
	———	環境使用料制度	環境使用料・ 環境課徴金制度	環境基金,エコ・ファンド,環境保護銀行
政治的正当性 (政治的資源)	×	×	○	○→△
	———	———	民間環境団体	民間環境団体
情報資源	△	○ (科学者による研究の増加)	○ (専門的な民間環境団体の参加)	○
	環境テクノクラート (科学者)	環境テクノクラート 科学者	環境テクノクラート 科学者 専門的民間環境団体	環境テクノクラート 科学者 専門的民間環境団体
組織資源	×	×	×	○
	———	環境使用料制度 (ただし実効性なし)	環境使用料・ 課徴金制度 国家環境保護検査局 (ただし実効性なし)	環境使用料・ 課徴金制度 国家環境保護検査局 (実効性あり)
アクター	環境テクノクラート (科学者)	環境テクノクラート 科学者	環境テクノクラート 科学者 専門的な民間環境団体 (民間環境団体)	環境保護・自然資源省 環境基金等の金融機関 科学者 専門的な民間環境団体 (民間環境団体)

(出所) 筆者作成。

な行政組織であったがゆえに,政策の「実施面の不備」が生じたのである。

3 ポーランドの環境運動の整理

(1) 1980年代における環境運動の興隆

1970年代後半になると,一般の市民も環境悪化を知覚するに至る。その象徴

的な出来事は，1979年秋，ヴァヴェル城美術館（クラクフ）所蔵の金製の美術品の腐食である。この出来事を契機として，クラクフの大気汚染に対する関心が高まり，1つの環境運動（スカヴィナ事件）へと発展した。

　スカヴィナ・アルミニウム工場は，1952年にクラクフから南西に14 kmのヴィスワ川沿いに建設された。1954年には，当工場はアルミニウムの生産を開始し，年間5万トンを超えるアルミニウムの精錬を行い，この量はポーランド国内のアルミニウム精錬量の約50％にものぼった。当工場による環境汚染は，その精錬過程で引き起こされた。その要因は，時代遅れの装置が使われ続け，汚染物質排出防止のための装置が設置されないなど，生産過程において環境汚染への配慮はなされなかったことによる。この結果，1980年には，年間2000トンものフッ化物の排出がなされ，これにより周囲の環境に甚大なる損害をもたらした。

　この状況に対して，クラクフの新聞ガゼタ・ポルドニオヴァの1980年11月20日紙上で，ポーランド初の民間環境団体であるポーランド・エコロジカル・クラブ（以下PKE）は当工場の閉鎖を要求した。この運動に，「連帯」，科学者，地元の環境保護論者，メディアが参加した。この議論はテレビでも紹介され，金属相ズビグニエフ・シャライダは当工場の生産の部分的中止に合意し，35基の電気分解装置を解体した。この一部解体の決定に加えて，クラクフ市長ヨセフ・ガィエヴィチは，解体する電気分解装置を160基にまで拡大した。これにより当工場におけるアルミニウムの生産量は約50％にまで落ち込んだが，フッ化物排出量は60％削減された。1981年1月5日，金属相は，クラクフ市長の行動に不快感を示したものの，同年1月7日には当工場の完全な閉鎖を決定した。

　スカヴィナ事件の，ポーランドにおける環境運動に対する意義は以下の通りである。

　第1に，ポーランドの環境運動に重要な触媒効果をもたらした。スカヴィナ事件は，市民の圧力により実質的な環境改善が達成できることを提示した。以後，ローカルな環境団体が地域の環境悪化に対する行動を積極的にとる契機となった。

第2に，工場の閉鎖によってしか環境汚染の減少が達成されなかったことで，「技術によって被害を被ったものは，技術によって回復できる」とする60年代の政府の環境汚染に対する見方の正当性が失われた。

　第3に，巨大な工場が環境運動によって閉鎖に追い込まれるという事態は，産業界にとって環境運動が強力な脅威となりうることを示した。つまり，適切な排出管理装置を欠く時代遅れの工場は操業ができなくなることを明確に示した。

　そして，第4に，PKEにとっては，「連帯」やメディア，地方自治体との協力を行った場合に，環境キャンペーンが効果的に行われるとの認識を持つに至った。

（2）　環境運動の安全弁化

　1981年12月13日，ヤルゼルスキ将軍は戒厳令を発令し，「連帯」は非合法化された。このことは，「連帯」と協力していた環境運動も弾圧されることを予測させた。しかし，興味深いことに，環境団体は戒厳令下でも政府から寛容に扱われたのである。例えば，PKEはこの時期，国家大の支部ネットワークを構築し，地方および国家における環境問題を積極的に取り上げた。また日刊紙上における環境に関する情報は，検閲の対象からはずされた（Andersson, 1999, p.73）。

　1982年にはポーランド科学アカデミー内に環境技術委員会が創設され，1983年には環境問題を専門に扱うジャーナリストらが情報交換の場としてEkosとよばれるクラブを設立した。このことからも，環境に関する情報の流通がさらに盛んになっていったことが窺える。また，ローカル・レベルにおける環境運動も盛んとなった。1982年にはポーランド北西部の港湾都市シュチェチンにおいて，環境団体がシュチェチン郊外のポリツェ化学工場に対して，環境汚染行為の改善のための抜本的な改革を要求し，当工場によって引き起こされた環境汚染により市民が受けた被害の経済的補償を求める法的行動をとった。

　このような環境運動の興隆は，政府による環境問題に対する寛容化が要因で

ある。これを，環境問題の「安全弁」化と呼ぶ。戒厳令下の統一労働者党は，「独立市民活動および組織を残酷に除去した」(Żylicz, 2000, p.9) にもかかわらず，環境運動はその例外とされた。政府は，新聞および専門誌上における環境問題に関する情報の自由な普及を許可し続けた。

このような環境問題の「安全弁」化の要因は以下の3点を挙げることができる。

第1の要因は1980年の環境保護形成法である。環境保護形成法では，PKEのような法的に認められた環境団体は訴訟や行政の公聴会への参加が認められていた。つまり，既存法との整合性が環境問題の「安全弁」化をもたらした。

第2の要因は政府の正当性の問題である。1980年代には，市民の間で環境汚染による健康被害の問題は大きな議論となっており，この状況の中で政府は，環境汚染の存在を隠蔽し環境運動を取り締まることで社会からの反発を受けるよりも，環境団体との協力の下，環境問題を解決することで正当性を獲得しようとした。

第3の要因は国際的な圧力である。すでに国境地帯やバルト海の環境汚染は管理不能な状況となっており，西側諸国はポーランドをはじめとする社会主義国を大気汚染および水質汚濁の最大の原因とみなし始めていた。また，戒厳令に対する西側諸国からの人権に関する圧力も強まっていた。したがって，政府は環境保護を，戒厳令による国際社会からのポーランドの政治的・経済的孤立を和らげるために利用しようと試みたのである。

(3) 環境運動による政治的資源の提供

上記では，「連帯」運動から戒厳令の発令という1980年代前半の政治・社会的文脈において，環境問題が社会の「安全弁」として寛容に扱われるようになる過程を整理した。本章の論旨上重要な点は，1980年代に民間環境団体が環境政策にかかわるアクターとして登場したことである。とくに上述のPKEはインテリ層を中心に構成され，その活動の中心は環境政策へのロビイングや民衆への環境教育といった活動であった。1980年代の市民の環境問題に対する関心

の高まりを背景として，PKE は国内に支部網を発達させた。ここにおいて，民間環境団体は，ポーランドの環境政策コミュニティに対して情報資源を提供するとともに，市民の支持を背景として，政治的正当性（政治的資源）を提供するようになった。

4 1989年以降の民主化・市場経済化とポーランド環境政策

（1）　環境円卓会議

　1989年2月6日から4月5日にかけて政府と「連帯」との間で円卓会議が開催された。円卓会議では，政治改革・経済改革・労働組合の複数制が合意された。

　この円卓会議において，環境問題は，他の政治・経済問題とは切り離されて独立した「円卓会議環境サブテーブル」として取り扱われた。政府側の代表は環境保護・自然資源省と公認の労働組合である全ポーランド労働組合協定（OPZZ）の代表者によって構成され，他方の「連帯」側の代表は「連帯」のメンバーと PKE のメンバーによって構成された。ここで興味深いことは，環境サブテーブルにおいて政府側の一員として参加し，1990年に環境保護・自然資源省の副大臣となったローマン・アンジェイエフスキと，「連帯」側の一員として参加したステファン・コズロフスキとアンジェイ・カッセンベルグは，1987年に出版された『国家の経済発展における環境要素』の共著者であったことである。この中で，彼らは持続可能な発展モデルとしてエコ・ディベロップメントを提起し，これをもとに PKE は1987年にエコ・ディベロップメントの概念を導入している。つまり，環境サブテーブルは，1980年代を通じて形成された環境政策コミュニティによる政策発展の協議の場として機能したと理解することができる。

　このことを明示するかのように，環境サブテーブルでは政府側・「連帯」側双方は，持続可能な発展を目指すことで一致し，議論はポーランドが環境汚染の現実を踏まえ，いかなる実効的な行動をとるべきかについてたたかわされた。

また，双方は環境保護・自然資源省の役割および職務の範囲が強化されるべきであるとし，さらに国家環境保護検査局の強化が図られるべきであることで合意した。このこともまた，環境政策コミュニティとして双方が他部門政策への影響力を強め，環境政策の実効性を改善させることで一致していたことを示している。

さらに，環境保護と経済的利益を統合する手法として，債務・環境スワップにより対外債務を削減し環境保護に対する投資を増加させる手法や，環境投資のための資金を優遇金利で融資する環境保護銀行の創設についての提案がなされた。

このように，円卓会議の環境サブテーブルでは，1980年代までのポーランドの環境政策コミュニティに欠けていた資源である財政的資源と組織資源の強化をはかる方向で，政府側および連帯側が合意に達したことが注目に値する。

（2） 1989年以降の民主化・市場経済化による環境政策への正の影響

1989年以降の民主化・市場経済化が，ポーランド環境政策へ与えた正の影響としては，1980年代に形成された環境テクノクラート，科学者，専門的民間環境団体によって構成される環境政策コミュニティによって，「実施面の不備」が補われたことをあげることができる。

上述の通り，ポーランドの環境政策コミュニティは，1989年の円卓会議環境サブテーブルで持続可能な発展という方向性で合意し，1989年夏の環境法改革特別委員会において環境政策の抜本的な置換えではなく既存環境政策の修正を目指した。また，旧体制での「実施面の不備」が財政的資源と組織資源の欠如によるものであったことから，環境行政の制度改革を行った。つまり，環境法・政策の立案と国際環境協力の推進は環境保護・自然資源省が，収集された環境使用料・環境課徴金を環境投資に循環させる業務は環境基金が，環境検査と環境課徴金の賦課の決定は国家環境保護検査局が，その業務を担うこととなり，その職権が明確に分割された。環境基金は毎年の環境使用料・課徴金レートの改定を通じて環境使用料・課徴金が環境負荷を下げるインセンティブとし

て機能するようにし，収集した資金を環境投資に充てることにより対 GDP 比での環境投資の比率を高水準で安定されることに寄与した（環境基金については，市川（2006b）を参照されたい）。国家環境保護検査局は，1991年の国家環境保護検査局法により，検査および監督の権限や人的資源を拡張し，「緑の警察」と呼ばれるまでになった。この二機関が実効性を持ったことにより，表3-1に表したように，体制移行期初期において財政的資源と組織資源が備わることとなり，ポーランドにおける環境法・政策が実効性をともなうにいたる。

環境政策に関しては，1990年10月に第一次国家環境政策（以下 I NEP）が発表され，持続可能な発展の追及を柱として，短期，中期，長期におけるポーランドの環境政策の優先項目を設定した。

ここで，筆者が強調したいことは，環境基金にしろ国家環境保護検査局にしろ，旧体制下において既に設立されている，ということである。そして，これら機関の実効性が不十分であったがゆえに，旧体制ポーランドの環境政策が「実施面の不備」に悩まされていたことは，環境政策コミュニティにおいて合意されていた。また，I NEP も，1989年の円卓会議における環境サブテーブルでの合意を明文化し，3つの時期に分けて政策プライオリティを提示したものである。このことからも，体制移行期初期のポーランドにおける環境法・政策および制度の改革は，旧体制から引続く環境政策コミュニティによるものと指摘できる。つまり，旧体制における環境政策に，環境政策コミュニティ内で醸成された改革案を「接木」することで，環境政策が実効性をともなうものとなったのである。これにより，体制転換期初期のポーランド環境政策が，「継続と刷新」という性質を持つことを指摘できる。旧体制下における環境政策コミュニティにおける議論が，体制転換期という「機会の窓」が開くことにより，経路依存的な発展を遂げたのである。

（3） 1989年以降の民主化・市場経済化による環境政策への負の影響

一方で，民主化・市場経済化が環境政策に与えた負の影響も認められる。

その第1は，国民の環境問題に対する相対的な関心の低下である。このこと

は，1990年から実施されたバルツェロヴィチ・プログラムにより，国民各層に経済的苦痛が与えられたことにより，国民の関心が主に経済苦境にシフトしたことによる。この国民の環境問題に対する相対的な関心の低下は，環境政策コミュニティにおける政治的正当性（政治的資源）の減少をもたらすこととなった。

第2は，ポーランドの環境大臣の変遷によって確認できる。体制転換期初期の環境大臣であるカミニスキ，ノヴィツキ，コズォフスキは環境問題の専門家であり，専門家および環境団体との政策コミュニティを維持することにより体制移行初期のポーランドにおける環境政策の発展に寄与した。しかしながら，1992年7月にホルトマノヴィチが環境大臣に就任すると，環境団体は疎んぜられ，環境政策コミュニティ内に亀裂が生じることとなった。

5　EU加盟過程におけるポーランド環境法・政策上の問題点

（1）　環境アキ・コミュノテール受容のコスト

体制転換期ポーランドの歴代政権は，EU加盟を希求してきた。EU加盟のためには，ポーランドは国内法にEU法体系であるアキ・コミュノテール（以下アキ）を受容する必要がある。しかし，環境アキの受容には，巨額のコストがかかる。

環境アキの受容は，その国内法への置き換え，履行，実施を意味する。これによりポーランドでは環境アキの受容に関するコストとして，220億ドルから430億ドルが必要であると見込まれている。これは，2015年までGDPの1.7%から3.7%が環境投資に向けられることを意味する。特に，水質・大気汚染・廃棄物管理に関するEU環境アキの受容には，その実施において必要とされるインフラに巨額の投資が必要であることから，ポーランド国内の環境経済学者らは，専ら，最もコスト効率の高い環境投資の手法を模索した。ポーランドの体制転換期における環境投資は，その95%が国内の資金源によるものであり，これをさらに増やすことは至難な業であった。

このように，本格的にポーランドがEU加盟過程に組み込まれるにつれ，環

境政策は，いかにしてEUの環境アキとの調和をはかっていくかという，いわば「テクニカル」な問題となっていった。

（2）　民主的コンディショナリティとアキ・コンディショナリティの矛盾

第2に重要な点は，EU加盟に関するコンディショナリティに関する点である。EUは加盟基準として，①民主主義，人権，法の支配および少数者の尊重を保障する諸制度の安全性の達成，②機能する市場経済の存在および域内の競争的圧力と市場諸力に適応する能力，③EUの政治統合，経済通貨同盟への支持を含め，加盟国としての義務を受け入れる能力，という三点をコペンハーゲン・クライテリアとして提示した。しかし，これらのコンディショナリティに対しては，つねに同じだけのプライオリティが置かれていたわけではない。

シメルフェニッヒとセデルマイヤーは，EUが加盟候補国に課した民主的コンディショナリティ（以下DC）とアキ・コンディショナリティ（以下AC）が相反する作用を与えたことを指摘している。DCとは，民主主義，人権，法の支配といった民主的諸制度の確立を求めるコンディショナリティである。EUによる中東欧諸国の民主化支援は，1989年の東欧革命直後から開始されたが，加盟交渉が開始された90年代後半からはDCは表舞台から退いた。代わって最重要のコンディショナリティとして現れたのがACである。ACとはアキの受容に特化したコンディショナリティで，具体的な加盟準備が開始されるとともに最重要課題となった（Schimmelfennig, and Sedelmeier, 2004, p. 669）。

このACは，加盟候補国における民主的制度の効果を損ない得る。なぜなら，加盟候補国においてはEU加盟のためにアキの受容という作業が必須となり，アキの中身の是非に関する政党間競争が展開されることは不可能であったからである。国会の活動は，そのほとんどがアキの国内法への移入と加盟プロセスのスケジュールの決定に費やされた。またこの状況において，アキの遵守を司る行政機関に対して，国会が異を唱えることができないことは，民主主義に関して相反する影響を加盟候補国に与えることとなった（Ibid., p. 676）。

ここで，ポーランドの環境省はEUの環境アキの受容に専心した。もはや環

境省は，環境政策の立案・実施・評価に対して，国内の他の諸アクターに資源を依存する必要がなくなった。ただ目前に存在する環境アキの国内法への置き換えとその実施を行うほか進むべき道がなかったからである。このことは，ポーランドにおいて旧体制から形成されてきた環境政策コミュニティによる環境政策の刷新が，事実上困難となったことを意味する。

では，環境省以外の環境アクターは，その活動の場をどこに求めたのか。第6節の結論を先んじて述べれば，諸アクターは欧州における環境ガバナンスに自らを組み込んでいった。以下第6節ではバルト海沿岸地域環境協力と欧州のための環境（以下 EfE）プロセスを例示して，そのガバナンスの様態を提示したい。

6　欧州における環境ガバナンスへの包摂

(1) バルト海沿岸地域環境協力

バルト海沿岸地域環境協力の端緒は，1973年9月のグダンスク会議にさかのぼる。その後，1974年3月にはバルト海環境保護会議条約が署名され，翌年5月に発効し，当条約の運営機関としてヘルシンキ委員会（以下 Helcom）が設立された。当条約は当時の冷戦構造という国際関係の緊張のもと，内水・領海の適用範囲，Helcom の決定方式などで譲歩が重ねられたが，他方で Helcom は専門家などで組織する作業部会を設置し，各グループがバルト海の汚染原因や発生源を明確にするといった，科学的研究に活動の重点を置いた。

ポーランドが市場経済化・民主化の道を進み始めた1990年9月，スウェーデンにおいて開催されたロネビー会議で沿岸地域各国首脳はバルト宣言を採択し，このなかでバルト海の生態系を回復するための具体的なプログラムとしてバルト海共同包括環境行動プログラム（以下 JCP）を立ち上げた。当プログラムでは環境浄化すべき132カ所の環境被災地を認定し，バルト海の環境改善のためにこれらの環境被災地への重点的な投資を行うよう，各国に要請した。ポーランドでは4（2）で述べたように，体制転換期初期に環境基金が整備されてい

たことから，JCPによって指定された環境被災地における投資の約4割を環境基金が，約5割をポーランドの地方自治体と国家が拠出することで，環境改善に貢献した。

バルト海沿岸諸国環境協力であるHelcomの存在とならんで，当該地域には沿岸諸国地方自治体間協力であるバルト海諸国都市同盟（以下UBC）も存在する。UBCは1991年9月，ポーランドのグダンスクに沿岸諸国の32地方自治体が集まり，当地域の民主化および経済発展を促進する目的で，文化交流，運輸・テレコミュニケーションの改善，環境保護など多岐にわたる活動を行っている。

UBCの環境に関する活動の中で，特に注目に値するのは，Twin-cityとT-Best-Cの各プロジェクトである。Twin-cityプロジェクトは，加盟自治体間で知識や経験の交換を促進するために，テーマごとに先進都市と後進都市を組合せて協力関係を築いている。他方，T-Best-Cプロジェクトは，生物多様性，エネルギー，健康，大気，情報・教育の5分野において，先進都市におけるグッド・プラクティスを普及させるために行われているもので，後進都市は毎年申請に基づき選抜され，環境政策立案および実施のノウハウ・知識を獲得している。

またUBCは，EUのガバナンス白書に対応してマルチレベル・ガバナンスの一翼を担う協力であると自らを定義し，さらに加盟都市におけるローカル・アジェンダ21（LA21）の策定を推進している。この過程において，ポーランドの地方自治体は，徐々に自らの経験をより東側の諸国都市に伝える，言わば触媒としての機能を果たし始めている。これにより，地方自治体の環境政策のアクターとしての重要性は高まっている。

このように，1つのトピックに関して，多層の公的機関と多様な私的機関が「プラットフォーム」上でネットワークを構築する「混成システム」としてバルト海沿岸地域環境協力をとらえるならば，これは1つのマルチレベル・ガバナンスの様態と指摘することができる（本項の内容の詳細については，市川（2006a）および市川・香川（2005）参照のこと）。

第3章　体制転換と欧州化

（2）EfE プロセス

　EfE プロセスは，1991年6月21-23日に当時チェコスロバキアの首都プラハ近郊のドブリス城にて，34カ国の欧州諸国およびアメリカ，ブラジル，日本の代表，欧州委員会環境 DG，国連機関，非政府機関が参加して始まった。その目的は，中東欧諸国の環境改善を汎欧州レベルで推進することであった。第2回会合は，1993年4月28-30日にスイスのルツェルンにて開かれた。45カ国の欧州諸国，カナダ，イスラエル，日本，アメリカおよびEU環境DG，多数の国際機関，非政府組織が参加した。当会合より旧ソ連諸国がEfEプロセスに参加し，その地理的枠組みが拡大した。これにより当会合の宣言では，ユーラシア大陸における環境政策および環境の改善のみならず，平和・安定・持続可能な発展もその目的として提示された。第3回会合は，1995年10月23-25日にブルガリアのソフィアにて開かれた。参加国は欧州・北米・中央アジア諸国合わせて49カ国，およびオーストラリア，日本，メキシコに拡大した。当会合では，ユーラシア空間における持続可能な発展を推進するため，環境政策統合，生物多様性，核問題，民衆参加，経済的手法の利用といった，より具体的な政策手法が提示された。また，全ての参加国がシナジーを創造し，努力の重複を避けるために，十分かつ等しく役割を果たし，汎欧州レベルで協調することを確認した。第4回会合は，1998年6月23-25日にデンマークのオーフスにて開かれた。参加国は欧州だけで52カ国に拡大した。ここで，EfEプロセスが開始された1991年以降，欧州全体で環境の質が改善されていないことが示された。また，環境問題に関する意思決定過程への民衆参加と情報へのアクセスを保証するためのオーフス条約を採択し，32カ国と欧州委員会によって調印された。このことは，コフィ・アナンが「環境民主主義分野における最も野心的な試み」と述べたように，これまでの規制中心のハイエラルキカルな環境管理から，リオ宣言原則10に基づく，多様なアクターの参加による環境ガバナンスへの転換として捉えられよう。

　環境政策・手法の開発・作成，および新たな環境理念の導入に大きな役割を果たしてきた EfE プロセスは，第5回会合の3カ月前の2003年2月，今後の

行方を左右する出来事に直面する。欧州委員会が今後のEfEプロセスの縮小を予告したのである。これは，EfEプロセス内で単なる一参加者であったEUの役割を拡大し，汎欧州地域で最も有力な政策形成主体へと変容させようとする欧州委員会の意図の現われであった。欧州委員会は，EfEプロセスについて，すでに新しい政策の開発・作成を行うという当初のビジョンにはそぐわないとし，今後はすでに合意に至った政策の実施を推進することに力を注ぐべきであるとした。

このような状況下開催された第5回会合は，2003年5月21-23日にウクライナのキエフで開催された。キエフ会合では，EfEプロセスが欧州地域における環境保護および持続可能な発展を促進するツールとして重要であることを確認し，より幅広い安全保障に貢献することを目指すことで合意した。

一方，関係者は，政策立案に重点をおいたEfEプロセスは，今回が最後となるとの見解を述べた。欧州委員会は今後，ロシア・旧ソ連諸国との政府間援助にEUルールの採用を条件づけ，水枠組み指令に基づく原則および実務を輸出しようという強い意図を持っている。したがって，今後のEfEプロセスは，従前のように新たな環境政策・手法を作成・開発するのではなく，汎欧州諸国の環境政策・条約・協定の実施状況を確認する機会へと変容し始めた。このことは，第6回会合が開催される4カ月前の欧州委員会の声明でも明らかである。欧州委員会は，EfEプロセスは今後，中東欧，コーカサス，中央アジア諸国が国連環境条約を実施するのを支援することに，活動の対象を絞るべきであるとの見解を示した。

第6回会合は2007年10月10-12日にセルビアのベオグラードで開催された。まず，当会合では欧州環境庁（EEA）が，EUおよび旧ソ連の中央アジア諸国の環境相らに対して，環境関連の国際協定や地域合意の実施を急ぐよう強い要請が行われた。また，EU南東部と中央アジアにおける温室効果ガスの排出量増大と，汎欧州全体における生物多様性の減少が特に問題として提起された。12日に発表された宣言書の中で，環境相らは，生物多様性，水質および公衆衛生の分野における環境条約の履行に関する問題を認め，状況改善のために他諸

国，NGO および民間企業との提携を求めていくことで合意した。

上記で概観した EfE プロセスは，この15年超の期間に多様なアクターの汎欧州規模のプラットフォームに成長した。また，対象とする地理的範囲を拡大させ，環境改善のための資金・経験・知識が不足している旧東側諸国に対して自助を促すとともに，環境と経済の両立をはかる環境政策の実施手法を練りあげた。このことは，欧州レベルにおける環境政策の発展・収斂として把握可能であり，持続可能な発展という規範のもと，環境政策における経済的手法の活用，民衆参加による環境ガバナンスの確立，環境政策統合という方向性が示された。また，中東欧諸国と，旧ソ連諸国や南東欧諸国の間で経験の伝播が促進された。

ここで EfE プロセスは，「ある特定領域において公に認められた専門的知識あるいは技術と権能を有し，その領域あるいは問題領域内での政策に関連した公式の権限を有する専門家ネットワーク」であるエピステミック・コミュニティとして把握できる。官僚，テクノクラート，科学者および専門家を主要なメンバーとするエピステミック・コミュニティが各国政府によって当該問題に対処するために権威を付与され，また政策決定過程で重要な地位を占めれば占めるほど，彼らは国内において政策手段や目的などを刷新する。さらに，エピステミック・コミュニティのメンバーが国連機関や他の国際機関と緊密な関係にあり，国内と国際的コミュニティが連動するなら各国の政策は収斂し，やがて国際政策協調が実現するという。地域の環境問題の解決をはかる際に重要な点が，「いち早く重要な変化を察知している人々の知見を短い時間で政策に結びつける仕組み」（佐藤，2002, p.787）であるとすれば，エピステミック・コミュニティとしての EfE が環境政策の発展，収斂および伝播に果たした役割は大きいと評価できる。

7　強制と参加による欧州化

これまでの議論により，以下の点を結論として指摘することができる。

1980年代までの旧体制下において，ポーランドにおける環境政策コミュニティは徐々に形成され，環境政策の方向性，制度が形作られた。また，この環境政策コミュニティにはPKEに代表される専門的環境団体も参加していた点が注目に値する。さらに，80年代には，環境運動の興隆もあり，政治的資源も供給された。しかし，この環境法・政策・制度は「実施面の不備」に悩まされており，その要因としての財政的資源と組織資源の強化が課題として共有されていた。

　1989年にはじまる体制転換過程に入ると，環境政策における財政的資源と組織資源の強化が図られ，環境政策に実効性が付与され，実質的に環境が改善した。ゆえに，体制転換初期のポーランド環境政策の発展は，旧体制からの継続と刷新によって特徴づけられる経路依存的なものであったことが指摘できる。

　しかしその後状況が変化する。ラディカルな経済改革にともなう経済的苦境により国民の環境問題に対する意識が相対的に低下した。さらに，EU加盟過程において環境省がEU環境アキの受容に忙殺され，事実上国内の環境政策コミュニティによる環境政策の刷新が困難となったのである。このことは，ポーランド環境政策における欧州化の強制的側面として把握することが可能である。

　では，ポーランドにおける環境アクターは，活動の場をどこに求めたのか。本章では，バルト海沿岸地域環境協力とEfEプロセスを取り上げた。マルチレベル・ガバナンスとしてのバルト海沿岸地域協力や，エピステミック・コミュニティとしてのEfEプロセスへの参加を経て，ポーランド国内の環境アクターは主体的に政策立案・合意形成・政策実施・知識および経験の受容および伝播に参画した。筆者はこれを欧州化のガバナンス的側面として把握する。

　つまり，ポーランドの環境政策からみた体制転換は，その初期においては「継続と刷新」に基づく経路依存的な転換過程と，その後は，一方でEU環境アキ・コミュノテールの受容という強制的側面をもつ欧州化と，他方で環境アクターが欧州における環境ガバナンスに参加することで，対話が促進され，知識・情報が交換され，政策手法が収斂していくというガバナンス的側面をもつ欧州化のハイブリッドな形態であったと跡付けることができよう。

参考文献

家本博一（1994）『ポーランド「脱社会主義」への道——体制内変革から体制転換へ』名古屋大学出版会。

市川顕（2008）『政策ネットワークによる環境ガバナンスの形成と変容に関する研究——ポーランドの環境政策の変遷を事例として』慶應義塾大学政策・メディア研究科2007年度博士論文。

——— （2006a）「マルチレベル・ガバナンスの有効性——バルト海の環境問題を事例として」野村亨・山本純一編『グローバル・ナショナル・ローカルの現在』慶應義塾大学出版会, pp. 319-352。

——— （2006b）「体制移行期ポーランドの環境改善における環境基金の役割に関する考察」『ロシア・東欧研究』第34号, pp. 48-61。

市川顕・香川敏幸（2005）「環境問題をめぐる地域協力——マルチレベル・ガバナンスの有効性」『地域経済研究』（広島大学地域経済システム研究センター紀要）第16号, pp. 77-99。

仙石学（2006）「中東欧研究と比較政治学——いわゆるディシプリン指向の中での地域研究のあり方の考察」『スラヴ研究』第53号, pp. 1-25。

田中宏（2002）「東欧——移行の終了, その特殊性と多様性」溝端佐登史・吉井昌彦編『市場経済移行論』世界思想社, pp. 146-172。

袴田茂樹（2002）『現代ロシアを読み解く——社会主義から「中世社会」へ』ちくま新書。

溝端佐登史（2005）「体制転換論の研究」上原一慶『躍動する中国と回復するロシア——体制転換の実像と理論を探る』高菅出版, pp. 195-206。

Andersson, Magnus (1999), *Change and Continuity in Poland's Environmental Policy*, (Dordrecht, Kluwer).

Jendrośka, Jerzy (1998), "Environmental law in Poland, 1989-1996: an assessment of past reforms and future prospects", in Clark, John and Daniel H. Cole (1998) eds., *Environmental Protection in Transition: Economic, Legal and Socio-Political Perspectives on Poland*, (Aldershot, Ashgate), pp. 81-115.

Schimmelfennig, Frank and Ulrich Sedelmeier (2004), "Governance by Conditionality: EU Rule Transfer to the Candidate Countries of Central and Eastern Europe", *Journal of European Public Policy*, Vol. 11, No. 4, pp. 661-679.

Waller, Michael and Frances Millard (1992), "Environmental Politics in Eastern Europe", *Environmental Politics*, Vol. 1, No. 2, pp. 159-185.

Żylicz Tomasz (2000), *Costing Nature in a Transition Economy. Case Studies in Poland*, (Cheltenham, Edward Elgar).

ポーランド環境法制史関連年表

1922年9月	水利法（1922 Dz. U No. 102, item 936）成立
1934年3月	自然保護法（1934 Dz. U No. 31, item 274）成立
1949年4月	自然保護法（1949 Dz. U No. 25m, item 180）成立
1952年7月	ポーランド人民共和国憲法（1952 Dz. U No. 33, item 232）成立
1961年1月	水質汚濁防止法（1961 Dz. U No. 5, item 33）成立
	土地利用計画法（1961 Dz. U No. 7, item 47）成立
1962年5月	新水利法（1962 Dz. U No. 16, item 158）成立
1966年4月	大気保護法（1966 Dz. U No. 14, item 87）成立
9月	大気中への汚染物質排出許可量に関する規則（1966 Dz. U No. 42, item 253）成立
1970年1月	工業活動による大気汚染物質の負の影響から森林を保護することに関する規則（1970 M. P. No. 4, item 35）成立
1971年10月	農地および森林の保護と再生に関する法律（1971 Dz. U No. 27, item 249）成立
1972年3月	環境保護・領域管理省設立法（1972 Dz. U No. 11, item 77）成立
1974年10月	修正水利法（1974 Dz. U No. 38, item 230）成立
1975年5月	行政・領域管理・環境保護省設立法（1975 Dz. U No. 16, item 90）成立
10月	水利用に関する使用料についての規則（1975 Dz. U No. 33, item 181）成立
1976年2月	修正ポーランド人民共和国憲法（1976 Dz. U No. 7, item 36）成立
1980年1月	環境保護形成法（1980 Dz. U No. 3, item 6）成立
9月	大気汚染防止に関する規制（1980 Dz. U No. 24, item 89）成立
	環境の経済的利用に関する使用料についての規制（1980 Dz. U No. 24, item 93）成立
	環境保護要求に従わない際の環境課徴金に関する規制（1980 Dz. U No. 24, item 99）成立
1983年7月	環境保護・水管理局創設に関する法律（1983 Dz. U No. 44, item 201）成立
1984年7月	土地利用計画法（1984 Dz. U No. 35, item 185）成立
1987年12月	環境使用料・環境課徴金の評価・収集に関する規則（1987 Dz. U No. 41, item 290）成立
1989年4月	修正環境保護形成法および修正水利法（1989 Dz. U No. 26, item139）成立
12月	環境保護・自然資源・森林省の設立に関する法律（1989 Dz. U No. 173, item 433）成立
1990年2月	大気汚染防止に関する規則（1990 Dz. U No. 15, item 92）成立
5月	修正環境保護形成法および修正水利法（1990 Dz. U No. 39, item 222）改定
1991年7月	国家環境保護検査局法（1991 Dz. U No. 77, item 335）成立

9月	森林法（1991 Dz. U No. 101, item 444）成立
10月	自然保護法（1991 Dz. U No. 114, item 492）成立
12月	廃棄物の処理に関する環境使用料・環境課徴金についての規則（1991 Dz. U No. 125, item 557）成立
	環境の経済的利用に関する使用料についての規制（1991 Dz. U No. 125, item 558）改定
1992年10月	環境の経済的利用に関する使用料についての規制（1992 Dz. U No. 79, item 400）改定
1993年1月	環境の経済的利用に関する使用料についての規制（1993 Dz. U No. 9, item 44）改定
4月	修正環境保護形成法および修正水利法（1993 Dz. U No. 40, item 183）改定

第4章

ロシアにおける体制転換
―― 民主化と連邦制の狭間で ――

長谷直哉

　ロシアでは民主化と同時に，中央・地方間の憲法による権限区分を前提とする連邦制を採用した。この結果，民主化の過程において，中央レヴェルの政治と地方レヴェルの政治との間に断層が生じ，その様相を複雑化させた。また，エリツィン政権期には過度に分権化が進行した一方で，プーチン政権期には過度に集権化が進行するという極端な経路を辿っている。本章では，2008年までの連邦制の変遷を中心に，異なる2つの政治空間を抱えたロシアの体制転換について分析を行う。

1　現代ロシア政治と連邦制

(1)　現代ロシア政治に占める連邦制の位置

　連邦制は現代ロシア政治を理解する上で重要な位置を占めている。連邦制は中央・地方関係を規定する制度の1つであるが，日本で採用されている単一制とはその制度的要件が大きく異なる。単一制では国家権限が憲法上，中央政府に集中しており，地方政府は中央が委任した範囲内でのみ，自律的に権限を行使できる。一方で連邦制の場合，憲法において，中央政府に帰属する国家権限と地方政府に帰属する国家権限とに区分される。連邦国家における議会は，必ず二院で構成され，そのうちの上院が地方政府の代表機関として組織される。また，権限区分を定めた憲法の変更には半数を超える地方政府の同意を必要とする。したがって，連邦制は地方政府に対して，中央政府による決定に制度的な拒否権を付与するという特徴を有していると言えよう（Tsebelis, 2002）。

ロシアにおける体制転換は，この連邦制を基礎とした中央・地方関係に強い影響を受けてきた。第1に，ロシアの前身であるソ連が，不完全ではあったが，連邦国家としての特徴を有していた点があげられる。現代ロシアの誕生と連邦制の選択は，このソ連体制崩壊の帰結である。第2に，現代ロシアにおける権力の帰趨が，中央・地方関係の動向に大きく依拠してきた点があげられる。エリツィン政権期とプーチン政権期における中央政府の安定性に見られる相違は，それぞれの政権が構築した地方政府との関係性に帰せられる。第3に，ロシアでは，連邦制が結果として，民主化を阻害してきた傾向が見られる点があげられる。エリツィン政権期の中央政府は，求心力を維持するために地方政府に対して妥協を重ね，結果的に地方レヴェルで権威主義体制が醸成される結果を生み出した。プーチン政権では中央政府が地方政府の権限を制限し，優位に立つことに成功した。しかし，その手段として政党が利用され，政権選択において議会が果たす役割が大きく減じられた。このように，ロシアにおける体制転換を把握する上で，連邦制の果たした役割を分析することは，欠かせない作業であると考えられる。

（2）　連邦制のガバナンス

　連邦制は，地方政府に対して制度的な拒否権を付与する点に特徴がある。ただし，この拒否権の存在が分権的な統治体制を即座に保証するわけではない。これは，連邦制を採用したとしても，分権化が進展するとは限らないことを意味する。この一方で連邦制の選択は，国家解体の危機を招く危険性も秘めている。地方政府が制度的拒否権を乱用可能な場合，中央政府が求心力を維持できず，国家を統合する力が弱まる事態に陥るからである（Taylor, 2007）。連邦制の運用および維持においては，集権化をもたらす求心力と，分権化をもたらす遠心力との間に一定の均衡が求められる。このため，連邦制という制度選択がどのような政治的帰結を生むのかに関して分析する場合，その制度がどのように運用されているのかについて目を向ける必要がある。

　連邦制の運用においては，制度的拒否権の様態，地方レヴェルでの選挙，政

党制，司法の役割の四点が重要な位置を占める (Bednar, 2009)。制度的拒否権の様態とは，中央・地方間における権限区分のあり方，上院における地方政府の位置づけ，そして中央レヴェルでの政策決定に及ぼす地方政府の影響力を指す。ここでは，地方政府がどのように拒否権を行使可能なのかについて注目する。地方レヴェルでの選挙と政党制は，民主化の問題にも関係する。前者は，地方レヴェルで実施される選挙の種類や頻度，有権者に対する応答性に着目する。後者については，政党間の競争性，政党組織を介した中央・地方関係が重視される。司法の役割とは，憲法など，連邦制に関わる法システムの運用について司法が果たしている機能を意味する。ある国において採用された連邦制の特徴は，これら要素のバランスの中に体現されるのである。

(3) 連邦制と民主化

　連邦制が民主化を促すとの議論は，連邦制研究において比較的よく見られる主張であった。これは，分権化によって地方の自律性が保障され，中央政府の権力に制限が加えられれば，政治的な競争の余地が拡がり，民主化の進展に寄与するとの考え方に基づく。しかし，こうした見解に対して少なからず反論がなされており，民主的な連邦国家と非民主的な連邦国家に分類して整理する手法も見られるようになった (Stepan, 2000)。連邦制における政治過程は，基本的に中央政府と地方政府の間で交わされる協調と対立のゲームとして立ち現れる。このゲームにおいて重視される権利は，中央政府と地方政府それぞれの集団的権利であって，国民一般が享受し得る個人的権利ではない。連邦制は，異なる政治諸単位の統合，あるいは単一制の崩壊に伴う移行の結果として誕生するが，このいずれにおいても地方政府に対する領域的な権力の保障という帰結をもたらす。この点は，地方政府に対する制度的拒否権の保障を特徴とする，連邦制の性質を想起すると理解しやすい。

　したがって，連邦制の選択は，特定の集団・領域に特権を認めることに等しい。地方政府が制度的拒否権を手にすることによって，国民全体の意思表示に反して行動することも可能となるからである。民主制への移行段階にある国家

は，多くの場合，権力をめぐりさまざまな政治エリートが協調と対立を繰り返す複雑な政治過程を辿る。中央・地方間の権力分割は，この移行過程においてエリート間の譲歩を引き出す道具ともなり得るが，一方で均質な国家統合を阻害し，国民の政治的自由を制限する危険性を秘めている。また，連邦制によって分権的な国家統合に成功したとしても，地方レヴェルで権威主義的な政治体制が確立された場合，民主化に悪影響をもたらすことになる。このため，地方レヴェルでの選挙が公正に実施され，国民の意志を代表する政党が中央・地方間の利害を調整し，連邦制の理論的な欠点を補完しているかどうかが，連邦国家における民主化の定着を分析する上で重要な鍵となるのである。

2　ソ連の連邦制とロシアの国家再編

（1）ソ連という「反例」

　ソ連は現在の連邦制研究において，重要な「反例」の1つとして考えられている。これは，ソ連が憲法制度上，一定の連邦制的要件を満たしていたにもかかわらず，ソ連体制下ではその末期を除いて，民主化も分権化も進まなかった点に依拠する。過去の連邦制研究においてソ連は，その専制的体制を理由として研究対象から除外されてきた歴史を持つ。しかし，連邦制の比較研究の進展とともに，ソ連を連邦制の分類に含める傾向が見られるようになった。また国家建設や制度選択に関する知見が拡がりを見せる中で，連邦制が民主化を促すという構図に疑義がもたらされるようにもなった。連邦制は，集権と分権，統合と分化のバランスを保ち，中央および地方政府双方の自律性を保障し，維持することを理念とする。問題となる点は，その機会を活用できる政治的環境が存在するか否かにある。

　ソ連では崩壊直前の時期まで，地方政府による制度的拒否権の行使が許容されることはなかった。ソ連は形式的には連邦制の条件を，少なくとも1977年までは部分的に満たしてはいた。連邦制における統治が制度設計上の理念に従うかどうかについては，憲法上の拒否権だけではなく，政治過程を構成する様さ

まざまな要素によって影響を受ける。連邦制を単一制と分類し、連邦制の形式的なあり方を指し示す憲法上の制度設計のみでは、決して連邦制の維持を担保しえないのである。ソ連の場合、国家機構が共産党組織の従属下にあったため、法体系が形骸化し、ソ連中央の政治過程における優位が決定的なものとなっていた。統合を担保する求心力が一党体制下の共産党に集中し、政治過程における地方政府の自律性を奪っていた。

この結果、連邦制を支える諸要素が形成されず、党体制優位のまま、連邦制の理念が反映された政治体制が出現することがなかったのである。そして、ソ連末期の分権化は、ソ連構成共和国の独立機運を高め、結果的として、求心力を独占してきた共産党一党体制を崩壊に追い込んだ。ソ連の事例は、分権的制度が存在していても、連邦的統治を可能とする力の配分に失敗すれば、現実には連邦制はその機能を果たすことができないことを示す、重要な「反例」なのである。

(2) ソ連における連邦的統治

ソ連における連邦的統治の核にあった概念は、民族であった。この概念はレーニンの民族自決論の中に見られる、民族相互間の平等の実現・民族の政治的自決という考え方を基礎として形成されてきた。ソ連は1922年に、当時成立していたロシア・ウクライナ・ベラルーシ・外コーカサスという4つの社会主義共和国の連合体が、連邦国家創設を宣言することによって成立した。この宣言の中では、ソ連が平等な権利を持つ民族の自由意志による統合体であり、ソ連を構成する各共和国が連邦から自由に脱退する権利を有することが明言されていた。この部分はまさに、ソ連における連邦制の理念を表していたと言えよう。

しかし、民族自決を重視したにもかかわらず、ソ連の政治は地方政府の自律性を保障する統治を採用しなかった。ソ連の連邦的統治が、連邦制を過渡的段階と位置づけ、民主集中制の実現を目標としていたためである（塩川、2007a）。ソ連と構成共和国との関係は決して水平的なものではなく、ヒエラルキー原理によって貫かれていた。この背景には、党機関と国家機関の融合と、国家に対

する共産党優位の構造がある。また民族自決を認めたものの，これは自治の保障というよりは，実質的に辺境の統治を円滑にすることを目的に，有力な少数民族グループを「名称民族」として承認し，民族エリートを取り込もうとした側面が強かった。その後，民族の分類に基づいて地方の言語・文化の保全を認める現地化政策が実行され，名称民族は中央が期待する形での地方統治を担う主体として制度化されていった。

さらには，1936年のスターリン憲法において，民法や刑法など基礎的な立法権限が連邦に移管された。1977年のブレジネフ憲法では，国家を指導する存在として共産党の位置づけが明確化された。また同憲法の第七十条では「社会主義連邦制」という用語が登場するが，これは共産党統治原理の枠組みの中で語られている特殊な認識であり，自律性を基本とする一般的な連邦制概念からはかけ離れてしまっていた。ただし，経済面においては，重工業部門を中心に地方産業部門を中央のヒエラルキー構造に取り込む一方で，地方に対して財政保障を確約し，地方エリートの不満を緩和しようとする互酬的関係が見られた。

(3) ロシアの国家再編

ソ連ではペレストロイカ以前から，党中央による経済管理能力が減退する傾向にあり，肥大化していた行政機関や国営企業の運営を一定程度，地方エリートに委ねざるを得ない状態にあった。このため，ゴルバチョフ政権期に実施された地方権限の強化は，底辺からソ連を活性化させる手段として期待されていた。しかし，結果として導かれたのは地方からの強い自立要求であった。共産党による一党体制下で押さえ込まれていた自治への要求が，政治的自由化の進行に伴い，噴出したのである。

特に構成共和国の主権要求は，1987年以降のバルト三国における民族戦線の設立，1989年に入ってからのコーカサスや中央アジアでの民族意識の高まりと衝突に象徴されるように，ソ連崩壊に大きなインパクトを与えた。1990年代に入るとバルト三国を端緒として，構成共和国が主権宣言に踏み切るようになった。当時すでにエリツィンの指導下にあったロシアは，1990年6月12日に主権

を宣言した。

　ロシアによる主権宣言は，ソ連を崩壊へと導いた契機となった事件であると同時に，ロシアの国家再編における出発点として重要な意味を持った。主権宣言が採択された第一回ロシア人民代議員大会では新憲法案を審議するための憲法委員会が設置された。焦点となったのは連邦構成単位の再編であった。ソ連が15の構成共和国から形成されていた連邦国家であったことと同様に，その構成共和国であったロシアも連邦国家としての特徴を有していた。つまり，ソ連はその内部にロシアというもう1つの連邦国家を内包した統治体制を採用していたことになる。当時の1978年ロシア憲法において，ロシア共和国の構成単位として認められていた領域は自治共和国と呼称されていた単位のみであった。その他に存在していた，地方や州は連邦の地方行政単位でしかなく，自治州や自治管区に至っては，地方あるいは州の構成部分でしかなかった。

　こうした現状に対して，ソ連の構成共和国が主権を求めてきたように，ロシアの枠内においても主権・権限拡大に関する要求の高まりが見られるようになった。特に自治共和国に関しては，その憲法上の立場から主権を求める声は非常に強いものとなっていた。1990年8月以降，カレリア，タタールスタン，バシコルトスタンなど一部の自治共和国で主権宣言が採択された。さらに，自治共和国の主権要求に対して，地方自治体としての地位しかもっていなかった地方・州からも，連邦構成単位への格上げ，あるいは主権の要求が強まってきた。ソ連末期の流動的な情勢の中，このような要求を無視し続けることはロシアの解体さえ招きかねないことであった。

（4）　自治共和国問題

　自治共和国の帰属問題は，ロシアの国家再編過程において最も大きな課題となった。すでに主権宣言を実行した自治共和国の存在が重圧となっていた点は確かであるが，これは直接的な理由ではなかった。ロシアが解決すべき問題は，複雑な統治体制を敷いてきたソ連の遺産をどのように処理し，新体制に移行するかという点に集約されていた。ソ連では地域行政区分にしたがって党機関が

組織されていた。共和国党委員会・地方党委員会・州党委員会・管区党委員会・市党委員会・地区党委員会がそれである。このうち，共和国党委員会によって管理されていた地域（15共和国）は，ロシア，エストニア，ラトヴィア，リトアニア，ベラルーシ，ウクライナ，アルメニア，アゼルバイジャン，グルジア，モルドヴァ，カザフスタン，キルギス，タジキスタン，トルクメニスタン，ウズベキスタンとして，ソ連崩壊後に独立国となった。帰属が問題となったのは，それ以外の党委員会によって管理されていた地域である。中でも自治共和国は微妙な位置にあった。地方や州，あるいは自治管区や自治州は，ソ連期からロシアの地方行政単位であったため，主権や地位拡大要求はあったものの，帰属という点に関しては亀裂が生じることはなかった。

　自治共和国はソ連において，構成共和国に次ぐ地位を占めていた。1977年ソ連憲法によると，主権は認められていなかったが，領域は保障されており，憲法でソ連中央に区分されていない権限を行使する権利を有していた。また，財政面においても，構成共和国の予算下ではなく，ソ連の予算支配下にあった。他方で，自治共和国は構成共和国の構成部分でもあった。自治共和国が憲法を制定することもできたが，それにはソ連憲法と構成共和国の憲法に反しない限りという条件が付されていた。つまり，法的にはソ連と構成共和国双方に対する，二重の従属状態にあった。構成共和国がソ連からの自立を求める動きに連動して，自治共和国が構成共和国からの自立運動を開始した背景には，このソ連体制の複雑な入れ子構造が原因となっていた。自治共和国問題は，ロシアとソ連との間に大きな亀裂を生んだ。ソ連は，相次ぐ民族紛争や主権要求を収束させるために自治共和国の格上げに踏み切ったのである。そして，この改革を制度化するために，ソ連は新連邦条約および付随協定を構成共和国・自治共和国との間で締結することを決定した。このソ連の改革は必然的に，16の自治共和国を包含していたロシアに対して，国家再編を迫るということも意味していた。

　ロシアは主権の保全，領土維持の両面からソ連と対立することとなった。この亀裂が，1990年6月のロシア主権宣言へとつながっていったのである。しか

し、この問題は収束することはなく、1990年12月にソ連が崩壊した後も尾を引くこととなった。ロシアは主権宣言後、ソ連と同様に連邦条約によって自治共和国の主権要求を抑える戦略を採用した。1992年3月にロシア政府は自治共和国に加え、地方・州・自治管区・自治州と連邦条約を締結し、これらの地域は連邦構成主体（以下、構成主体）としてロシアの構成部分となることに同意した。しかし、すでに分離独立を宣言していたチェチェンが調印に拒否しただけでなく、連邦条約に合意した構成主体は、新憲法の策定過程において、自らにより多くの権限配分を求める姿勢を崩すことはなかった。ロシア政府は、新憲法体制への移行を目前とした時期に至っても、確固たる求心力を得ることができない状態にあった。

3　エリツィン政権下の連邦制

(1) 権限区分条約

　新憲法制定をめぐる構成主体の対立に苦慮したエリツィンは、1993年9月に最高会議の活動を停止させ、連邦憲法制定過程の中断を宣言し、自身が主導して作成した大統領草案を国民投票にかけるという強引な行動をとった。同年12月に新憲法は成立し、ロシアは国名をロシア連邦に変更、89の構成主体に制度的拒否権を保障する連邦制の制度的基礎を整備することには成功した。しかし、この行動は、ソ連崩壊以降の移行過程の中で自律性を高めていた構成主体の不信感を煽り、新しい憲法体制の定着に禍根を残すこととなった。新憲法における権限区分に不満を抱いていた構成主体は、連邦レヴェルでの政策運営に非協力的な態度をとった。すでに多くの行政業務が構成主体に移管されていたため、連邦政府は構成主体の協力なくして各種政策を実施することが困難になっていた。この状況を受けてエリツィンは、構成主体の要求に譲歩する立場へと方針を転換した。この具体的手段として活用された手段が、権限区分条約である。

　権限区分条約とは、エリツィンが大統領権限において、個々の構成主体との間で締結した、権限区分を再確定させる法的文書群のことである。1994年2月

にタタールスタン共和国と締結したことを皮切りに，1998年6月までの期間に，全構成主体の半数を越える46の構成主体と同条約が締結された。締結には至らなかったが，武力紛争を経たチェチェンに対しても，このアプローチが試みられた。憲法では，全ての構成主体に対して，平等に制度的拒否権が保障されていたが，この条約の出現によって構成主体の間に権限の差異が生まれてしまった。権限区分条約が「反憲法的」と呼ばれる所以である。

権限区分条約は構成主体側の不満を鎮め，連邦政府の統治正統性を高める意味では効果的な手法であったと言える。しかしながら，連邦レヴェルでの政策決定における構成主体の影響力を過度に強める結果を伴った。天然資源に恵まれ，財政的に連邦の支援を必要としない一部の構成主体の支持が，連邦の維持において欠かせない要素となってしまったのである。それ以外の構成主体も，有力な構成主体と同様の恩恵を得ることを望んだ。それは権限の増大という形のみならず，税財政面での優遇措置を含む形で実現された。連邦政府は秩序なき財政政策をとらざるを得ない状況に追い込まれ，この行動は，1998年8月のデフォルトに至る一因の形成につながった。

（2） 組織化された政党の不在

連邦制の安定においては，政党の役割が非常に重要となる。先述のように，連邦制はその理念上，集団的権利の優先という帰結をもたらす。政治的競争が中央と地方間の権力闘争に還元され，国民一般の利益が看過される可能性が生じてしまう。この問題を回避するためには，分散的な地方の利害を統合し，集約化して中央レヴェルでの政治に反映するシステムが必要となる（Filippov, Ordeshook and Shvetsova, 2004）。政党はそうしたシステムを担うことのできる選択肢の1つである。エリツィン政権が求心力の獲得に失敗した背景には，構成主体の利害を集約できる与党勢力の不在があった。

エリツィン政権期には，三度の国家会議（以下，下院）選挙が実施された（実施年：1993年，1995年，1999年）。このいずれの選挙においても，過半数を制した政党は現れなかった。また，特定の政党に属さない議員の割合も高かった

(1993年：29.8%, 1995年：17.1%, 1999年：23.8%)。当時、政党の発達が進まなかった理由としては、以下の三点があげられる。第1に、政党がイデオロギーや社会的亀裂ではなく、エリートの利害に基づいて形成される傾向が強かったため、組織化にまで至らず、離合集散を繰り返した。全構成主体に党支部を設置した政党は1つも存在しなかった。第2に、大統領や連邦会議（以下、上院）に比して、下院の立場が相対的に弱かった。1995年の下院選で野党である「ロシア連邦共産党」が第一党となり、エリツィンは下院からの支持を期待できなくなったが、内閣の形成に窮するほど下院に追い込まれた時期は、1998年8月のロシア金融危機発生直後の短期間のみであった[(1)]。また当時の上院議員は、各構成主体の首長と議会議長が兼任していたため、法案審議で上院の反対があった場合、下院にその決定を覆す力はなかった（再議決には、下院議員の3分の2の賛成が必要）。例えば、1995～1999年の期間、下院採択法案の約2～3割が上院によって否決された。第3に、選挙制度の問題がある。政党の基盤が脆弱であったにもかかわらず、下院議員の半数が小選挙区制によって選出されることになっていた（残り半数は比例代表制）。小選挙区選出議員の多くが無所属議員であり、構成主体の発言力が強い環境下では、出身選挙区の事情に左右されやすい立場にあった。

(3) 構成主体における権威主義

　全国政党の不在は、構成主体レヴェルでの選挙を連邦レヴェルの選挙環境から切り離す結果を生んだ。構成主体首長の選出は、移行当初の時期には大統領の任命に拠っていた。これはエリツィンが、対立関係にあった構成主体支配層の一掃を試みたからである。構成主体エリートの多くは、ソ連時代の地方党幹部経験者であり、ソ連末期から権威主義的指導層として構成主体での実権を握り続けていた。当然彼らは、このエリツィンの措置に対して様々な抵抗を試みた。「名称民族」が影響力をもつ構成主体では、民族主義を利用して域内での求心力を高めようとする動きが目立った。その他の構成主体では、例えば、議会優位の憲章を定め、首長権力を制限することによって連邦に対抗する手法が

とられた。一部の構成主体において，エリツィンは選挙によって自らが任命した首長の正統性を確保しようとも試みたが，その半数以上で敗北を喫した。

　権限区分条約締結によって，一部の構成主体において首長選挙の実施がエリツィンによって承認され，1996年からは首長の選出が構成主体に一任された。その後に実施された選挙の多くで，任命されていた現職首長が敗北し，地域内での権力闘争に勝利した構成主体エリートに置き換わっていった。構成主体内部でも，首長とその域内にある主要自治体の長との間で，政治的競争が観察された。これら現象は，見方によっては民主化の進展と判断できなくもない。

　しかし，選挙に勝利した首長は，その集票力を背景に連邦政府に対する発言力を強化すると同時に，下院議員や構成主体議会議員，そして有力な企業経営者を自身の影響下におき，域内での支配力を高めていった。構成主体議会では，そのほとんどで小選挙区制のみの選挙が実施され，首長を支持する地域政党や選挙ブロックが多数派を形成する現象が見られた。エリツィン政権末期からプーチン政権初期にかけて実施された首長選挙では，そうした現職候補の多くが再選された。その上，一部の候補は8〜9割の得票を集めて，対立候補に圧勝した。

　エリツィン政権下の連邦制はしばしば，「緩い」連邦制であったと表現される。これは，連邦政府が構成主体に対する大幅な譲歩と引き換えに，かろうじて求心力を維持していた状況を形容した用語である。当時の連邦政府は極めて弱い立場にあり，構成主体内部の政治に干渉する能力を持ち得なかった。ただし，このような状況下でも連邦権限の維持に寄与したアクターは存在した。特に連邦憲法裁判所は重要な役割を果たした。憲法裁判所判事の選出は，大統領の任命によるが，その際に上院の同意も必要とする。それ故に一定の独立性を保ち，憲法に即して構成主体における法的逸脱を修正し，判例を通じて，連邦制のルールを明確化する機能を担うことが可能であった。例えば，構成主体による課税権の乱用や主権要求に対して，憲法裁判所は，連邦の主権の範囲内に構成主体の権限は制限されるとの判決を下している。

4　プーチン政権下の連邦制

（1）　連邦制改革

　連邦政府の求心力回復の試みは、ロシア金融危機発生後に開始された。これは、金融危機に対処するために、構成主体が連邦政府による政策決定に服さず、それぞれが個別に資金や物流の制限などを実施し、全国的に整合性のとれたマクロ経済政策が機能しなかった点に一因がある。危機直後に下院の支持を受けて、当時外相を務めていたエヴゲニー・プリマコフが首相に就任した。彼は1999年1月に、権限区分条約に代表される法的な混乱を是正し、連邦政府の行政管理能力の強化を目指す方針を示した。具体的には、89の構成主体を地域別に統合し、管理対象となる行政区画の削減を構想していた。だが、この時点での改革は、構成主体の反対を押し切ることができず、頓挫してしまった。この連邦制改革を引き継いだ人物が治安機関出身のプーチンである。1999年9月に首相となったプーチンは、当時は無名の政治家であったものの、第二次チェチェン紛争におけるリーダーシップで国民の評価を高め、エリツィンから後継大統領指名を受けるまでになった。2000年5月に大統領に就任したプーチンは、高い政権支持率を背景に、連邦制改革を推進していった。

　大統領就任直後にプーチンは連邦管区制度を導入した。全国を連邦管区と呼ばれる7つの地域に区分し、それぞれの地域に属する構成主体を広域管理する制度である。個々の管区に大統領府から、大統領全権代表（以下、管区代表）や監督官が派遣され、構成主体の立法・経済状況を監督する権限が与えられた。特に重要視されていた機能は、連邦法と構成主体法の整合性確保、および治安権限における連邦権限の強化である。

　連邦管区には連邦省庁の出先機関が存在するが、優先的に設置された機関は内務省と法務省の支局であった。管区代表は構成主体に対して連邦法に違反する法規の改正を勧告し、その作業を監督した。その他、内務省による構成主体レヴェルにおける警察幹部人事への干渉や、管区の監督官による構成主体の司

法システムに対する介入も顕在化した。2001年後半には，構成主体の側から権限区分条約の廃止を申し出る動きが見られるようになった。2003年には根本的な制度変更が行われ，権限区分条約による権限区分について，連邦法による承認を必要とするよう改められた。また，構成主体の合併も推奨され，現在では，構成主体の数は83に減少している。

　プーチンは，上院改革も実行に移した。エリツィン政権期の上院は，構成主体の指導者が議員を兼任していたため，連邦レヴェルでの政策決定における，強力な拒否権集団としての性格を有していた。上院改革によって，上院議員の選出方法が改正され，兼任が禁止された。上院議員は，各構成主体議会での間接選挙により，構成主体政府および議会の推薦者から一名ずつ選出する方式に改められた。2002年１月からこの新方式が適用され，選出された議員の６割程度が，構成主体とは直接の関係を持たない人物であった。この結果，上院の意志が構成主体の利害に拘束される程度が弱まり，下院採択法案への拒否権発動もほとんど見られなくなった。構成主体の首長は改革当初，自身の指示にしたがわない上院議員を解任する権限を有していたが，2004年の法改正で上院議員の罷免要件が厳格化され，議員の独立性が高められた。ただ，プーチンは構成主体の首長に対して，一定の配慮も示していた。上院議員の兼任禁止の代替として，大統領の諮問機関である国家評議会を創設し，首長らを主要構成員とすることで，彼らの不満を緩和しようとした。

（２）「統一ロシア」の誕生

　プーチンが安定的な政権運営に成功した背景には，与党形成と下院の掌握がある。現在の与党「統一ロシア」の起源は，1999年下院選挙に遡る。この下院選は，エリツィン後のロシア政治における権力の帰趨を決定した重要な選挙であり，プーチンとプリマコフが後継候補の座を求めて争う場でもあった。選挙では，プーチンを支持する下院議員らによって結成された政党「統一」が，プリマコフが反エリツィンの構成主体首長らと結成した政党「祖国-全ロシア」に勝利した。第一党は「ロシア連邦共産党」であったが，選挙後に無所属議員

の多くが「統一」支持を表明し,「統一」が下院での主導権を得た。

2001年12月に「統一」は「祖国-全ロシア」を併合し,党名を「統一ロシア」へと改めた。「統一ロシア」は2003年下院選で大勝し,3分の2を超える議席を占有する巨大与党へと成長した。2007年に実施された下院選でも圧勝し,その勢いを保ち続けている。2008年には党員数が191万人にまで増加した。また同時点で,上院議員の70％,構成主体首長の89％,地方自治体の長の63％,地方自治体議員の41％が党員であり,構成主体議会の95％で「統一ロシア」が過半数を占めていた。

「統一ロシア」はエリツィン政権期の政党とは異なり,連邦と構成主体をつなぐ党の組織化を徹底した。この党の方針を下支えしたのは,政党・選挙制度の改革であった。まず,2001年7月に政党法が改正され,全構成主体の半数以上に100名以上の党員を有する支部の設置が義務づけられた。この結果,地域政党や小規模な政党が選挙参加に必要な政党登録要件を満たすことが困難となった。次に,構成主体レヴェルでの選挙制度が見直され,下院選と同様に,半数を比例区で,残り半数を小選挙区で選出する方式に改められた。この変更は,構成主体レヴェルでの選挙動向と,連邦レヴェルでの政党競争を連動させる効果を生み,政党組織の発達に大きく寄与した。例えば,2007年下院選で注目された政党に「公正ロシア」がある。これは,構成主体議会選挙で左派系政党が躍進した結果を受けて,大統領府が下院支配を強化するために設立に関与した政党である。

そして2005年5月には選挙法が改正され,下院選が比例代表制のみでの選挙に変更された。議席確保のための最低得票率も5％から7％に引き上げられ,大政党に有利な制度が整った。この新方式が適用された2007年下院選で議席を得た政党は,「統一ロシア」,「公正ロシア」,政権寄りの「ロシア自由民主党」,そして「ロシア連邦共産党」の四党のみであり,エリツィン政権期に一定の勢力を有していたリベラル系諸政党は完全に姿を消すこととなった。

（3） 首長公選制の廃止

　連邦管区制度の導入により，連邦政府による構成主体への介入度が高まった。連邦管区を媒介に，連邦機関本庁と支局との間での人事異動が制度化され，連邦政府の行政管理能力を高めた。連邦管区はさらに，構成主体レヴェルでの選挙に干渉する姿勢を強めていった。一部の構成主体では，連邦管区が推薦する，あるいは管区代表を務めた人物が首長選挙に立候補し，当選する現象が見られた。しかし，依然として構成主体エリートの支配力は強く，管区代表が推した候補が敗れる選挙も少なからず見られた。特に，構成主体首長の権威主義的統治が根強い地域では対立候補の選定さえ忌避された事例がある。2001年から2004年までに行われた首長選挙で，現職候補が勝利した事例が6割を下回った年はなかった。

　2004年9月にプーチンは，首長の公選制を廃止する方針を明らかにした。2005年から首長の選出が，大統領の指名候補について構成主体議会が承認する方式に変更されることが決定され，構成主体の自律性は完全に奪い去られるかに見えた。しかし実際には，有力な構成主体首長が解任されることはほとんどなく，多くの現職首長が再任指名を受けるという結果に終わった。連邦側の危惧は，構成主体で長期政権が続くことによって権威主義体制が強化される点にはなく，構成主体首長が連邦政府の決定に従うか否かに集約されていた。つまりプーチンの意図は，首長選挙を廃止することにより，現状の連邦政府と構成主体の関係が変化する可能性を封じ，連邦から構成主体へと向かう垂直的な行政関係の強化あるいは，効率化にあったのである（Goode, 2007）。

　構成主体首長への評価は，連邦政府の政策を忠実に実行したかどうかによって決定される。例えば，構成主体首長がその行政的資源を動員して，「統一ロシア」の選挙マシーンを形成しているとの議論がある。各種選挙において，「統一ロシア」の得票率が首長の再任を左右すると構成主体側が認識していれば，自ずと連邦政府の利益となる結果が生まれることになる。実際に2007年の下院選では，「統一ロシア」の得票率が90％超に達した構成主体がいくつか存在する。これらの現象からは，民主化の進展や政治的選択肢の多様化を是とす

第4章 ロシアにおける体制転換

る姿勢を読み取ることはできない。

（4） 民主化と連邦制の狭間で

　連邦制の視点から見た場合，ロシアの体制転換に最も大きな影響を及ぼした要因は，中央・地方関係における初期条件にあったと言えるだろう。ソ連崩壊後，確たる国家統合の理念を欠いた状態で領土の保全を目指した結果，連邦政府と構成主体の協調関係が十分に形成されず，相互の競争意識を助長する結果を生んだ。エリツィン政権下では権限区分条約を活用することによって，両者の間で「緩い」統合を許容する妥協が成立したが，組織化された政党など，求心力なき統合が長続きする保証はなかった。1998年のロシア金融危機によって，その矛盾が露呈することとなった。

　エリツィン政権がソ連の遺産によって選択肢を狭められた点と同様に，プーチン政権はエリツィン政権の負の遺産を背負って出発した。この政権においても，政府間の競争的関係は解消されず，今度は攻守を入れ替える形で連邦権の拡大が進行した。この中央・地方間の競争の中で犠牲にされてきたものが民主化である。現行の憲法体制が発足して約20年を経た現在に至っても，この課題は解消されていない。首長選挙の廃止により，構成主体における権威主義体制が変化する可能性は減じられ，連邦レヴェルにおいても与党が圧倒的な勢力を有する状態では正常な政党競争空間が生まれる余地は小さい。中央・地方間関係を包含する形で政党の組織化が進行した点は評価できる変化ではあるが，連邦政府が効率的な統治の道具として政党を利用している現状は決して好ましいものではない。

　2008年5月，ドミトリー・メドヴェージェフが第3代ロシア大統領に就任した。これで二度続けて，前大統領が後継指名した候補が大統領に就任したこととなった。そして第2代大統領であるプーチンは，「統一ロシア」の党首として，新政権において首相に就任した。いわゆる「二頭体制」の誕生である。メドヴェージェフ政権が発足後すぐに，憲法改正が実現され，改正以後に実施される選挙から，大統領の任期が4年から6年へ，下院議員の任期が4年から5

年へ延長された。また連邦制に関しても，2つの重要な制度変更が実行された。1つは，構成主体首長の選出についてである。構成主体議会の第一党が大統領に対する首長候補の推薦権を有することが定められた。この変更は実質的に「統一ロシア」が首長を選出することを意味する。もう1つは上院議員の選出についてである。2010年までは構成主体政府と構成主体議会の推薦者から選任されていたが，2011年以降，構成主体議会と地方自治体の推薦者から選出される方式に改正された。構成主体首長が大統領の指名と構成主体議会の同意によって選出される現状では，構成主体政府からの代表者は上院に必要はないとの判断であると考えられる。メドヴェージェフ政権期には約半数以上の首長が交代したが，構成主体首長の選出過程において，クレムリンの決定に加え，「統一ロシア」内部での動向が一定の役割を果たしていた。

2012年3月の大統領選挙では，プーチンが勝利し，同年5月に再び大統領に就任，またメドヴェージェフは首相に任命された。2011年12月の下院選挙での選挙不正疑惑を端緒として，ロシア市民による大規模なデモ活動が生じたが，こうしたポストの「たらい回し」に対する不満の表明も行われ，政権に対して政治改革の必要性を訴えた。市民の側からの変化の要請に対し，政権側も対応せざるを得ず，その1つとして，プーチンの大統領再登板直前に，構成主体首長の直接選挙復活を定める法案が成立した。首長選挙への出馬要件等に問題も見られるが，ロシアの地方政治にとっては前向きの大きな変化であると言える。今後，この制度変更がロシアの民主化の動向及び中央・地方関係に与える影響を注視していく必要があろう。

注
（1）　ロシアは半大統領制を採用しており，国家元首である大統領と政府の長である首相が並存している。首相の任命権は大統領にあるが，下院の同意を必要とする。

参考文献
岩崎美紀子（1998）『分権と連邦制』ぎょうせい。
上野俊彦（2001）『ポスト共産主義ロシアの政治――エリツィンからプーチンへ』日本国

際問題研究所。
塩川伸明(2007a)『国家の構築と解体──多民族国家ソ連の興亡Ⅱ』岩波書店。
────(2007b)『ロシアの連邦制と民族問題──多民族国家ソ連の興亡Ⅲ』岩波書店。
建林正彦・曽我謙悟・待鳥聡史(2008)『比較政治制度論』有斐閣アルマ。
長谷直哉(2006)「ロシア連邦制の構造と特徴──比較連邦論の視点から」『スラヴ研究』第53号。
兵頭慎治(2003)『多民族連邦国家ロシアの行方』東洋書店。
横手慎二(2005)『現代ロシア政治入門』慶應義塾大学出版会。
横手慎二・上野俊彦編(2008)『ロシアの市民意識と政治』慶應義塾大学出版会。
Bednar, Jenna (2009), *The Robust Federation: Principles of Design*, Cambridge: Cambridge University Press.
Filippov, Mikhail, Ordeshook, Peter C. and Shvetsova, Olga (2004), *Designing Federalism: A Theory of Self-Sustainable Federal Institutions*, Cambridge: Cambridge University Press.
Goode, Paul J. (2007), "The Puzzle of Putin's Gubernatorial Appointments", *Europe-Asia Studies*, Vol. 59, No. 3.
Hale, Henry E. (2005), *Why Not Parties in Russia?: Democracy, Federalism, And The State*, Cambridge: Cambridge University Press.
Ross, Cameron (2002), *Federalism and Democratisation in Russia*, Manchester, England: Manchester University Press.
Stepan, Alfred (2000), "Russian Federalism in Comparative Perspective", *Post-Soviet Affairs*, Vol. 16, No. 2.
Taylor, Brian D. (2007), "Force and Federalism: Controlling Coercion in Federal Hybrid Regimes", *Comparative Politics*, Vol. 39, No. 4.
Tsebelis, George (2002), *Veto Players: How Political Institutions Work*, New York: Russel Sage Foundation.

ロシア連邦関連年表

1985年3月		ソ連でゴルバチョフ政権発足
1990年5月		ボリス・エリツィンがロシア最高会議議長に就任
7月		エリツィンがソ連共産党を離党
1991年6月		ロシアがソ連からの脱退を求め，主権宣言
		エリツィンが初代ロシア大統領に就任
12月		ソ連崩壊
1993年12月		第1回連邦議会（国家会議と連邦会議）選挙
		ロシア連邦憲法成立
1994年12月		第一次チェチェン紛争
1995年12月		第2回国家会議選挙
1996年6月		エリツィンが大統領選挙で再選
1998年8月		ロシア金融危機，ロシア連邦がデフォルトを宣言
1999年9月		ヴラジミール・プーチンが首相に就任
10月		第2次チェチェン紛争
12月		第3回国家会議選挙
		エリツィンが大統領を辞任，プーチンが代行に
2000年3月		プーチンが大統領選に勝利
5月		プーチンが第2代ロシア大統領に就任
2001年12月		「統一ロシア」誕生
12月		第四回国家会議選挙
2004年3月		プーチンが大統領に再選
2007年12月		第五回国家会議選挙
		プーチンがドミトリー・メドヴェージェフを後継指名
2008年3月		メドヴェージェフが大統領選挙に勝利
5月		メドヴェージェフが第3代ロシア大統領に就任
		プーチンが首相に就任
12月		連邦憲法改正。大統領任期が4年から6年に
2012年5月		プーチンが再び大統領に就任

第5章

転回する中央アジア空間
——新家産制化する中央アジア——

稲垣 文昭

1 中央アジア諸国の成立と体制転換

(1) 中央アジアとは

　1991年12月，ソビエト社会主義共和国連邦（以下，ソ連）が崩壊し，ウズベキスタン，カザフスタン，キルギス共和国（以下，キルギス），タジキスタン，トルクメニスタンの5カ国がユーラシア中央部に独立した。いわゆる中央アジア5カ国である。

　紀元前よりシルクロードの要衝であった中央アジアでは，大国間の興亡が繰り広げられた。その興亡の中で，中央アジアではイスラーム教が支配的な宗教となり今日においても文化的な影響が見られる(1)。とはいえ，現在の中央アジア諸国の制度的な枠組みは，帝政ロシアが現在のウズベキスタンの首都タシケントに総督府を設置した1867年以降に形成されたものであり，ロシアの影響をもっとも強く受けている。中央アジアは，ロシア以外にイラン，アフガニスタン，中国と国境を接するが，その非旧ソ連圏との国境は，「グレートゲーム」と呼ばれた19世紀のロシア，イギリス，清（中国）による勢力圏争いで決定した。さらには，現在の5カ国間の国境は，スターリン政権下の1920年代から30年代にかけて，モスクワ主導で民族分布を勘案しつつもそれ以前の国家の枠組みとは無関係に線引きされた行政区分線を基にしている。この国境画定にくわえて，モスクワ主導で言語政策も実施された。中央アジアとイスラーム圏との文化的紐帯を支えていたアラビア文字からラテン文字，そしてロシア語と同様のキリ

ル文字への転換が行なわれたのである。

　以上の中央アジア諸国の形成においては土着エリートを中心とした自発的な活動も無視し得ない。だが，モティル（Motyl, 1997）は，このように中央アジアに国家を形成したソ連が領域的に限定され中央集権化された政治・経済・社会文化的政策決定機関を持つ中核と，その中核と文化的に異なる民衆とエリートが居住する領域的に限定された周縁から成り立ち，中核のエリートが周縁のエリートを支配する政体としての「帝国」的特質を持っていたことを指摘している。つまり，中央アジア5カ国が19世紀から約130年にわたるロシア＝ソ連支配の下で，その周縁の一部として近代的国民国家の枠組みにて「つくられた」ものであり，そのつくられた「国家」が帝国の解体により独立国家となったのである。

　さて，本書の主旨に沿えば，中央アジア諸国の体制転換過程を国単位で比較分析した上で，グローバルなレベルでおきている政治・経済的な制度・政策の変革における中央アジアの位置づけを明らかにすることが本章の課題であろう。しかし，限られた紙幅で，独立から20年を経た中央アジア5カ国の制度・政策を詳細に比較分析し，明確に整理し議論することは筆者の力量的にも困難である。そこで，本章は，詳細な事例分析でなく中央アジア5カ国の体制転換について包括的な視点から考察を行うこととする。

（2）　概念整理と本章の目的――「中央アジア化」する中央アジア

　議論を多少でも明解にするために，まず基本的な概念整理を行った上で本章の目的を明らかにし，次節以降で具体的な考察に入ることとする。

　さて，本章でなによりも整理すべき概念は「体制」と「体制転換」および「ガバナンス」であろう。そもそも，旧東側世界を巡っての「体制」概念は，政治構造と経済構造を分離するのではなく，「資本主義体制」と「社会主義体制」という経済構造の相違を基軸とした包括的二元論的分類の枠組みの中で主として用いられてきた（山口，1989, pp. 17-18）。他方で，ワシントン・コンセンサスが示すとおり，冷戦崩壊後の国際機関を中心とした支援政策の柱は，民

第5章　転回する中央アジア空間

主化と市場経済化を一組とした統治体制の改革となった。この民主化と市場経済化の同時移行は，旧共産主義国の体制移行が，1970年代以降の民主化の波（「第三の波」）とは異なり，民主化の推進とともに市場経済と企業階級を創設するという「国家所有制度そのものの変更という意味で，経済の改革問題が焦眉の問題」であったためである（川原，1998，pp. 362-363；Offe, 1991）。つまり，前提となる「体制」概念が経済的構造を基軸としていた故に，1990年代の旧共産圏の体制移行は，政治構造・経済構造を一体化したものにならざるを得ず，それ以前の市場経済体制を前提とした政治構造の変動である「民主化」とは異なった。さらに，ソ連とユーゴスラヴィア連邦の解体により，冷戦崩壊後の体制移行は政治・経済構造の一体的移行だけでではなく，「国家枠組み」自体の再編をも伴うものとなった。つまり，1990年代の（特に旧ソ連，バルカン地域の）旧共産主義国での体制移行は，従来の国民国家の一体性を前提としたそれとは異なり，民主化・市場経済化に加え「主権の処理装置である国家（Breuilly, 1993, p. 368.）」の再編・強化を伴う「三重の移行」となったのである。

　さて，旧ソ連から独立した中央アジア諸国も当然ながらこの「三重の移行」に直面した。この中央アジアの「三重の移行」に関する既存研究の多くは，中央アジア諸国が帝国の周縁部として（アフリカなどの）旧植民地諸国と共通の特徴を有していることに着目し，アフリカを主たる対象とした研究の所産としての「発展途上国」に関する研究や先進諸国の過去の「政治体制」と「近代化」もしくは「政治発展」の諸段階との関係性を巡る「近代化論」的な視点を用いることとなった（Sehring, 2009）。それら近代化論が重視しているのが，体制変動期における（歴史的遺産や）「経路依存性」であった(2)。そして，中央アジアの移行研究の多くは，「経路依存性に着目することで近代化の到達点として自由民主主義を設定することを避けてきた（Wooden and Stefes, 2009, p. 5）」のである。

　さらには，中央アジア諸国にとりその近代化過程は，ソ連化＝ロシア化とほぼ同義であるため，ソ連解体はソ連時代に構築された制度を基に新たな制度を構築することを意味した。そのため，中央アジア諸国政府は，その近代化を支

えた共産主義イデオロギーの代替物を創出し，ソ連時代に決められた領域にしたがい「主権の処理装置である国家」を再編・強化する必要性に直面した。

つまり，ロシアのくびきから解き放たれた中央アジア諸国にとって「体制転換」とは，「中央アジアの『中央アジア化』（秋野，1999）」であり，単にモスクワを中心とした共産党一党独裁体制・指令型経済からの民主化・市場経済化ではない。それは，帝国から国民（国家）といった国家枠組みの再編をともなう体制転換への挑戦であり，国家の発展性の前提条件である領域的統一性，安全保障，政治経済システムの転換と創造という困難な課題でもある（Tsygankov, 2007, p. 425；川原，1998，p. 363.）。1992年から2000年のタジキスタン内戦，2005年のキルギスでの「チューリップ革命」とウズベキスタンの「アンディジャン事件」といった政治的混乱はこの体制転換における軋轢が顕在化したものである。

また，「政治権力が，社会内で広範な服従を確保し安定した支配を持続するとき，それを形づくる制度や政治組織の総体であり，支配階級やパワー・エリートを支える社会制度や政治文化の全体を示す」ものを「政治体制」と定義した場合（山口，1989，p.5），第2節でみるように，タジキスタン内戦や2005年と2010年のキルギスの政変が社会制度や政治文化そのものの変容を伴わない単なる支配階級の交代であり，政治体制の転換ではなく暴力による政権交代と言える。

他方，「ガバナンス」に関してであるが，河野（2006）は多義的なガバナンスを利害関係者にとってのエージェントの規律づけである「機能としてのガバナンス」とそうした内的メカニズムの活動による効用とは異なり，その存在自体が効果を生み出す「状態としてのガバナンス」に分類している。民主主義など規範的な価値観から中央アジア諸国をとらえると，権威主義や独裁主義といった負の評価をせざるを得ない。しかしながら，タジキスタンの内戦やキルギスの政変といった不安定な様相はあるが，それらは各国国内にとどまっていることなど，中央アジア各国の体制は地域秩序の安定性を生み出しており，状態としてのガバナンスが見受けられるといっても過言ではない。つまり，体制転

換の考察においては政治体制の違いではなく，その政治体制がどの程度，当該国家およびその周辺地域への安定的な秩序をもたらしているのか否かというガバナンスの視点が重要となる。さらに，歴史的遺産や経路依存性にまなざしをむけるのであれば，そのガバナンスの成立過程を考察することが分析の射程となる。

　以上の議論を踏まえて，本章では民主化・市場経済化を近代化の到達点とする見方を「体制移行」，それらを近代化の当然の到達点とせず制度的遺産に着目し国家枠組みの再編・強化をともなう「三重の移行」を考察する見方を「体制転換」と見なし，「安定化」という視座から中央アジアの「政治体制」とその政治体制が統治・機能する場としての「国家」の関係に焦点をあて中央アジアの体制転換の様態を明らかにすることを目的とする。そこで，次の第2節で今日の中央アジアの政治体制について概観し，第3節その政治体制が成立した背景，要因についてソ連時代の遺産に焦点をあてて考察することとする。

2　長期化・権威主義化する政権

(1)　長期化する政権

　政治制度上，中央アジア5カ国は大統領を国家元首とした共和政体である。ウズベキスタン，カザフスタンは，大統領が行政権（政府）の長である首相を（議会の同意・承認を得て）任命する準大統領制である(3)。タジキスタンも，大統領が任命権を持つ首相ポストがあることから準大統領制と言えるが，行政権の長は首相ではなく大統領がつとめている（タジキスタン憲法第64条）。また，キルギスも準大統領制であるが，後述するとおり2010年6月27日に憲法を改正（同年7月2日施行），大統領の権限を大幅に縮小し，首相は議会で選出される旧ソ連初の議会制民主主義に移行した。トルクメニスタンは，首相職が存在しない大統領が国家元首兼政府の長をつとめる大統領制である。

　そのトルクメニスタンは，2006年12月末に死去するまで，サパルムラト・ニヤゾフ大統領による21年間の長期政権下にあった。ニヤゾフは，1985年にトル

クメン・ソビエト社会主義人民共和国(トルクメニスタン)の実質的な最高指導者であるトルクメン共産党第一書記に就任した。その後、1990年1月の国家元首である共和国最高会議議長を就任へて1991年10月に新設された大統領に就任、1999年12月には終身大統領となった。この国際的にも例を見ない終身大統領という制度は極度の個人崇拝と合わせ、トルクメニスタンが独裁体制と評される象徴的な事例である。

　終身大統領はトルクメニスタンだけに見られるものであるが、(4)他の4カ国も憲法改正により大統領任期延長や再選制限の実質的撤廃などにより、政権は長期化している。例えば、ウズベキスタンのイスラム・カリモフ大統領、カザフスタンのヌルスルタン・ナザフバエフ大統領は1989年から24年にわたり共和国指導者の地位ある。カリモフは、2007年12月の大統領選挙にて、三選を禁じる憲法違反であると欧米諸国から批判を受けつつも、三期目(一期7年)となる当選を果たしている。また、カザフスタンでは2010年末より国民投票によって大統領任期を2020年まで延長することが議論され、支持団体により同国民投票を要求する500万人以上の署名が集められた。議会も2010年12月14日に、国民投票による大統領任期変更を可能とする憲法修正案を可決した。欧米諸国はこの国民投票による大統領任期延長を非民主主義的として非難した。ナザルバエフも、当初より慎重姿勢を見せ憲法修正案への署名は即座に行わず、1月31日に憲法評議会が違憲判断を下したことを受けて、同修正案を廃案とした。(5)その上で、ナザルバエフは2012年に予定されていた大統領選挙の繰上げ開催を行う憲法修正案に署名し、2011年4月3日に繰上げ選挙が実施されナザルバエフは95.5％の得票率で再選された。このように、ウズベキスタンとカザフスタンでもソ連時代から国家指導者が代わらない状態が長く続いている。

　キルギスとタジキスタンでも、政権は長期化する傾向にあるがその様相は他の3カ国と異なっている。タジキスタンでは、1985年にタジク共産党第一書記就任したカハル・マクハモフが1990年11月に新設された大統領に選出されたが、1991年9月にその前月にモスクワで起きたクーデター未遂事件時に、クーデター首謀者を支持したことへの抗議運動により大統領を辞任した。マフカモフの

後任には，1982-1985年にタジク共産党第一書記であったラフモン・ナビエフが就任した。しかしながら，同国は政府と反政府派間の対立が激化し1992年4月に8年間にわたる内戦状態に入った。内戦によりナビエフは大統領職を追われ，1992年11月には大統領制が廃止された。そして，ロシアの支援を受けたクリャブ州ダンガラ地区ソフホーズ議長であったエモマリ・ラフモノフ（2007年にラフモンに改姓，以下ラフモン）が国家元首である最高会議議長に就任した。その後，1994年に憲法改正で大統領制が再導入されるとラフモンは大統領に選出，和平協定調印（1997年7月）後の大統領選挙（1999年）で再選された。2006年の大統領選挙でもラフモンは再選を果たしたが，同大統領選挙は2003年6月に国民投票で可決された「大統領任期を5年から7年に延長（連続2期まで）する」憲法修正に基づくものであった。つまり，法的にはラフモンは2006年から14年間（2020年まで）大統領職にあることが可能となったのである。なお，1992年に大統領を解任されたナビエフを選出した選挙は，9名の候補者が立候補した民主的な選挙であったが，野党勢力の不満を政治的アリーナで正式に討議する場となるとともに内戦を引き起こす一因となった。

　他方，キルギスでは1990年10月にキルギス科学アカデミー総裁であったアスカル・アカエフが大統領に選出された。共和国共産党第一書記出身ではないアカエフ政権の民主化・市場経済化政策は，「中央アジアの民主主義の孤島」，「国際通貨基金の優等生」など国際社会から高い評価を受けるものであった。だが，そのアカエフ政権も長期化し14年目となる2005年3月に，急激な市場経済化にともなう弊害や政権の腐敗体質が原因となり反体制運動である「チューリップ革命」によって崩壊した。

　周知の通り，キルギスの「チューリップ革命」はグルジアの「バラ革命（2003年）」，ウクライナの「オレンジ革命（2004年）」とともに，旧ソ連圏で起きた民主化を求めた政変である「カラー（色）革命」の1つである。チューリップ革命で，大統領に就任したクルマンベグ・バキーエフは（Kurmanbek Bakiev）は，アカエフ政権下の縁故主義・汚職の一掃や停滞した改革推進と経済発展が期待されていた。しかし，バキーエフ政権下でも改革は進展せず経済

的停滞が続く一方で、2007年10月には大統領権限を強化する憲法改正案と比例代表制を導入する選挙法改正案が国民投票の結果導入された。新選挙法に基づき同年12月に実施された議会選挙においては、新設された親大統領政党である「アク・ジョル（輝く道）」が71議席（総議席数90）の第一党となったが、有力野党である祖国社会党が議席を獲得することができなかった。キルギスの議会は一院制であり、この選挙の結果大統領翼賛的な議会が形成されることとなった。議会は、アク・ジョルの他には、社会民主党と共産党がそれぞれ11議席と8議席を占めているが、有力野党の祖国社会党が議席を失ったことで、複数政党制にもとづく政治的多元性が限定的になり、キルギスの権威主義化が進展したことを示している。このような政治的状況下、2009年7月の大統領選挙でバキーエフは再選された。アカエフ政権と同様にバキーエフ政権でも縁故主義・一族支配がその統治の中心であった。その結果、2010年4月7日に大規模な反政府デモが発生し、治安部隊と衝突した（死者86名、負傷者1500名以上）。翌4月8日には、ローザ・オトゥンバエヴァ（Roza Otunbaeva）元外相を首班とする暫定政府が発足し、バキーエフは地盤である同国南部を経由してベラルーシへ亡命し大統領を辞任し（4月15日）、バキーエフ政権は崩壊した。

　つまり、ウズベキスタン、カザフスタン、トルクメニスタンの各政権が安定的に長期政権を築いたのとは異なり、キルギスとタジキスタンでも、政権は長期化する傾向にあるが不安定さを内包するものであった。また、議会の権限を強化したキルギスの例もあるが、先述のとおり中央アジア諸国は総じて政権が長期化し、法律に準ずる大統領令の発令権にみる立法府（議会）に対する優位性が見られることからも、大統領の権限は強大と言える（宇山、2004、pp. 58-67）。

（2）　権威主義化する中央アジアの政治体制

　以上のような、中央アジア五カ国の1990年代の政治変動過程を、コリンズ（Collins, 2002, 2006）は、ウズベキスタン、カザフスタン、トルクメニスタンの権威主義化、キルギスの民主化、タジキスタンの国内紛争化の三経路に分類し

ている。1990年代の中央アジア諸国の体制転換を概観すると，3つの経路に分類するコリンズの指摘は妥当なものではある。他方，ローダー（Roeder, 2001）は，旧ソ連の権威主義体制を独裁制，寡頭制，排他的共和国に分類し，ウズベキスタン，カザフスタン，タジキスタン，トルクメニスタンの体制では指導者が民衆からのコントロールを全く受けない独裁制国家とし，キルギスを多数派が立法権限も大統領権限もコントロールができないが，選択の幅を漸進的に広げていることから寡頭制と分類している。もっとも，旧ソ連における民主化の不在は度々指摘されており，キルギスの民主化は他の中央アジア4カ国（もしくは旧ソ連諸国）に比較して進んでいたと捉えることが妥当であろう。

さて，権威主義体制とは，周知のとおりリンスがフランコ体制下のスペインをモデルに民主主義体制と全体主義体制の中間の政治体制として定義したものであり，その特徴は，限定的な政治的多元性（形式的な複数政党制で野党の影響力が限定的），全体主義とは異なり一時的なもの以外の大衆動員が行なわれず（むしろ，政治的無関心を増長する），イデオロギーを積極的に利用しない（ただし，特殊な心理的状況は認められる），そして支配者は伝統に依拠した統治スタイルをとる（Linz & Stepan, 1996, p. 38）とされる。

宇山（2004, pp. 67-69）は，このリンスの権威主義体制論にもとづき，ウズベキスタン，カザフスタン，タジキスタンにくわえキルギスも権威主義体制に分類している。前項で述べた通り，アカエフ政権を崩壊させたバキーエフ政権も一族支配・縁故主義を一掃することなく，2007年の議会選挙で親バキーエフ政権の「アク・ジョル」党が全議席の8割を獲得するなど複数政党制にもとづく政治的多元性が限定的になり，大統領権限も強化されより権威主義化した。このような政治的状況下，2009年7月の大統領選挙でバキーエフは再選された。つまり，チューリップ革命は，キルギスの社会的亀裂を軸としたアクターの変化であり，政治体制の転換ではない（詳細は，稲垣・中西，2008参照）。

2010年4月に，そのバキーエフ政権を倒したオトゥンバエヴァ率いる暫定政府は，大統領制が権力の集中と引き起こした一因であるとし，大統領の権限を弱め，議会の権限を強化することで一族支配・縁故主義廃止を行うことを目指

し2010年6月27日に議会制民主主義への移行の為の憲法改正案の是非を問う国民投票を実施した。国民投票の結果，賛成90％（投票率70％）で憲法改正案は承認され，7月2日に施行された。10月10日には，議会選挙（一院制，定数120名，完全比例代表制）が実施され，12月17日にアルマズベク・アタムバエフ社会民主党党首を首相とする連立政権が発足し，議会制民主主義が機能を開始した。だが，2011年10月に，アタムバエフはオトゥンバエヴァ大統領代行任期満了に伴う大統領選挙に出馬・当選し，同年12月に大統領に就任した。議会制民主主義を規定した新憲法下での首相職を辞してまで，アタムバエフが大統領職に就任したことは，キルギスでは依然として大統領の権限が実質的に強い可能性を窺わせる。

なお，宇山は①ニヤゾフが極端に賛美され，②ニヤゾフの著書である『ルフナマ（魂の書）』が擬似的イデオロギーの役割を果たし，③儀式的な動員がおこなわれていることから，トルクメニスタンは権威主義体制でなくヨリ独裁性の強いスルタニズムと分類している。ニヤゾフ死後の2007年2月にトルクメニスタン第二代大統領に就任した，グルマングル・ベルディムハメドフは憲法改革や法制度改革を実施し改革の姿勢をみせているが，独裁性が薄まることがあっても権威主義的な体制は持続すると思われる。[7]

このように，制度や程度の差はあるが中央アジア5カ国の政治体制は権威主義化している。だが，その権威主義的な多くの指導者たちはペレストロイカ期にその地位に就いている。周知のとおり，ペレストロイカはソ連において共産党一党独裁からの民主化をもたらした。にもかかわらず，ペレストロイカは，民主主義を中央アジア諸国に定着させることはなかった。前述のとおり，故ニヤゾフ大統領など，ペレストロイカで登場した中央アジア指導者達は，独立とともに民主化を進展させることなく，むしろ「体制改革」によって新設された大統領ポストを強化することで個人独裁的な体制を作り上げたのである。そこで，次節では，大統領制の導入とソ連末期のペレストロイカに代表される改革について考察し，中央アジアに民主主義が定着せず，むしろ権威主義体制を構築された背景を明らかにする。

3 大統領制の導入とペレストロイカ

(1) 大統領制の導入の背景——中央アジアの伝統とソ連的制度の融合

　先に述べたとおり，中央アジアの政治体制は，(準) 大統領制にもとづき政権が長期化する傾向にある。佐々木 (1999, p.77) によれば，中央アジアを含む旧ソ連諸国の大統領制導入は，1990年2月にミハイル・ゴルバチョフ・ソ連共産党書記長が，「弱体化するソ連共産党の国家権力を補う目的で大統領制を導入した先例が，共和国エリートがソ連共産党に代わる国家権力機関として大統領制に依拠する大きな契機」となった。

　ゴルバチョフは，1988年6月に，「民主化」とロシア革命時の宣伝文句である「全ての権力をソビエト (最高会議) へ」を掲げ，政治制度改革を進めていたがその実現に行き詰まりを見せていた。そのため，ゴルバチョフは共産党から国家への権力の委譲を進めるため大統領制を導入した。ゴルバチョフは，1990年3月に，第三回人民代議員大会により初代ソ連大統領に選出された。人民代議員大会は，1988年のソ連憲法改正により旧来の最高会議にかわってソ連の最高国家権力機関として設置されたものであった。憲法上，大統領は直接選挙で選出されるが初回に限り間接選挙による選出であった。

　そして，トルクメニスタンを除く中央アジア諸国でも，最高会議による間接選挙で大統領が選出された。各共和国とも大統領選出に先立ち最高会議選挙を実施し，間接選挙ながらも各大統領は正統性を保った型で選出された。なお，トルクメニスタンは，キルギスが最高会議にて大統領選を実施した1990年10月27日に直接選挙によりニヤゾフが大統領として選出され，党から国家への権力委譲を個人により権力を集中させるかたちで進めたと言える。

　さて，トルクメニスタン以外は首相ポストが存在する「準大統領制」をとっていることは既に述べた。この中央アジア4カ国に限らず，旧ソ連では準大統領制国家が多い。松里 (2008, pp.72-74) は，その理由について，執行権力が政治的機能と社会経済管理機能に分割され，共産党中央委員会が前者，政府・

閣僚会議が後者を管轄した共産党体制において，共産党中央委員会が果たしていた戦略的機能をどのように配分するかを政治体制転換の課題とし，共産党一党独裁と，準大統領制は，執行権力の二重性という共通点があることから，議会制，大統領制でもなく準大統領制への進化がもっとも自然であったこと。さらには，パトロン・クライアント（親分子分）関係などの人脈操作に特徴づけられる旧ソ連諸国の政治にとって，大統領が首相の任命・解任を通じて諸人脈を操作することを可能にする準大統領制は都合の良いシステムであったためとしている。

そもそも，社会主義国家建設の条件が整っていなかった旧ロシア帝国での社会主義建設においては，労働者階級だけではなく農民をも革命の主役にせざるを得なかった。そして，スターリンは社会主義イデオロギーで国民を動員，近代化のための「原始的蓄積」を農業集団化により達成しようとした。このことは，中央アジア諸国などにとって資本主義段階を飛び越えて一挙に社会主義段階に突入することをも可能とした（秋野，1990）。

くわえて，そのソ連における農業集団化で重要な役割を担った「コルホーズ（集団農場）」は，中央アジアにおいては「クラン」，「マハッラ（地縁組織）」，「親族集団」など伝統党的な社会集団単位で設置され，そのヒエラルキーに適応させるかたちで官僚制が導入され，既存の政治共同体を国家機構及び共産党官僚機構に融合した（Glenn, 1999；Roy, 1999）。とは言え，伝統的な集団がそのままソ連体制に組み込まれたというわけではない。むしろ，ソ連体制がそれら伝統的集団を地域化し再構築したことにより，今日の中央アジアの政治文化の特徴である同族主義と縁故主義が制度化されたのである（ロワ，2007）。例えば，ウズベキスタンにおいては，コルホーズの下部組織である「生産隊」は，「フートゥル」とよばれる伝統的な親族集団の単位を組み入れたものであった。1964年のコルホーズ再編では，フートゥルは廃止されたが，複数のコルホーズが「ソフホーズ（国営農場）」へと統合再編されるも，旧コルホーズが新しい親族集団の結びつきの場となった。さらに，コルホーズ議長は，支配的な親族集団から選出されるとともに多くの場合世襲制であった（高橋，2005，pp.

65-67)。そして，この縁故主義・同族主義は，出世のために同郷者に支援を求め，地位獲得後に支援者を取り立てるという地方主義に支えられている。この地方主義は，ウズベキスタン，キルギスとタジキスタンの地域閥，カザフスタンの部族連合，トルクメニスタンの部族閥に類型化できる。

　具体的には，ウズベキスタンの地域閥は，共通の生活習慣・言語と歴史的な背景から5地域に分かれており複数の行政区から成立している。特に，中部のサマルカンド・ブハラ閥，フェルガナ閥そして北部タシケント閥が有力であり，共和国共産党第一書記，国家元首である最高会議議長，そして大臣評議会議長の要職を独占してきた。キルギスの地域閥は，北部と南部地域に分かれ，ウズベキスタン同様複数の行政区が統合しておりその勢力は拮抗している。タジキスタンの地域閥は，ウズベキスタンとキルギスとは異なり，ほぼ行政区単位で成立している。ソ連時代は，北部のフェルガナ盆地に位置する旧レニナバード州を旧クリャブ州が支える形で政治権力がその二地域に独占されていた。

　他方，カザフスタンの部族連合は，ジュズと言われ地域閥と似ているが，その起源は共通の祖先を持たないチュルク系及びモンゴル系部族の軍事同盟として結成され大ジュズ，中ジュズ，小ジュズに分かれている。そして，トルクメニスタンの部族は複数の行政区をまたいで六部族ある。ソ連以前にはトルクメン人は国家を持たず，この部族がアイデンティティの中心だった。中でもテッケ，ヨマットが有力部族である。最も人口が多いテッケが政治的権力を独占している一方で，カスピ海に面する地域を支配するヨマットが資源を押さえ経済的権力を独占していると言われる。

　このようにして，伝統的な統治構造と人脈操作に特徴づけられるソ連型の制度が融合し，今日の（準）大統領制導入の基盤となる中央アジアの政治文化を形作った。この政治文化は，徐々にソ連の体制を浸食しペレストロイカ，そしてソ連崩壊につながる1983年以降のソ連における改革を引き起こす一因となる。

（2）　中央アジアから見たペレストロイカ

　カリモフが第一書記に就任する6年前の1983年，一大スキャンダルがウズベ

キスタンを賑わした。1978-1983年にソ連中央政府が、ウズベキスタンに対し年間10億ルーブル以上を、生産されていない450万トン分の綿花代として支払っていたことが明らかになったのである。この綿花事件により1959年3月以来ウズベク共和国党第一書記の任にあったシャラフ・ラシドフが解任された（ラシドフはその後急死）。この綿花事件では、ウズベク共産党幹部13人中10人と2000人以上の役人が投獄され、モスクワはウズベク共産党の腐敗行為についてメディアを通して非難した。解任されたラシドフは、ウズベキスタンの同族主義・縁故主義制度の頂点にたつ人物であり、レオニード・ブレジネフとパトロン・クライアント関係にあった。そのため、1983年以前よりウズベキスタンの綿花汚職はソ連中央政府が関知するところであったが、追及されることはなかった。しかしながら、1982年11月にブレジネフが死去し、体制内改革派のユーリ・アンドロポフがソ連共産党書記長（翌1983年11月ソ連最高会議議長）に就任した結果、ラシドフはその地位を追われることとなったのである。

　そして、この綿花事件が起きた1983年が独立へと繋がる中央アジアとソ連中央政府の関係の転回点であった。ラシドフの後任は、ソ連中央政府主導で、フェルガナ出身のウスマン・ホッジャエフが就任した。1985年にはキルギス、タジキスタン、トルクメニスタンでも第一書記の更迭・交代が中央政府主導で行われた。とくにトルクメニスタンにおいては、後に終身大統領となるニヤゾフがトルクメン共産党第一書記に就任した。翌1986年のトルクメン共産党大会報告書は、1969-85年においてトルクメン共産党第一書記を務めたムハメドナザル・ガプロフを、「個人的忠誠心、門閥、出生地による有力ポストへの昇進を行い、縁故主義、媚び、出世第一主義の土壌を作った」と批判した。この批判は、ガプロフ更迭とニヤゾフの登用は、ソ連中央政府による中央アジア諸国の縁故主義・地縁主義にもとづく腐敗体質の改革をねらったことを示す証左である。そもそも、ニヤゾフのトルクメン共産党第一書記就任は、その前年の1985年にソ連共産党書記長に就任したミハイル・ゴルバチョフの指名によるものであった。周知のとおり、ゴルバチョフはアンドロポフ（1984年死去、後任のチェルネンコも1985年に死去）の路線を引き継ぎ社会主義体制の健全化のためにグ

ラスノスチ,ペレストロイカといった改革に乗り出した。この改革の中で,ウズベキスタンのラシドフのように民族エリートが次々と汚職,民族偏重,部族主義等でその職を追われていった。だが,ブレジネフがカザフ共産党第二書記(1954年)と第一書記(1955年)を努めて以来親分子分関係にあったカザフ共産党第一書記のディンムハメッド・クナーエフが1986年12月に解任され,ロシア系のゲンナジー・コルビンが就任したことで,民族主義的暴動が当時の首都アルマトゥで起きた(「アルマトゥ事件」)。これ以降,ペレストロイカのもとで失業率が悪化するなど経済的な問題への不満もあり,アシュガバード事件(トルクメニスタン,1988年),フェルガナ事件(ウズベキスタン,1989年),オシュ事件(キルギス,1990年),ドゥシャンベ事件(タジキスタン,1990年)など程度,形態は異なるが民族感情と反ロシア感情の高揚から争乱が中央アジア各国で起きた。

　特にタジキスタンでは,共産党勢力と野党勢力の対立が地域閥間対立として発展し,内戦へと繋がった。つまり,ソ連時代の「モスクワの支配下に入ったおかげで,中央アジア諸国は幸運である。資本主義段階を飛び越して,封建体制から発達した社会主義体制に直接移行できた」というプロパガンダに沿えば,ソ連崩壊によりモスクワのコントロールが消え社会主義が消えたために,中央アジアは封建的支配に一気に戻ったと言える(秋野,2000)。もっとも,封建主義的支配の基盤はソ連時代に形成されたものでもある。ブレジネフ政権はフルシチョフ時代の制度的分権化の失敗からの揺り戻しとして,部門別の集権的管理体制など中央集権化をすすめた。くわえて,幹部人事安定化を行ったため,共和国指導者の「封建領主」化が進展したのである(塩川,2007, pp.54-55)。つまり,ブレジネフ政権で各共和国共産党第一書記に就任したラシドフ,クナーエフ,ガプロフらはまさに封建領主化した指導者であり,ウズベキスタンの綿花事件は,その封建領主であるラシドフが部門別集権的経済管理を不正利用した事件であり,その封建領主がアルマトゥ事件以後の争乱の一要因となった体制内民族主義の醸成に寄与した。例えば,1960年代に就任した中央アジア各共和国共産党第一書記の任期は,今日の大統領同様に20年前後にわたるもので

あった。ラシドフは24年間，ガプロフは16年間，そしてクナーエフは24年間（1960-62，1964-86年），キルギスではトゥルダクン・ウスバリエフが24年間（1961-85年），タジキスタンではジャボル・ラスロフが21年間（1961-82年）である。

　これらの任期は，ブレジネフのソ連共産党書記長の任期（1964-82年）とほぼ重なる。つまり，長期的な政権は中央アジアに特有のものではなくブレジネフ時代の体制的特徴とも言える。そして，独立後の中央アジアの封建的支配体制の素地が，このブレジネフ時代に形成されたものであり，次項で見るとおり1983年以降の改革は，ブレジネフ政権下での制度疲労を修正するのではなく，むしろ加速化させソ連解体をもたらし，封建領主を独立国家の国家元首化した。

（3）ソ連共産党と中央アジア——改革と民族主義

　封建領主的な大統領の誕生は，まさに「主権の処理装置である国家」の再編・強化をともなう「体制転換」が中央アジアにもたらした変化である。そしてソ連帝国の周縁部である中央アジアにその体制転換の波が押し寄せたのは，1983年のブレジネフ死去にともなう，ソ連中央政府での改革派の台頭以降であった。

　そもそもソ連は，制度的に連邦制の国家であった。そしてソ連を構成する各共和国は，連邦への参加・離脱権を憲法上有していた。だが，その連邦からの離脱権は形式的なもので，共和国の主権は形骸的であり，ソ連は中央集権的な単一国家であった。しかしながら，ペレストロイカにて，形式的であった連邦からの離脱権が問題化した。そしてロシアが1990年6月12日に主権宣言を行い，国際法上の独立国家化し，ソ連は解体への道を歩み始めた。

　そもそも，ソ連の改革の代名詞である「ペレストロイカ」は立て直しを意味するものであり，1983年のブレジネフ死去に伴い，後任のアンドロポフにより開始された改革は，ウズベキスタンの綿花事件が示すとおり，民主化ではなく規律強化であり社会主義体制の正常化が目的であった。しかしながら，ブレジネフ政権下で封建領主化していた共和国指導者のもとで民族（国民）意識が

徐々に強化されていた。例えば，ラシドフの下，ウズベキスタンでは，『赤いウズベキスタン』といった反ロシア的な論調のロシア人の読まないウズベク語新聞が発行され民族的・反ロシア感情が育成された。そして，1986年のアルマトゥ事件が示すとおり既得権益構造を揺るがす規律強化政策は，ブレジネフ政権下で封建領主化した民族指導者層の反発を招いた（塩川, 2007, p.156）。

そもそも，ソ連共産党は，各民族が「開花」し「親交」し「融合」することで「ソビエト人民」が形成されると宣伝していた（Glenn, 1999, pp.4-5）。しかしながら，中央アジアは歴史的に多様な民族が混在しており，多言語環境であったために，言語により民族分類が決定されることはなかった。そのため，部族や氏族，地縁関係そしてイスラームが帰属意識の対象だった（Naby, 1994）。

さらに，1917年のロシア革命時，土着知識階級が中心となりトルキスタン，ブハラ，ヒヴァの3つの人民社会主義共和国を形成したが，モスクワは近代化政策を進めることを理由に，民族的調査を行い，身体的特徴・言語・文化の面から民族を規定し（木村, 1999），1924-36年にウズベク，カザフ，キルギス，タジク，トルクメンという5つのソビエト社会主義共和国に中央アジアを分断した。ソビエト社会主義人民共和国とは，主に①固有言語を所有したエスニック集団，つまり民族が存在し，②その民族社会が資本主義段階の生産と市場原理を保有するレベルにまで達していると規定されたことにより国民を有しているとみなされた共同体である（Roy, 2000, pp.54-68）。ソビエト連邦における民族性は，㋐領土的・政治的な民族＝国民と㋑超領土的・文化的な民族＝民族籍の二形態がある（Brubaker, 1996, p.36; Roy, 2000, pp.173-174）。つまり，中央アジアに，ソ連によってウズベク，カザフ，キルギス，タジク，トルクメンの5つの民族籍とその民族籍名を冠した国家が規定された。

以上の，ソ連の民族政策は，自発的な民衆的ナショナリズムに対処し，体制の正統性を確保・維持するための「公定ナショナリズム」であった(8)。つまり，ソ連時代の中央アジアでは，封建領主化した共和国指導者の下で，ソ連によって規定された公定ナショナリズムに基づき民族意識が強化された。しかしながら，そのソ連の各民族は平等関係になく，ロシア民族が支配的地位を占めるも

のであった。これは連邦政府に限ったことではなく，各中央アジア共和国でもロシア人が党第二書記などの要職をつとめ実質的な支配的地位を占めていた。くわえて，近代化（ソビエト／ロシア化）政策はおもに都市に限定されたものであり，農村部においては既存の文化，アイデンティティが存続した。また，ソ連時代の中央アジア社会は市民権がソビエト人民に帰属し，連帯意識が伝統的共同体（部族，氏族，地縁関係）や民族に帰属する「二重の忠誠（Smith, 1986, pp. 149-152)」によって形成されていたのである。つまり，先述のとおり，ソ連的制度と伝統的政治共同体の融合にくわえ，これらソ連の民族（育成）政策と「二重の忠誠」が中央アジアの地方主義と指導者層の封建領主化を構築し，そのソ連帝国における周縁部化をすすめたと言える。

さて，議会と行政権の相互責任関係である責任政府の観点からとらえれば，植民地議会はあっても，実際の統治は英本国を代表する総督が行い，植民地議会と統治権の間には一切の関係もなく，統治権力と社会と間に双方向性はなかった英国の植民地統治（岩崎，2005，pp. 43-45.）と同様に，実質的な単一国家であり中央集権的なソ連帝国の周縁部である中央アジアでも共和国議会と統治権力の間の断絶がある程度みられたと言える。

そして，旧植民地国家で，この断絶に対する不満から独立を巡る戦いが起こったように，ソ連においても，先に述べたように連邦からの離脱権が問題化するなど責任政府を巡る問題がペレストロイカにおいて議論されるようになった。アルマトゥ事件などの争乱もこの責任政府を巡る問題として捉えることが可能である。

もっとも，繰り返し述べるとおり，ブレジネフ政権において共和国指導者は封建領主化していたため，この責任政府を巡る確執だけが争乱の要因ではない。また，連邦制という制度変更をもとめる動きは，中央アジア諸国ではなく，バルト三国，グルジア，アルメニアなどから，1988年末の連邦憲法改正案に対して，その草案が共和国の権限を縮小するものではないかとの懸念から発せられたものであった。

他方，アルマトゥ事件などの民族主義的争乱のあと，規律回復を目的として

第5章　転回する中央アジア空間

中央から各国共産党に対して行なわれていた人事介入は抑制されるようになった。くわえて、ペレストロイカにて「党内民主化」が叫ばれ、1987年1月にはゴルバチョフによって、第一書記を含む共和国・地方・州・市・地区レベルの役員選挙においての秘密投票と複数候補制の導入が提案された（塩川，2007，pp. 156-157）。この党内民主化は地方（共和国）共産党への統制を弱め、封建領主化した各共和国指導者がソ連の民族政策で育成された民族主義的圧力から逃れることを難しくした。つまり、各国共産党の指導者は複数選挙で当選するために民族主義的主張を受入れ、中央からの自立を志向するようになったのである。くわえて、議会と政府の機能をもつソビエト（最高会議）を強化し党を押さえ込むことを目的とし、1988年6月に第19回ソ連共産党協議会が47年ぶりに開催され、議席の3分の2を複数選挙で選出する人民代議員大会の創設が決定した（秋野，1992，p. 119）。

そして、1989年3月に複数政党制ではないが、共産党、その関連社会団体、地域、民族から選出される複数候補者制で実施された人民代議員大会選挙が実施された。しかしながら、複数政党制ではないにもかかわらず共産党は敗北した。バルト諸国、アルメニアなどで民族派が台頭、科学アカデミーなどの社会団体では急進派知識人が善戦し、モスクワ市では1988年にソ連共産党指導部をおわれていたボリス・エリツィンが9割の票を獲得し当選する一方で、大都市部では共産党書記の五分の一が落選した（下斗米，1997，p. 46）。中央アジアにおいても、後の初代キルギス大統領となるキルギス科学アカデミー副総裁のアカエフ、ウズベキスタン作家同盟議長で後にウズベキスタン初の野党となる「エルク（意志）」を結成するムハンマド・サリーも当選した。このようにして、社会主義の規律回復が民族主義を刺激したことではじまった党内民主化によりソ連の政治体制の柱であった共産党はその力を急激に失っていった。そして、その共産党に代わる権力基盤として中央アジアにおいても大統領制が導入されることとなったのである。

(4) 複数政党制導入と連邦制の見直し

　上記のように人民代議員大会や党内民主化などペレストロイカは,「上からの改革」であったが,1989年の東欧革命の影響から「下からの革命」の挑戦をうけることになりポスト・ペレストロイカに突入した。それは,共産党一党独裁に対する民主化の洗礼,主権を主張するロシア,バルト諸国などの台頭により連邦制の危機,経済改革の遅れによる民営化と市場改革という社会主義の改革から「旧体制」の変革(下斗米,1997,pp.48-49)へと変化,つまり三重の移行が課題となった。

　共産党中央委員会(1990年2月)とゴルバチョフを初代ソ連大統領に選出した第三回ソ連人民代議員大会(1990年3月)は,共産党一党独裁の法的根拠であった憲法第6条を改正し,複数政党制を導入した。これにより,主に共和国単位で新政党が創設された。とは言え,バルト三国,グルジアなど既に事実上の野党が存在した共和国では複数政党制に速やかに移行したが,中央アジア5カ国を含め他の多くの共和国,地域では,共産党は権威を失いつつも組織防衛力の強さから権力保持者の地位に留まっていた。

　他方,複数政党制導入から1年後,ゴルバチョフが提案した「平等で主権を持つ共和国によるソビエト社会主義共和国連邦」という社会主義体制存続を前提とした新連邦制度導入の可否を問う国民投票が実施された。ソ連からの離脱を目指していたバルト三国,モルドバ,アルメニア,グルジアの6カ国は国民投票に参加しなかったが,中央アジア5カ国を含めた9カ国での結果,投票者の76％が新連邦条約導入に賛同した。新連邦条約は,徴税権,天然資源の所有権の共和国への移譲,連邦軍の軍事政策,国防の組織化と実施,軍需企業管理などの安全保障政策における連邦と共和国の協同管轄が規定され,同年8月20日に調印予定であった。

　しかし,その調印予定3日前の8月17日,ロシア・カザフスタン友好条約調印の為,アルマトゥを訪問していたエリツィン・ロシア大統領はロシアとカザフスタンの2カ国が新連邦条約へ不満を抱いており,連邦から共和国へのさらなる権限の移譲を求める発言を行った。これは,国家体制を「連邦国家」から

「国家連合」へと転換させる要求とも言える。

　そして，新連邦条約調印前日の8月19日午前6時，ヤナーエフ・ソ連副大統領は，ゴルバチョフの大統領解任と自身の大統領代行就任，6カ月間の非常事態宣言導入，国家統治及び非常事態秩序安定を目的とした「国家非常事態委員会」の設置を宣言した。新連邦条約導入阻止を狙った保守派のクーデターであった。この保守派のクーデターに対し，イワン・シラーエフ・ロシア共和国首相が国家非常事態委員会によるゴルバチョフ解任の非合法を宣言，軍人と市民に無制限ゼネストを求めた。エリツィンはロシア共和国政府ビル前で戦車の上に立ち，ロシア共和国政府のクーデター徹底抗戦の姿勢を示した。結果として，8月21日エリツィンの勝利という形でクーデター事件は幕を閉じ，連邦から国家連合への移行が加速化し12月のソ連崩壊へと繋がった。

　この保守派クーデターに対し，中央アジア五カ国の指導者は異なる反応をみせた。IRP（イスラム復興党）や民主党など野党勢力を警戒し，中央アジアで最も強い保守化傾向を示していた指導者であったタジキスタンのマフカモフは国家非常事態委員会支持を表明した。このマフカモフの支持に対し，事件後野党勢力はマフカモフの辞任を要求，内戦へと繋がる政治的混乱の発端となった。カリモフとニヤゾフは，クーデター支持の共産党政治局声明案に賛成の態度を表明していた（塩川，2007，p. 80）。とくにカリモフは，モスクワからのテレビ電波を妨害する一方で，共和国メディアを通して国家非常事態委員会のコミュニケを流し，クーデターに対する抗議デモを取り締まった。

　しかしながら，マフカモフ，カリモフ，ニヤゾフら三名は，ヤナーエフ等の敗北が決定すると，立場を急変させた。タジキスタンは，クーデター支持に対しての繰り返される反政府派の抗議デモにより8月31日に国名をタジキスタン共和国に変更，9月7日にマフカモフが大統領を辞任，後任に改革派のアスロノフが就任した。そしてその2日後の9月9日に独立を宣言した。ウズベキスタン政府は，8月23日にカリモフのソ連共産党政治局からの脱退を表明し，8月31日には独立を宣言した。トルクメニスタンでは，エリツィン勝利が確定した8月21日にニヤゾフが「反乱者」の決定はトルクメニスタン国内において違

法であると発表した。そして，10月26日に独自の法令に則り独立の可否を問う国民投票を実施，94％の賛成を獲得し，翌10月27日独立を宣言した。ニヤゾフは，独立宣言を行うにあたり，議会においてトルクメニスタンにとって形式的な民主主義は必要ないと発言し，非民主主義的な体制の確立を示唆した。

上記3カ国に対し，キルギスのアカエフは，即座に国家非常事態委員会を「反乱者」と批判した。この批判によりキルギス大統領府はKGBと共産党により包囲されたが，アカエフを支持する市民と改革派によりアカエフは難を逃れ，8月21日には反対に共和国共産党を攻撃し非合法化した。さらに，8月31日には独立宣言を採択した。

カザフスタンのナザルバエフは，クーデターの前日までエリツィンと会合をもっていたこともあり，国家非常事態委員会を批判するのが当然の流れであった。にもかかわらず，8月19日の声明発表では，カザフスタン領内の軍，KGB，内務省の部隊に憲法遵守・人権尊重を呼びかけ，非常事態宣言がカザフスタン領内に適応されないことを強調するなどヤナーエフ等に対する批判は間接的であった（塩川，2007，pp.79-80）。ナザルバエフが国家非常事態委員会を明確に批判したのはエリツィン優勢となった8月20日夜であった。くわえて，カザフスタンが独立を宣言したのは12月16日であった。これは，ソ連解体と独立国家共同体（CIS）の発足を宣言したスラブ3カ国（ロシア，ウクライナ，ベラルーシ）による「ヴェロベーシ協定」（12月8日）以降のことであった。カザフスタン国内に住むロシア人の多くがクーデターを支持したこと，そしてナザルバエフはソ連を単一市場経済として体制移行させ連邦を維持することを画策していたことが一因と考えられる。

以上のように，わずか1年あまりでソ連は連邦制から主権国家の集合体である国家連合へ，そして解体へとむかっていた。また，キルギスの共和国共産党非合法化にみるように，保守派クーデター失敗により中央アジアでも国家の根幹を支えていた共産党の権威は完全に失われた。このような「主権の処理装置としての国家」である「ソ連」のあり方を巡る急激な体制変容において，とくにウズベキスタン，タジキスタン，トルクメニスタンは，その指導者の権力基

盤が維持される可能性が高い勢力に寄り添うプラグマティクな対応をとった。そのため，クーデター派を支持したかと思えば一転して独立宣言を発するなど日和見的な政策をとった。これは，封建領主化した指導者層の支持基盤が，必ずしも確固たる支持基盤を持つものではなく，ソ連という枠組みが一定の正統性を付与する機能を有していたことを示している。つまり，各指導者が，ソ連解体と独立の過程でさらにその支持ネットワークに権力基盤を依存したことで，より封建領主化したと言える。

4　転回する中央アジア

（1）　家産制国家としての中央アジア諸国

　「全ての物事には，はじめがあって中があってそして終わりがあるという歴史的思考の前提に立てば，ある社会制度にも始めと終わりがあるのであり，国家や社会制度そのものを変数として捉えることが可能となる（秋野，1992）」。1867年の帝政ロシアによる支配開始，1917年のロシア革命によるソ連成立を，それぞれ中央アジア近現代史における歴史的転回の第一幕，第二幕とすると，ソ連解体は第三幕と言える。そして，先の歴史的思考にもとづき，国際政治的なマクロの視点からユーラシア中央部の歴史を考察した場合，1917年にはじまったソ連という国家，社会制度は74年目にして終わりをつげたと言える。しかしながら，これまで見てきたとおり，ソ連の終わりを告げ，国際秩序に劇的な転回をもたらした第三幕は，中央アジア諸国にとっては第二幕の74年間において漸進的に形成されてきた制度を色濃く受け継いだものである。その第二幕における中央アジアの体制は，共産主義イデオロギーによって正統化された到達点（ソ連的な制度）と土着的な文化，政治システムとの融合（妥協）の産物であった。それ故に，その政治体制は制度として固定化されたものではなく，非制度的側面が力をもつ故に変容をし続ける可能性を持っていたと言える。

　このような，伝統的な統治構造とソ連の制度が融合した中央アジアの政治文化は，「新家産制（ネオ・パトリモニアリズム）」と評される（Ishiyama, 2002;

Sehring, 2009 など）。周知のとおり，「家産制」は，マックス・ウェーバーにより定義された支配の三類型のうち伝統的支配の代表的な制度である。それは，合理的法治権威に対をなす，公私の区別が曖昧で恣意的な個人的な支配の正統性に基づいていた封建領主的指導者を頂点とした統治構造である。新家産制は，主にアフリカのポスト植民地国家見受けられ，西洋近代的な官僚機構，形式的民主的制度，権力分散が家産制と共存する政治体制を示すものである。その新家産制においては，個人的かつ独裁的な指導力，パトロン・クライアント関係に基づく政治，特有の汚職と形式的な民主主義制度の組合せであり，大統領とそのネットワークの利益が，形式的な政治制度を浸食することとなる。

その結果，新家産制国家では，社会（大統領とそのネットワーク）が強くなり国家（政治制度）が弱くなる。そもそも，中央アジア諸国が直面する国家建設は，歴史的に長期間にわたりかつ痛みを伴うものであり，体制転換には国家の介入が不可欠である（Tsygankov, 2007, p.425）。にもかかわらず，1980年代からの体制転換の中で中央アジアの国家は徐々に弱くなったのである。前述のとおり，内戦後のタジキスタンはラフモンが長期政権を築いており，新家産制を強化し安定化をもたらしているが，それが8年間にわたる内戦を伴う政権交代であったとすると，円滑な体制転換過程とは言いがたい。つまり，タジキスタンの内戦にみるように弱い国家は，円滑な体制転換を阻害する一因となる。そこで，次項ではタジキスタン内戦を事例に新家産的特徴が中央アジアの体制転換に及ぼした影響を考察し，本章のまとめとする。

（2）　新家産制とインセキュリティ・ジレンマ

そもそも，新家産制における，政治的パトロネージ，親分子分関係は，指導者と支援者間の繋がりが，イデオロギー，目的，利益ではなく，長期的な相互利益取引に基づくものであり，異なる政治的・経済的イデオロギーを持つグループ間での政治的競争は起きない。しかしながら，イデオロギー，利益，もしくは組織統治手法に明確な差異がないパトロン・クライアントネットワーク間では競争が起きるとされる（Sehring, 2009）。つまり，選挙など平和裏な手段に

せよ、暴力を伴う手段にせよ、キルギスのチューリップ革命が示すとおり政権交代が起きたとしても、組織統治手法に差異がないパトロン・クライアントネットワークに基づいた新たなアクターが権力を握ることを意味し、政治文化・政治体制そのものは変化しない。

この新家産的特徴は、社会内における勢力間抗争が安全保障の課題となる、第三世界に特有な「インセキュリティ・ジレンマ」に言い換えることができる。インセキュリティ・ジレンマは、安全保障上の脅威を国家の外部に想定する従来の安全保障概念とは異なるアプローチの必要性とする。つまり、頻発する紛争が示すように、旧植民地国などの第三世界では、その社会内における勢力間抗争が国家を不安定化させる安全保障上の最大の脅威である。そのため、社会を構成するサブ・ナショナルな共同体、パトロン・クライアントネットワークが独自の安全保障を追求する (Job, 1992)。換言すれば、国家の安全保障は全国民の安全保障ではなく政権を独占する勢力の安全保障と同義となる。このようなインセキュリティ・ジレンマにおいては、①政府の福祉と秩序提供能力が不十分なため、②全てもしくは一部の国民にとって不十分な安全保障政策となり、③国家や各勢力、民衆に対する外部勢力（諸外国）の影響力が増大する傾向にある。

地域閥間対立であったタジキスタン内戦でも、政府がその正統性を有したのは、一部地域閥（レニナバード閥とクリャブ閥）に限られ、隣国ウズベキスタンやイラン、ロシアの介入を許した。また、内戦当初は共産主義勢力対イスラーム勢力という一種のイデオロギー対立的構図があったが、徐々にレニナバード閥対クリャブ閥という共産党勢力間内での対立に変化した。つまり、イデオロギー、組織統治手法に明確な差異がないパトロン・クライアントネットワーク間での競争である。くわえて、新家産制では、指導者とそのネットワークが国家制度をある程度浸食することで安定をもたらしている。つまり、そのネットワーク基盤が強固であれば安定化がもたらされ、脆弱であれば当該国家は不安定化する。このような体制が構築されたのは、ソ連が共産主義体制の確立と現実的な統治の確立を目指したことにより、ソ連的制度と伝統的統治機構の融合

がおこったためである。この折衷的制度は，ブレジネフ時代に各国民族指導者を封建領主化する一方で，制度疲労を招くこととなった。1983年以降の民主化の流れの中で，この折衷的制度は土着ネットワークとの関係をより強固にし，新家産制として独立後機能することとなった。この新家産制は，安定化をもたらしているが，タジキスタンやキルギスと同様に不安定化する可能性を内包するものである。但し，その不安定化は政治文化の変容もたらす体制転換ではなく単なる政権交代で終わる可能性が高いものであり，今後の中央アジア諸国における政権交代でも新家産制的特徴が政治文化として維持される可能性が高い。

＊本研究の一部は科学研究費（基盤研究（A）No. 20252002）によるものである。

注
（1） イスラーム教徒の割合は，ウズベキスタンが88％，カザフスタンが47％，キルギスが75％，タジキスタンが90％，トルクメニスタンが89％である
(https://www.cia.gov/library/publications/the-world-factbook/fields/2122.html?countryName=Kazakhstan&countryCode=kz&regionCode = cas&#kz，2009年7月28日）。
（2） 旧ソ連における近代化分析は，ソ連が近代化に必要な原始的蓄積を農業集団化に求めたこともあり農業集団化に焦点があてられてきた。
（3） ウズベキスタンでは，2003年の憲法改正により閣僚会議議長が大統領から首相に変更になった。しかしながら，大統領は内閣を編成し指導する役割（93条）と閣僚会議議長を務める権限を有している（98条）ため実質的な変更はないともいえる。
（4） ニヤゾフの死去にともない終身大統領制度も廃止された。なお，大統領死去に伴う大統領代行には国会議長が就任することが憲法規定であったが，アタエフ国会議長は，ニヤゾフの死去直後から治安当局に拘束され，大統領代行には49歳（当時）のベルディムハメドフ副首相が就任，2007年2月には大統領選挙にてトルクメニスタン第二代大統領に就任した。
（5） 任期6年（3年毎に半分が交代）の7名の委員から成る独立機関とされる。だが，委員は大統領と議会が各々2名ずつ任命し，意見が割れた時は大統領に任命された議長裁定で決定を下すなど大統領の意向が反映され易い。また，大統領経験者は終身委員となる（憲法第71条1項）。
（6） 新憲法の下では，大統領の任期は一期6年再選不可となった（憲法第61条）。また，

第5章　転回する中央アジア空間

首相は議会の選出で決められ，大統領は承認だけを行うが，国防大臣，国家保安庁長官，指定都市（ビシュケク，オシュ）市長，州知事及び外交権は大統領が有する（同第64条）。また，議会の2/3以上の賛成で解任される（同第67条）。尚，現在はオトゥンバエヴァが暫定大統領に有り，2011年11月に新憲法下で初の大統領選挙が実施される予定である。
（7）　ニヤゾフ政権下では，一院制の議会（メジュリス）の他に，人民評議会（ハルク・マスラハティ，大統領，議会議員，大臣，地方行政府首長，長老，社会団体代表からなり定員は2507名）が存在したが，ベルディムハメドフは，2008年9月の憲法改正で，人民評議会を廃止，立法権を議会に完全に移譲した。
（8）　公定ナショナリズムについては，Seaton-Watson, Hugo (1977), *Nations and States: An Enquiry into the Origins of Nations and the Politics of Nationalism*, Boulder: West View Pressおよびアンダーソン，ベネディクト（2007）『定本　想像の共同体──ナショナリズムの起源と流行──』白石隆・白石さや，書籍工房早山，p. 143-185を参照。
（9）　1991年5月のロシア共和国憲法改正による大統領制導入に伴う7月の大統領選でエリツィンは初代ロシア共和国大統領に就任した。

参考文献
秋野豊（1990）『世界は大転回する』講談社。
─── （1992）『ゴルバチョフの2500日』講談社現代新書。
─── （1999）「ロシアの南方政策──中央アジアの十字路におけるロシア，ウズベキスタン，中国」『ロシア研究』第28号，pp. 5-20。
─── （2000）『ユーラシアの世紀──民族の争乱と新たな国際システムの出現』日本経済新聞社。
岩崎美紀子（2005）『比較政治学』岩波書店。
稲葉文昭・中西健（2008）「中央アジア」広瀬佳一他編著『ユーラシアの紛争と平和』明石書店，pp. 123-139。
宇山智彦（2004）「政治制度と大統領制──大統領と権威主義」岩崎一郎ほか編著『現代中央アジア論──変貌する政治・経済の深層』日本評論社，pp. 53-79。
川原彰（1998）「民主化理論と民主化以後の諸相──ポスト共産主義体制の体制転換と『国家性』問題」富田広士・横手慎二編著『地域研究と現代の国家』慶應義塾大学出版会，pp. 345-374。
木村英亮（1999）『ロシア現代史と中央アジア』有信堂。
河野勝（2006）「ガヴァナンス概念再考」河野勝編『制度からガヴァナンスへ──社会科学における知の交差』東京大学出版会，pp. 1-19。
佐々木りつ子（1999）「旧ソ連の大統領制化──レファレンダムを媒介とする導入，確立，

変容のプロセス」『ロシア研究』第28号, pp. 75-94。
塩川伸明（2007）『国家の構築と解体——多民族国家ソ連の興亡Ⅱ』岩波書店。
下斗米伸夫（1997）『ロシア現代政治』東京大学出版会。
高橋巌根（2005）『ウズベキスタン——民族・歴史・国家』創土社。
山口定（1989）『政治体制』東京大学出版会。
松里公孝（2008）「空間の科学——政治学研究のツールとしての中域圏概念」家田修編『講座スラブ・ユーラシア学1　開かれた地域研究へ——中域圏と地球化』講談社, pp. 64-88。
ロワ, オリビエ（2007）『中央アジア——イスラム, ナショナリズム, 石油資源』斎藤かぐみ訳, 白水社。
Breuilly, John (1993), *Nationalism and the State*, Manchester: Manchester University Press.
Brubaker, Rogers (1996), *Nationalism Reframed: Nationhood and the National Question in the New Europe*, Cambridge: Cambridge University Press.
Collins, Kathleen (2002), "Clans, Pacts, and Politics in Central Asia," in *Journal of Democracy*, vol. 13, No. 3, pp. 137-252.
——— (2006), *Clan Politics and Regime Transition in Central Asia*, Cambridge, Cambridge University Press.
Cummings, Sally N. ed. (2002), *Power and Change in Central Asia*, London and New York: Rutledge.
Glenn, John (1999), *The Soviet Legacy in Central Asia*, London: Macmillan press.
Huntington, Samuel (1968), *Political Order in Changing Society*, New Haven and London: Yale University Press.
——— (1991), *The Third Wave: Democratization in the Late Twenty Century*, University of Oklahoma Press（ハンチントン, S・P (1995)『第三の波——20世紀後半の民主化』坪郷實ほか訳, 三嶺書房）。
Ishiyama, John (2002), "Neopatrimonialism and the Prospects for Democratization in Central Asia," in Cummings, Sally N., ed., Power and Change in Central Asia, London, Routledge, pp. 42-58.
Job, Brian L. (1992), *The Insecurity Dilemma: National Security of Third World States*, Boulder and London: Lynne Rienner Publishers.
Jonson, Lena (2006), *Tajikistan in the New Central Asia: Geopolitics, Great Power Rivalry and Radical Islam*, London and New York: I. B. Tauris.
Linz, Juan J. and Alfred Stepan (1996) *Problems of Democratic Transition and Consolidation: Southern Europe, South America, and Post-Communist Europe*,

Baltimore and London, The Johns Hopkins University Press(リンス,J.A・ステパン(2005)『民主化の理論——民主主義への移行と定着の課題』荒井祐介ほか訳,一芸社).

Luong, Paulie Jones (2004), *The Transformation of Central Asia: States and Societies from Soviet Rule to Independence*, Ithaca and London: Cornell University Press.

Motyl, Alexander (1997), "Thinking about Empire", in Barkey, Karen and Von Hagen, Mark eds., *After Empire*, Boulder: Westview, pp. 19-29.

Naby, Eden (1994), "The Emerging Central Asia, Ethnic and Religious Factions", in Mesbahi, Muhiaddin ed., *Central Asia and the Caucasus after Soviet Union*, Florida: University Press of Florida, pp. 34-55.

Offe, Claus (1991), "Capitalism by Democratic Design? Democratic Theory Facing the Triple Transition in East Central Europe", in *Social Research*, vol. 58, No. 4, pp. 865-892.

Petrov, N. I. (1998), "Uzbekistan: Politicheskaya Stabilinosti v Uslobiyakh Komandno-administratibnogo Regina," in *Postsovetskaya Tsentralinaya Aziya: Poteri i Obreteniya*, Moscow: RAN, pp. 107-118.

Roeder, G. Philip (2001), "The Rejection of Authoritarianism", in Anderson, Richard D. Jr., et al. eds., *Postcommunism and the Theory of Democracy*, Princeton and Oxford: Princeton University Press, pp. 11-53.

Roy, Olivier (1999), "Kolkhoz and Civil Society in the Independent States of Central Asia", in Ruffin, M. Holt and Waugh, Daniel eds., *Civil Society in Central Asia*, Seattle and London: University of Washington Press, pp. 109-121.

——— (2000) *The New Central Asia: The Creation of Nations*, New York: New York University Press.

Sehring, Jenniver (2009), *The Politics of Water Institutional Reform in Neopatrimonial States: A Comparative Analysis of Kyrgyzstan and Tajikistan*, Wiesbaden: VS Verlag.

Smith, Anthony (1986), *The Ethnic Origins of Nations*, Oxford: Blackwell(スミス,アンソニー・D(1999)『ネイションとエスニシティ——歴史社会学的考察』巣山靖司ほか訳,名古屋大学出版会).

Tsygankov, Andrei (2007), "Modern at last? Variety of Weak States in the Post-Soviet World", in *Communist and Post Communist Studies*, No. 40, pp. 423-439.

Wooden, Amanda E. and Christoph H. Stephes (2009), *The Politics of Transition in Central Asia and the Caucasus: Enduring Legacies and Emerging Challenges*, London and New York: Routledge.

中央アジア関連年表

1867年7月	ロシア帝国, タシケント総督府設置
1917年	ロシア革命(3月と11月)
1920年8月	ロシア連邦共和国内にキルギスASSR設立
	＊ASSR＝ソビエト社会主義自治共和国
1922年12月	ソビエト社会主義連邦建国
1924年10月	ウズベクSSR, トルクメンSSR, タジクASSR(ウズベクSSR内), カラ・キルギス自治州(ロシア連邦共和国内)が設立
	＊SSR＝ソビエト社会主義共和国
1925年5月	キルギスASSRがカザフASSR, カラ・キルギス自治州がキルギス自治州に改編
1929年12月	タジクASSRがタジクSSRに改編
1936年12月	カザフASSRとキルギスASSR, カザフSSRとキルギスSSRに改編
1985年3月	ゴルバチョフがソ連共産党書記長に就任
12月	ニヤゾフがトルクメン共産党第一書記に就任
1986年12月	アルマトゥ事件
1988年5月	アシュガバード事件
1989年5月	フェルガナ事件
6月	カリモフがウズベク共産党第一書記, ナザルバエフがカザフ共産党第一書記に就任
1990年2月	ドゥシャンベ事件
6月	オシュ事件
10月	アカエフがキルギス初代大統領に就任
1991年8月	ウズベキスタン, キルギス独立宣言(31日)
9月	タジキスタン独立宣言(9日)
10月	トルクメニスタン独立宣言(27日)
12月	ナザルバエフがカザフスタン大統領に再選(1日), カザフスタン独立宣言(16日), ソ連解体(28日), カリモフがウズベキスタン大統領に再選(29日)
1992年5月	タジキスタン内戦勃発
7月	ナビエフ・タジキスタン大統領, 反政府派により解任
11月	ラフモノフ(現ラフモン)タジキスタン最高会議議長に就任
1994年11月	ラフモノフがタジキスタン大統領に就任
1995年3月	国民投票の結果, カリモフの大統領任期が2000年に延長
1999年1月	ナザルバエフがカザフスタン大統領に再選
12月	ニヤゾフがトルクメニスタン終身大統領に就任
2000年5月	国連タジキスタン監視団, タジキスタン和平を宣言

2005年3月		チューリップ革命
	5月	バキーエフがキルギス第二代大統領に就任，アンディジャン事件
	12月	ナザルバエフがカザフスタン大統領に再選
2006年12月		ニヤゾフ・トルクメニスタン大統領死去
2007年2月		ベルディムハメドフが第二代トルクメニスタン大統領に就任
	12月	カリモフが大統領に再選
2010年4月		キルギス政変でバキーエフが亡命
	5月	オトゥンバエヴァ・キルギス大統領代行就任
	7月	新憲法が採択され議会制民主主義導入
	10月	議会選挙
	12月	アタムバエフ社会民主党党首が首相就任
2011年4月		ナザルバエフ・カザフスタン大統領が前倒し選挙で95.5％の得票で再選
	10月	アタムバエフ・キルギス首相が大統領選挙に当選
	12月	アタムバエフがキルギス大統領に就任
2012年2月		ベルディムハメドフがトルクメニスタン大統領に再任

第6章

ラテンアメリカにおける民主化以後の市民参加
——既存の代表制を補完する社会的実践——

廣田　拓

1　近年のラテンアメリカの動向

　近年のラテンアメリカには以下の3つの特徴がある。第1に、ラテンアメリカ諸国における政権の「左派」化と一般市民による政治行動（投票、デモや抗議運動）がある。ラテンアメリカ諸国にとって、20世紀の最後の10年は、IMFや世界銀行の構造調整プログラムに沿った新自由主義改革の時代であった。この時代、ラテンアメリカ諸国は、インフレ抑制策のために市場経済化の浸透・強化を促進して、財政の均衡化や貿易・労働の自由化などを図ったのであった。その一方、21世紀の最初の10年で、ラテンアメリカ諸国には選挙を通じて次々に「左派」政権が誕生しているのである。これら左派政権は、所得格差の是正や貧困対策に積極的に取り組む志向を打ち出している。こうした分配政策を優先する政権の出現は、グローバル化に後押しされた市場経済化や国家のガバナビリティの縮小に対する揺り戻しと考えられる。また、揺り戻しの発端は、一般市民による社会運動（例えば、街頭でのデモや抗議運動、暴動など）として顕在化された。こうして、市民の社会運動を通じて、ラテンアメリカ地域の大部分に左派政権が生まれることとなった。

　第2に、ラテンアメリカの左派政権には2つの類型が見られることにある。1つは、ベネズエラ、ボリビア、エクアドルに体現されているように「ポピュリスト型左派」がある。このポピュリスト型とは、既存の政治制度の外部から台頭した政治リーダーによる独断的な傾向をもつ政治である。つまり、大統領

は貧困層や自らの支持層への直接的な働きかけと動員を通じて，所得分配を重視する政策を断行するのである。その政治手法においては，自国の資源・利益を保護するナショナリズムが掲げられるのである。もう1つは，ブラジル，ウルグアイ，ニカラグアに見られる「政党型左派」がある。この政党型では，一定の政党組織を基盤に，議会と行政権との交渉を通じてバランスを図り，相対的に穏健な所得分配の社会政策や貧困対策を講じるものである。また，政党型は，野党やビジネスセクター，欧米諸国政府との交渉や対話プロセスも保持するものである。こうして，現代のラテンアメリカ地域には，左派政権の名の下に急進的傾向と穏健的傾向とがある。今後の問題は，ポピュリスト型左派が，自由を圧殺する独断専行に陥ることなく，野党や反対勢力，あるいは一般の市民からの異議申し立てにいかに対処しつつ，政治社会と市民社会とを連結する回路を保つかにある。

　第3に，ラテンアメリカにも先住民や女性，失業者や貧困層などの周辺化されてきたマイノリティが政治的に力をつける，「アイデンティティ・ポリティックス」が台頭している点にある。周辺化されてきたマイノリティの政治化や異議申し立ての機会が増加しつつあり，メキシコ，ボリビア，エクアドルでは先住民組織の台頭が顕著になっている。また，政治エリートにおいても，アルゼンチン，ブラジル，チリなどのように女性の政治リーダーが現れている。こうして，現代のラテンアメリカでは，普遍的な権利や制度に対して，差異や個別の権利・主張によって再定義化を促す政治状況が生じている。このアイデンティティ・ポリティックスは，構造的な貧困や格差の是正と同時に，社会に醸成されている差別的な対応や視線（すなわち，社会的権威主義）に対する挑戦でもある。

　以上の3点の特徴から，現代のラテンアメリカ地域には，グローバル化に起因する社会的排除に抗する一般市民の社会的な実践と左派政権の政治運営がある。そこで問われているのは，分配の正義と承認の正義が両立するような社会統合である。

第6章 ラテンアメリカにおける民主化以後の市民参加

2 脆弱な民主制と市民参加との相克

(1) 民主主義の質という課題

　歴史的に概観すれば，ラテンアメリカ諸国は，政治的には脆弱な民主制であり，法の支配の不徹底と不安定な政党制などが指摘されている。経済的には，一次産品の輸出に依存した貿易を中心に発展してきたが，対外債務という問題を抱えてきた。また，ラテンアメリカ諸国は，80年代のハイパーインフレに対処するためにIMFや世界銀行による構造調整プログラムを実行するなど国際的要因に左右されてきた。社会的には，大土地所有の問題や貧困，貧富の格差が構造的問題であり，さらには，普遍性を持つ法律や制度よりも，時として恣意的な人間関係のネットワーク（クライエンティリズムやポピュリズム）が相対的に根強いという特徴を持っている。

　ラテンアメリカでは，1970年代にはベネズエラ，コスタリカ，コロンビアを除いて全ての国が権威主義的な政治体制であった。しかし，1970年代末から1990年代初頭に至るまでに，この地域で次々と「民主化」が達成された。具体的には，1978年のドミニカ共和国，1979年のエクアドル，1980年のペルー，1982年のボリビア，1983年のアルゼンチン，1985年のブラジル，ウルグアイ，1990年のチリ，パラグアイなど，ラテンアメリカは，一連の民主化のドライブが強かった地域である（**表6-1**参照）。ここから，1980年代のラテンアメリカは，経済的には「失われた10年」と言われるが，政治的には「民主化の10年」であったのである。こうして，民主主義を手続き的・最小の定義（＝競争的選挙による政治エリートの選出）によって規定すれば，ラテンアメリカの国々は，経済危機に陥っても現在まで民主制を維持しているのである。

　しかし，民主制の実態をみると，競争的選挙による政治エリートの選出という意味での民主制への移行は，直ちに民主主義の深化，すなわち，民主化以後の「民主制の質」（その意味は多義的であるが，社会・経済的な平等や市民権の実質的保障，一般市民の政治過程への参加や討議空間の形成など）が向上することに

表 6-1　ラテンアメリカ諸国の政治体制の分類（1945—2011）(1)

国名	時期	政治体制	国名	時期	政治体制
アルゼンチン	1945	権威主義	エル・サルバドル	1945—1983	権威主義
	1945—1950	準民主制		1984—1991	準民主制
	1951—1957	権威主義		1992—2011	民主制
	1958—1961	準民主制	グアテマラ	1945—1953	準民主制
	1962	権威主義		1954—1985	権威主義
	1963—1965	準民主制		1986—2011	準民主制
	1966—1972	権威主義	ハイチ	1945—2011	権威主義
	1973—1974	民主制	ホンジュラス	1945—1956	権威主義
	1975	準民主制		1957—1962	準民主制
	1976—1982	権威主義		1963—1981	権威主義
	1983—2011	民主制		1982—2011	準民主制
ボリビア	1945—1955	権威主義	メキシコ	1945—1987	権威主義
	1956—1963	準民主制		1988—1999	準民主制
	1964—1981	権威主義		2000—2011	民主制
	1982—2011	民主制	ニカラグア	1945—1983	権威主義
ブラジル	1945	権威主義		1984—2011	準民主制
	1946—1963	民主制	パナマ	1945—1947	準民主制
	1964—1984	権威主義		1948—1955	権威主義
	1985—2011	民主制		1956—1967	準民主制
チリ	1945—1972	民主制		1968—1989	権威主義
	1973—1989	権威主義		1990—1993	準民主制
	1990—2011	民主制		1994—2011	民主制
コロンビア	1945—1948	準民主制	パラグアイ	1945—1988	権威主義
	1949—1957	権威主義		1989—2011	準民主制
	1958—1973	準民主制	ペルー	1945—1947	準民主制
	1974—1989	民主制		1948—1955	権威主義
	1990—2011	準民主制		1956—1961	準民主制
コスタリカ	1945—1948	準民主制		1962	権威主義
	1949—2011	民主制		1963—1967	民主制
キューバ	1945—1951	準民主制		1968—1979	権威主義
	1952—2011	権威主義		1980—1982	民主制
ドミニカ共和国	1945—1965	権威主義		1983—1984	準民主制
	1966—1973	準民主制		1985—1987	民主制
	1974—1977	権威主義		1988—1991	準民主制
	1978—1993	民主制		1992—1994	権威主義
	1994—1995	準民主制		1995—2000	準民主制
	1996—2011	民主制		2001—2011	民主制
エクアドル	1945—1947	権威主義	ウルグアイ	1945—1972	民主制
	1948—1962	準民主制		1973—1984	権威主義
	1963—1967	権威主義		1985—2011	民主制
	1968—1969	準民主制	ベネズエラ	1945	権威主義
	1970—1978	権威主義		1946	準民主制
	1979—1999	民主制		1947	民主制
	2000	準民主制		1948—1957	権威主義
	2001—2011	民主制		1958—1998	民主制
				1999—2011	準民主制

（出所）　Hagopian, F. and Mainwaring, S. P., eds. (2005) より作成。

は至っていないのが事実である。選挙を中心とした制度的・手続き的な意味での民主制への移行以後，ラテンアメリカの大部分の国は，歴史的に構造化された問題や権威主義体制の負の遺産に直面しているのである。例えば，その遺産として，人権侵害，政治腐敗，汚職，クライエンティリズム，行政権への過度の権力の集中などがある。さらに，民主制がより機能している国々と比較して欠如しているのは，社会的公正に基づく富の再分配や法の支配の徹底，市民権の実効性，アカウンタビリティ（＝説明責任）である。

こうして，ラテンアメリカ諸国にとって現在の民主制の課題は，定期的に開かれる自由かつ公正な競争的選挙による政治エリートの選出という制度的な変化に伴って，一般市民が自ら社会運動や組織化を通じて，政治参加の回路や討議空間を形成し，より社会的・経済的な平等を図るような意味での民主主義の社会的実践や新しい市民権の政治文化を下から創出することにある。

（2） 市民の政治行動

日常生活の中で政治や政策決定過程に直接的に関与することのない一般市民の政治行動は，大別すると2つである。

第1は，定期的に開かれる自由かつ公正な選挙という場での市民の投票行動がある。これは，一定の年齢を満たした成人全てに平等に保障された制度であり，権利でもある。市民は投票行動によって政治エリートを選出したり，政策や政党の掲げる目的や理念に対して選択したり，自らの意思表示をするのである。この投票行動は，制度によって万人に平等に権利が保障されている点では正当性を持っている。だが，問題点としては，選挙時という一定の時期にしか市民による意思表示ができないことや市民の政治への関与が，政治エリートや政策の選択という限定的な形でしかない点である。このような投票行動から市民の政治に対する考え方は，選挙という一時期の単なる選択にしかすぎない限定的なものであるという無力感やシニシズムになっているのである。

第2に，選挙時の投票行動以外の市民が行う集合行為として，ロビー活動，ストライキ，デモンストレーション，異議申し立ての運動，集団的な議論や討

議，公共の場の占拠，芸術表現や表象を通じた意思表示や抗議運動，暴力行為など多岐にわたる政治行動が考えられるだろう。その政治行動の形態としては，市民個人が問題意識や目的を共有して，自発的に組織や社会運動を通じて各政治行動の影響力を行使するものである。また，市民の政治行動の目的は，社会的な抗議運動，具体的な問題の争点化や問題解決，利害や考え方の主張，政策への具現化から非合法的な暴力行為によるデモンストレーションや意思表示まである。その目的の正当性に関して，市民の政治行動の目的は，個別の目的がいかに広く公共的な目的へとより広く社会に説得力を持って受容されるかに依存するのである。これらの政治行動の利点は，いつでも自由に行動できることであり，社会運動や組織化を通じて問題意識や目的を共有する者同士の多様なネットワーク化が可能なことである。その一方で，問題点としては，市民の政治行動の正当性をいかに広く得るかという点と組織や社会運動の持続的な組織力にある。こうして，市民の政治行動では，市民の個別の問題や利害が広く公共性を得るにはどのような形態で，いかに持続的に社会全体に問いかけ，説得力を有するようになるかが問われるのである。

　ラテンアメリカにおける市民の政治行動を考えると，権威主義体制下で，民主制を求める民主的反対派勢力として，諸社会的アクターが異議申し立てやデモンストレーション行動を経験した国が多いのである。また，政治家や政党，議会が活動する政治社会が市民社会の要望や利益，問題意識とは乖離した政治社会本位の行動を取った際には，しばしば街頭で社会的抗議運動が見られるのである。それでは，現在のラテンアメリカにおける民主制下の市民参加（特に，社会運動）は，民主主義の質にいかなる形態でどのような影響を及ぼしているのだろうか？　近年，ラテンアメリカでは民衆蜂起や社会的抗議運動が行われ，多くの国で政治変動が見られている。そこで，市民の政治行動の中で，「投票箱」と「街頭」との間にある市民参加は，いかなるものかを考察したい。

　以下の本章では，近年のラテンアメリカの政治環境を検討した後，1990年代以降にアルゼンチンやブラジルに見られる社会運動や市民の集合行為を事例に，市民参加が民主主義の質に果たす役割を考察する。具体的には，アルゼンチン

のピケテーロス運動（＝失業労働者による道路封鎖運動・生活共同体としての活動）とアサンブレアと言われる近隣住民集会運動（＝地区の近隣住民が自発的に集い，対話や議論，共同活動を行う試み），ブラジルの参加型予算を事例として扱うものである。

3 民主化以後の政治環境

(1) 民主制を維持する意義

　1978年以降，約30年間にわたりラテンアメリカでは大部分の国が民主制を維持している。ラテンアメリカ諸国が，経済政策の失敗，貧困，経済格差，治安，雇用などの問題を抱えながらも民主制を維持していることは，ラテンアメリカの歴史上，画期的な出来事である（表6-1参照）。これらの背景には，国内的には社会の諸勢力間で競争的選挙によるエリートの選出という代表民主制のルールが受容されたことがある。特に，社会・経済的により平等を志向する左派勢力が自己限定革命路線を選択したり，人権侵害などの社会的紛争のコストを認識した結果が大きいとされている。また，国際環境の変化（例えば，米国の民主化支援，共産主義陣営の崩壊，米州機構やメルコスールにおける民主主義を保持する条項，教会組織の価値転換，IMFや世界銀行のコンディショナリティなど）によって民主主義の価値が再認識され，次第に人々に価値観・規範として内面化されつつあるのである。

　F・ハゴピアンはさまざまな社会問題を抱えつつ，1978年以降，ラテンアメリカ諸国が民主制を維持する理由として，一般市民の要望や声に耳を傾ける回路である代表制の機能と民主制に対する一般の人々の態度や認識が重要であると考えたのである。彼女の考察によれば，政権のパフォーマンスの優劣や実績が直接的に民主制の維持に寄与するというよりも，代表制の機能がより効果的であり，市民社会と政治社会とのリンケージ（＝政治社会が一般市民の声を聞き取る回路）が保たれている点を指摘したのである。つまり，民主制の維持には，一般市民が高い関心を持っている問題領域への対処だけではなく，むしろ代表

制によって一般市民の多様な要望や声が聞かれる回路が求められるのである。

　ラテンアメリカ諸国は，1980年代を通じて高インフレや対外債務の問題を抱え，1980年代後半から1990年代前半にかけて新自由主義に基づく構造調整プログラムに着手したのである。その経済改革の結果，1990年代前半には高インフレを収束させることができた一方で，政権に対するデモやストライキが頻発したり，街頭での市民による異議申し立て活動や暴力行為までが繰り広げられることとなった。

　1990年代後半から2000年代前半には，ラテンアメリカでは社会的抗議運動や街頭での民衆蜂起によって大統領を退陣に追い込む事例（1997年と2000年のエクアドル，2001年のアルゼンチン，2003年のボリビア）が見られた。また，新自由主義的な政策を断行した政権の後には，ラテンアメリカでは多くの国で，いわゆる左派や中道左派に属する政党が政権に就くなど，総じて左派勢力への期待が高まっているのである。これら左派政権の台頭の意味は，ラテンアメリカの一般市民が投票行動によって新自由主義や政府へ異議申し立てや抗議の意思表示を行った結果と言える。また，投票行動以外の政治行動に着目すれば，以下の2つの意味がある。第1に，市民は社会運動や集合行為を実践することで新自由主義やグローバル化に対して抗議の意思を示す機会を持ったのである。第2に，市民が貧困や経済格差，社会的排除から自己防衛を図るための共同体の形成や集団として組織化することで市民の要望を政治の場に届けて実現させる影響力を保持するためである。

　こうして，市民の抗議運動や民衆蜂起の背景には，新自由主義政策がもたらした社会問題の深刻化やそれに対処できない既存の代表制や政治エリートへの不信感がある。また，このような異議申し立てや不満を表明する抗議は，時として先鋭化し暴動や暴力行為にまで及ぶこともあった。そのため，一般には，これらの社会的抗議運動が引き起こした政治変動や政権交代は，民主主義の基盤を脅かすと言われている。他方で，抗議の社会運動の存在は，既存の代表制で代表されない者の声を反映させ，新たなアジェンダの形成や市民権の再定義などをもたらすものとして考えられている。

それでは，民主制の中での社会運動の影響力は，どのように評価すれば良いのだろうか？　特に，民主主義の深化に果たす社会運動の役割が，いかなるものになるかを既存の代表制との関係から考えよう。

（2）　社会運動（市民社会）と民主制との関係

従来の民主化論において，民主制の安定を目的として政治制度（代表制）を重視する議論と民主主義の深化を目的として社会運動を重視する議論がある。

政治制度を重視する議論では，市民の政治への過度の要求は，政党や議会などの代表制で対応しきれなくなるので，諸アクター間で限られた利益をめぐって社会的紛争が高まり，その結果として，民主制の安定や民主制そのものを維持できなくなるという考え方である。ここには，政治の目的は政治秩序の安定であると考えて，政党や議会によって市民の要求が媒介される代表制度を重視する観点がある。この考え方の問題点は，市民参加は，個人の投票行動に限定され，民主制は，定期的に開かれる自由で公正な選挙による政治エリートの選出に還元される点である。確かに，選挙時の投票行動は，市民の選好や意見の集積とみなされ，同時に，政権や政策，あるいは政党や政治家への賛否や意思表明，場合によっては懲罰になるのである。しかしながら，この見方では，選挙時以外に，また，代表制に対して不信感がある場合には，市民の政治行動の余地はなくなるのである。以上から，市民参加が民主制の維持や安定を左右することは変わらないのである。よって，投票行動以外の手段での市民の政治行動にも着目する意義があるだろう。

社会運動を重視する議論では，社会運動が権威主義体制期における社会的抗議や民主的反対派として一枚岩となった経験が重視されている。その経験から，民主制における社会運動の役割に言及すれば，第1に，社会運動は社会に多元性をもたらし，権威主義体制や権力そのものへの対抗力，あるいは権力の監視装置となるのである。第2に，社会運動は，その運動内で他者との対話や議論を通じて交渉や妥協，相互理解という民主主義の精神や規範を学習する機会となるのである。第3に，抗議の社会運動の存在は，既存の代表制では代表され

ない者の声を社会全体に反映させ，新たなアジェンダの形成や市民権の再定義などをもたらすのである。この考え方の問題点は，社会運動が議論する場や討議空間を形成する点を重視する一方で，国家や既存の代表制との関係性を見落とす傾向にあることである。実際，社会運動は，国家や代表制度との関係や相互作用の中で政策に影響を与えたり，政治過程に関与するのである。また，社会運動が，短期的な抗議活動の後，どのような役割を果たしているかを問わない点も問題である。

　それでは，民主化論の中で政治制度（代表制度）を重視する議論と社会運動を重視する議論の両方の利点を共存させる「参加型公衆」という議論を検討しよう。この議論では，民主主義の深化には，参加型公衆という制度が必要であるという考え方を持つのである。この議論は，市民が政治過程に主体的に参加することで，ある政策を議論・討議して，その後，市民自身が集団として決定するプロセスを組み込んだ民主制である。端的に言えば，代表民主制の中に，直接民主制を組み込むような制度設計になっている。この考えでは，政策決定の際に，市民による政治参加を制度化して保障することで，市民の要求が過大になり，その要求が代表制度で対処できなくなり，社会的な対立が先鋭化するという弊害を押さえる。そして，その一方で，市民は既存の代表制だけに依存するのではなく，その代表制と並列して，より普遍性のある市民のアジェンダを形成し，議論・決定という討議空間での自治を実行するのである。この参加型公衆論では，市民は，政治過程の中でより広い観点から政策を主体的に考えることで，そのアジェンダや政策にも公共性が付与されて，市民自身も討議空間や集団的決定を通じての政治的な学習の機会を得ることになるのである。こうして，参加型公衆論とは，市民社会における議論・討議や決定という市民参加の政治の場と政党や議会などの選挙を通じた公式の代表民主制とを組み合わせることで，現行の民主制を活性化させようとするのである。

　近年のラテンアメリカでは，代表制度に対して不信感が表明されている。そして，そのリアクションとして，市民の政治行動が顕著になっている。以下では，その背景にあるグローバル化の影響と代表制の揺らぎを検討しよう。

4　ラテンアメリカにおけるグローバル化の影響

（1）グローバル化の影響

　現代では，グローバル化（経済的には世界市場への統合と政治・社会的な制度面でのスタンダード化を志向すること）によって，19世紀以降，政治，経済，社会，文化のあらゆる領域を国民国家の枠組みで規定していた世界秩序や認識枠組みが変更を余儀なくされているのである。その象徴として，グローバルな活動を行う多国籍企業やグローバル資本，国際機関などが世界秩序においてその重要性を高めているのである。2008年の世界的な経済危機は，一時的に国民国家レベルでの危機への対処が模索されたが，市場原理を中心におく資本主義そのものは再考にはなっていないのである。つまり，現代の世界秩序は，経済的には市場システムを前提として，政治的には自由民主主義を掲げている。

　新自由主義とは，論者によって多義的でありながらも，市場原理に基づき，国家に依存することなく資本主義が自生的に発展することを目的とするという意味がある。したがって，新自由主義的な政策は，市場のメカニズムの合理性や効率性を重視し，経済政策的には，規制緩和，民営化，補助金の撤廃，社会保障支出の削減など，「政府」の経済へ関与する領域を縮小させるものである。

　近年，新自由主義に後押しされたグローバル化は，ラテンアメリカ諸国にさまざまな影響を及ぼしている。

　第1に，ラテンアメリカの政府がワシントン・コンセンサスに基づく構造改革に着手したことである。確かに，規制緩和，民営化，外資の導入，財政支出の削減，補助金の廃止などのインフレ是正策は，一定の成果を挙げるに至った。しかしながら，新自由主義は，ラテンアメリカ各国の「政治」領域を狭め，既存の代表制にも動揺を与えたのである。すなわち，新自由主義により，代表民主制は利益や権限の分配をめぐる非効率的な政治であると見なされることで，「政治」全般の信頼を損なった点は否めないのである。

　第2に，グローバル化は，ラテンアメリカ諸国に，経済格差，特に，中間層

の相対的な没落に伴う貧困層の増大など，国民間にある「社会統合」の亀裂という問題をもたらした。そこでは，単なる「経済格差」や「貧困」という社会・経済問題にとどまらないのである。すなわち，もとより市場社会に参入できない人々を最初から排除したり，当該社会の中でネガティブな「表象」（＝例えば，犯罪者や犯罪者予備軍，スラムの住民，インフォーマル・セクターなど）を与え，同時に，排除された者に対して，社会全般の治安維持を理由に必要以上に管理や監視を強化するという政治上の問題でもある。

　第3に，新自由主義が浸透する社会では，「個人の自己責任」が問われて，自律した責任ある主体としての個人が前提とされる社会観となる。しかしながら，ここには新自由主義が「個人」に与える問題がある。つまり，多様な側面を持ち，複雑かつ豊かな実存である人間が，ともすれば市場に直接関係を持つ生産者・消費者としての諸個人へと断片化されて，その社会では，市場原理に関わる範囲内での協力関係が結ばれるのである。こうして，新自由主義に後押しされたグローバル化は，個人を市場原理によって断片化した存在として捉え，社会的紐帯を弱体化させるのである。

　以上のように，諸個人を直接的に市場に直面させて，市場における経済行動に限定した存在にすることなく，断片化された個人はどのように社会的紐帯を新たに創出するのだろうか？　これは，グローバル化時代のラテンアメリカに生きる人々にとっての課題でもある。

　ラテンアメリカにおいて一般の市民は，2つの方法で「社会統合」の危機に対処する。第1に，政府による非人格的な社会保障制度である。第2に，人的なネットワークを介した生存戦略である。ラテンアメリカでは，社会保障支出が削減され，公的なセーフティネットが脆弱である。その一方で，既存の代表制に依存できない中で，人々は社会運動や市民の集合行為を介して声をあげ，自らの要求を掲げるという対策が講じられるのである。

（2）　代表制の危機

　新自由主義が政治領域を縮小させ，さらには現存の代表民主制に対して幻滅

をもたらす時，問題は民主主義が利益集団による競合と見なされている点にある。代表民主制は，たとえ自由かつ公正な選挙を通じた政治エリートの競争であっても，権威主義体制を防止したり，平和裏の政権交代を達成するという点では利点をもつものである。だが，その代表民主制が，一般市民には組織された利益集団が自らの個別利益を政治において実現させようとする，いわば票と便益との交換であるとして認識されるのである。また，一般市民は政党が特定利益の直接的な代弁者であるとみなして，代表制そのものが機能不全であると考えるのである。

グローバル化によって，近年は，社会の諸集団とそれぞれの利益を代表していた各政党や利益団体の間の安定したつながりは揺らいでいる。例えば，労働のかなりの部分が非正規雇用労働者（アルバイト，パート労働，派遣労働など）によって担われると，従来の企業内で組合によって組織化された労働組合は弱体化するのである。一方，企業においても外部役員の導入や企業の社会的責任の再考などの結果，企業にとっての利害関係者の拡大が企業の利害関係を複雑化させているのである。さらに，国家は，社会保障サービスの充実を図る福祉型国家から，役割や責任のより縮小した自由主義的な国家になりつつあるのである。

こうして，代表民主制における代表が一般市民には政治の場における利益代表の競合と考えられ，他方で，実態としては代表される側の組織の境界が揺らいでいるために代表機能が弱体化しているのである。

このような代表機能の弱体化は，無党派層を増大させ，投票率を低下させるなど，一般市民の選挙時の投票行動においては弊害の兆候を示している。そして，一般市民の選挙時の選択は，その時々の単純化された争点に依存したり，政党の宣伝や情報，あるいは政治リーダーの個人的な関心事によって左右されるのである。こうした政治の縮小や弱体化した代表民主制という政治環境は，メディアを利用したポピュリズムや既存の政党以外の政治勢力が新たに台頭する土壌を育む危険性があるのである。

以上から，社会の諸利益が複雑化して，流動化している現在，かつての安定

した利益代表に代わって考えられる政治のあり方は，以下の3つである。第1に，既存政党の刷新と市民社会の組織化である。第2に，一般市民の参加を促す政治過程の創出，つまり，市民が政治へ関与する回路を開くことである。第3に，代表制の揺らぎに乗じたポピュリズムやクライエンティリズムである。

5　既存の代表制を補完する市民の社会的実践

（1）　ピケテーロス運動——抵抗・生存基盤の確保と生活世界の中の討議空間

　アルゼンチンで展開されているピケテーロス運動とは，失業労働者による組織的な活動である。具体的な活動は，道路封鎖による抗議や異議申し立ての活動，社会保障サービスの要求と生活共同体の形成による生存基盤の確保の3つからなるものである。その活動の目的は，短期的には，国家や地方行政に対する雇用や社会保障サービスの要求であり，中・長期的には，法の下の平等や市民権の確立と，社会・経済的な側面での社会正義の実現にある。

　ピケテーロス運動の出現の背景として，以下の2点が挙げられる。

　第1に，新自由主義政策の影響がある。ペロニスタ党のメネム政権は，財政支出の削減，貿易・投資の自由化，民営化，兌換法の制定，補助金のカット，規制緩和などを断行して，マクロ経済的には，ハイパーインフレを収束させて，高成長をもたらした。しかし，この政策の結果，民営化によるリストラや企業の倒産，工場の閉鎖などにより失業者や貧困層が増加したのだった。1990年代半ばのアルゼンチン政府は，財源の問題から効果的な社会政策を講じることができず，現在でも社会問題（特に，雇用や治安問題）が大きな課題となっている。

　第2に，政治不信と既存の代表民主制の機能不全という要因である。具体的には，アルゼンチンのCGT（労働総同盟）は，新自由主義を志向した経緯があり，失業労働者を組織化できないのである。また，伝統的にポピュリスト系であるペロニスタ政党は，貧困層や下層市民対策として利用できた社会保障プランという資源をもはや持てないのである。その結果，ペロニスタ党が有するマ

ンサネーラ（街区の女性リーダー）やプンテーロ（ブローカー）を介したクライエンティリズムのネットワークがこれまでよりも弱体化しているのである。このように，新自由主義政策の影響で生じた新たな失業労働者や貧困層を代表する既存の代表制（政治家，政党，議会や労働組合）は，この不満の声を代表しきれていないのである。ここに，ピケテーロスが運動として自己組織化された動機がある。

　ピケテーロス運動の起源は，1996年6月のネウケン州（Neuquén）や1997年4月のサルタ州（Salta）での民衆蜂起に始まるとされている。当初は，国営石油公社（YPF）が民営化されることで生じる失業者の問題やこの地域に住む人々の深刻な地域経済や生活圏の問題と認識されていた。しかし，アルゼンチンの内陸の南北2州から始まり，メディアを通じて運動内容が報道されることで，首都ブエノスアイレスやグラン・ブエノスアイレス（ブエノスアイレス都市圏）でもピケテーロス運動が展開され，ついにはアルゼンチンの全土で同様の運動が行われるようになった。この運動は，失業労働者のみならずその家族（女性や子供達）や若者も参加し，さらには産業種にかかわらず仕事を持つ人も含めた多様な人々が参入する自発的な住民運動であった。こうした，初期のピケテーロス運動は，財政難の州政府への社会的抗議であり，地域の水平的な人間関係のネットワークに支持されたものであった。

　その後，初期のピケテーロス運動の経験を学習して，大都市や首都ブエノスアイレスでも同様な運動の自己組織化が進み，現在では日常化しているのである。首都ブエノスアイレスでは，ピケテーロス運動が大統領府前の五月広場や国会議事堂付近で頻繁に行われているのである。

　ピケテーロス運動の主な組織を政府との関係から分類すると，以下の4グループに大別できる。第1に，ピケテーロスの中でも最大の組織を有する，「土地と住居のための連合（FTV）」（Federación Tierra y Vivienda）や「最下層地区運動」（Barrios de Pie）がある。これらの組織は，政府に対しては穏健派で政府をはじめ労働組合（CTA）や教会組織とも連携する点に特徴がある。また，これらの組織が，政府との良好な関係を利用して，多額の失業家庭への世帯主

社会保障プラン（Plan Jefas y Jefes de Hogar Desocupados）の確保や物質的な利益を獲得することに特徴がある。さらに，2つの組織は最大のグループなので，政治的なリーダーの意向が影響力をもち，組織内の意思決定には，ヒエラルキーが存在するのである。

第2は，組織規模は小さいが，その独自性と自律性から顕著な活動を示す「テレサ・ロドリゲス運動（MTR）」（Movimiento Teresa Rodriguez）がある。この組織は，政府や政党から最も距離をとるハードな急進派に位置づけられる。また，この組織では，組織内の協同組合活動が盛んである。MTRの組織目標は，「仕事」の確保のみならず，理念として「尊厳」の獲得や「社会変革」を視野に入れている。さらに，組織の半数以上を女性が占めている点でも顕著な特徴を持っている。この組織の意思決定は，小人数での対話や議論を通じた直接民主的なものであり，議論や決定が下から積み上げられるプロセスを重視しているのである。

上記の2つの組織を両極にして，中間に位置する組織がある。第3に，半穏健派という立場で「階級闘争派（CCC）」（Corriente Clasista Combativa）や「アニバル・ベロン失業労働者運動」（MTD Aníbal Verón）がある。これら組織は，第1の組織よりは政府に対して批判的な志向である。しかしながら，国内に協同組合を多数もち，独自の自主管理を行っている。また，特に，後者はいかなる政党からも独立して活動している点に特徴がある。

第4に，ソフトな急進派の立場に「労働者の結束とピケテーロ連合（Polo Obrero y Bloque Piquetero）」や「年金生活者と失業者の自立運動（MIJD）」（Movimiento Independiente de Jubilados y Desocupados）があげられる。このうち前者は労働党と連携を持つが，後者はいかなる政党からも独立した自律性を享受している。

以上から，ピケテーロス運動といっても，多様な組織があり，政府や既存の代表制との関係や目標によってさまざまである。しかし，ピケテーロスが相互に連携を取り合い，時には協力して動員を図り政府や社会に対して異議申し立てや自らの要求を表明するのである。また，政府や地方自治体から社会保障プ

ランを受給することで、ピケテーロス運動は、それを活動の資金源とする政府に近い立場と受給した社会保障を利用して既存の政治勢力から距離を取って自律的な生活共同組合の運動に従事する立場とに分岐しているのである。

ピケテーロス運動が、アルゼンチン政治に及ぼした影響を見ると、第1に、ローカルな公共空間（すなわち、人々が対話・議論や活動通じて集まる場）の再発見である。ローカルな公共空間では、国営企業の民営化のあおりを受けた失業者だけではなく、家族や地域に根ざした近隣住民が、自発的に集って社会的抗議の主体となっている。また、地域社会やさまざまな場所でのコミュニケーションの場において、各地域の住民たちは共同で討議し、何が公共の利益であるかを問い、共同で行動するのである。第2に、地域住民の生活世界から発生したピケテーロス運動は、ローカルなレベルよりも大きな公共空間における対話と討議の学習となるだろう。第3に、このローカルな公共空間は、同じ苦境にある人々が集うことで、苦境を分かち合い、自らの尊厳も回復できる一種の避難所にもなり得るのである。つまり、ピケテーロス運動の協同組合活動には、生活基盤だけではなく信頼や共感を育む効用もあるだろう。

一方、ピケテーロス運動の問題としては、第1に、道路封鎖が非合法化されることで、一般の人々から活動への支持が得られなくなることであり、組織の利益追求が社会全体の利益から離反することである。第2に、ピケテーロス運動を担っている組織が党派性を主張することで、対立が先鋭化したり、他の組織と一体となった動員力が弱体化することである。

こうして、アルゼンチンのピケテーロス運動を見ると、総じて地域や近隣住民からなるローカルな公共性の回復に一定の貢献をしていると言えるだろう。

（2） 近隣住民集会運動（＝アサンブレア）
――自由かつ開放的な討議空間と活動の場

ブエノスアイレス都市部で主に中間層によって形成された運動が、近隣住民集会運動（以下では、アサンブレアとする）である。アサンブレアは、2001年12月のアルゼンチンの経済危機及び代表民主制への幻滅に対する市民のリアクシ

ョンとして，いわゆる民衆蜂起を契機に自然発生的に生まれた運動である。この運動の最盛期は，2002年の最初の4カ月にしか過ぎないとの見方もあるが，実際には，その規模が縮小されて，メディアに報道されることが減少しても，現在でも継続して見られる市民の社会的実践である。この運動の特徴は，居住地区の住民グループの自発的な集会であり，そこに参加する住民も出入り自由である。また，アサンブレアでは，具体的なリーダーや代表を持つヒエラルキー型の組織ではなく，中心となるリーダーを有しない水平的なネットワーク型の組織であり，近隣地域住民が問題意識を共有して議論し，共に活動すること以外に社会的連帯性は求められない点で，相対的にゆるい横のつながりを重視する運動である。

　この運動の内容は，ブエノスアイレスの中間層が毎週1回，居住する地区において参加者の家や住民自身が占拠した場所（公共機関の建物や倒産した企業・工場など）に近隣住民が集い，対話や議論を通じて独自の集会活動を行うことである。具体的な集会活動としては，第1に，地域住民が抱える問題を討論し，解決策を模索することである。この議論の場では，問題意識が共有されたり，お互いの情報を交換したり，あるいは政治への不満を表明したりするのである。第2に，既存の代表制への幻滅から，政府や役所，さらには預金引出し制限をかけた銀行に対してのデモを通じて，社会的な抗議や異議申し立てを実行することである。この点で，アサンブレアの社会的抗議は，法の下での非暴力的手段による抗議と言えるだろう。例えば，デモと並んで鍋たたきという形で抗議活動が行われたこともある。第3には，地域住民の横のつながりや交流を高めるために社会問題に対する討論会や文化的な催しを開催することである。これらの活動は，住民自身の学習や啓蒙活動につながるのである。第4には，貧困層や低所得者，失業者（ピケテーロス）や倒産した企業や工場を占拠して再建に努める労働者たちなど弱者に対して社会的にサポートするために，共同食堂を開設したり，さまざまな物資あるいは資金を援助したりすることで，物心両面で社会的な連帯活動に従事することである。

　以上のいずれの活動においても，政治主体として近隣住民が自由かつ平等な

立場で自由に議論し参加できる場である。

　2002年1月から2月にかけて，まずは首都ブエノスアイレス規模で各アサンブレア間のネットワークの形成が試みられた。また，アルゼンチン全国規模で，アサンブレアが普及した後は，全国規模のアサンブレアのネットワーク化が志向された。しかしながら，近隣住民地区という範囲を拡大するアサンブレア間のネットワーク化は，首都レベルでも全国レベルでもいくつかの問題を抱えることなったのである。まず第1に，アサンブレアが本来持つ利点である直接民主的な対話や議論の場が保てないことである。すなわち，規模の拡大は，代表や組織構造の階層性を不可避のものとしたのである。第2に，近隣住民間で築いた社会的なつながりが規模の拡大に反比例して弱まることである。第3には，アサンブレアの特徴である，自律した個人の自発的な集まりであり，既存の代表制ともかかわらず，さらには，リーダーや代表グループなどを持たない，いわば脱中心的な組織化に反して，各アサンブレア間のネットワーク化では，より大きな政治力や影響力の行使を目指した政党化あるいは政党との連携が模索された点である。この点で，各アサンブレアの中で，政党からの自律性を求める志向と政党化や政党との連携を深める志向とで内部対立や集会活動の方針が分岐することになったのである。

　こうして，以上のような問題点が生じるようになると，各アサンブレア自体の参加者が減少し，定期的な集会活動も下火になっていったのである。また，2003年以降にペロニスタ党政権が従来の代表民主制の機能を回復させ，経済危機を脱する過程で，アサンブレアの住民間の協力関係は，2002年当時と比較すれば相対的にその影響力を失った点は否めない事実である。

　しかし，現在においても地域によっては，治安や環境問題など近隣住民が掲げた身近な問題意識の下にアサンブレアの集会活動が継続している点も指摘したい。この点で，規模は小さいながらもアサンブレアでは，自由で開放的かつ水平的なネットワークに基づく討議空間の形成が都市の中間層の間に根づいているのである。

（3） ブラジルの参加型予算
　──政治過程の中に市民の参加が制度化された討議空間

　ポルトアレグレにおける参加型予算の試みは，1988年に地方行政の政権に就いた労働者党（以下，PTとする）の下で，1989年に初めて導入されたのである。この制度は，地域住民が主体的に行政に参加することで，予算の優先項目や配分に関して議論し，最終的な予算の決定に参加する点で，それまでのブラジル政治にはなかった，行政と一般市民との協力関係の構築と一般市民自身による政治参加・討議を通じた政治のあり方として注目を集めたのである。その後，サンパウロやベロオリゾンテなどの主要都市，さらにはラテンアメリカの他の諸国や世界各国でも導入されるような市民の政治参加のモデルとなっているのである。この政治のあり方は，PTがその政治理念として提唱している直接民主制や地域住民の水平的なネットワークを通じた社会的連帯性の強化という点で共通性があるのである。

　こうして，参加型予算という制度は，第1に，直接民主的な形態をとるので一般市民の間に政治的な主体性と自己統治の実感を与える効果を持っているのである。第2に，この制度では，何よりも市民同士の間でニーズや優先項目を議論して，同時に市民が多くの選択肢の中から集団的な決定を行うという一連の政治過程の中に入ることで，いわば民主主義の学習機会となっている点で大きな意義を持っているのである。こうして，参加型予算の制度は，地方行政においては，その他の地域でも導入されているのである。さらに，国際機関においても地方行政に市民参加が組み合わされた成功モデルとして紹介されている。

　しかしながら，ブラジルにおける参加型予算は，すべての地方行政で成功しているわけではないのである。例えば，第1の問題点は，参加型予算の決定の最終段階で政治介入がなされ，市民参加の形式を装ったクライエンティリズムが実行される事例もあるのである。また第2の問題点に，市民参加として，参加型予算が広く正当性を持つようになった一方で，この制度が，ブラジル国内においてさえ実際に制度化され，機能している地域は限定的であり，制度が適用される予算の割合も限定的である点は留意すべきことである。

参加型予算の本来の目的は，地域住民の労働条件や生活条件の改善のために，従来のクライエンティリズムやポピュリズム的な行政および予算配分の見直しにあると考えられている。この制度は，一般市民に政治参加を促すことで，居住地域の事情を考慮させて，優先項目や予算配分を討議させる機会となっているのである。その形式は，市内16地区の住民集会，重点項目別（例えば，交通，健康福祉，教育，都市開発など）の住民集会，そして，市行政当局の3者間の段階を経た協議によるものである。

　参加型予算の制度は大別して2つの段階がある。第1段階は，3月から6月にかけて地区集会と重点項目別の集会が開催されるのである。この段階では，市民が誰でも自由かつ平等に参加できる点に特徴がある。また，これらの集会には，市長や市の行政当局も参加して，前年度の予算報告と当年度の事業計画の概要，さらには予算配分の選定基準や方法を説明するのである。最初の集会は，準備集会と位置づけられ，地区の市民の優先項目が議論されるのである。その後の地区集会と重点項目別集会では，同じく市民が直接参加して，議論し，優先基準の決定と最終的な優先項目を投票で決めたり，住民の代表である評議員を選出したりするのである。また，この地域別や重点項目別の集会では住民からのヒアリングが行われ，その意見や要望が議論に反映されるのである。さらに重要なことは，この第1段階の集会による議論が終了して，第2段階の議論が始まるまでの間に，再度，第1段階で決定された優先項目に関して住民が自発的に集会を開いて議論する場を設けていることである。この機会では，住民同士が限られた予算の中で何を優先課題とするかを納得いくまで議論し，場合によっては交渉や妥協という調整で優先項目の選定根拠を確認することができるのである。

　第2段階の7月から9月までは，各地区集会と重点項目別集会でそれぞれ選出された住民代表と住民連合組織，労働組合や市の行政当局からの代表とからなる「参加型予算審議会」が設置されて，この場での協議が始まるのである。この予算審議会では，市の行政当局からの技術的支援や説明を受けて，住民代表が，6月の市総会で決定された予算要求案を審議して，予算を編成するので

ある。参加型予算の制度全体のプロセスにおいて，この住民代表を通じた参加型予算審議会は，最高審議機関と位置づけられて，この場で市議会に提出する予算案をめぐって議論や交渉を重ねて最終的に予算案を作成するのである。こうして，予算審議会で作成された予算案は，最終的に投票によって決定されるのである。その後，10月から12月まで期間で市議会が提出された予算案を審議するという経過をたどるのである。また，市議会での予算案の審議と並行して，市議会，市政府，参加型予算審議会の3者間では頻繁な交渉や協議が行われ，予算案が修正されて，最終的な予算編成へと調整されるのである。この予算決定プロセスの最後には，市議会で予算が投票で承認されるという手続きを経るのである。

このような参加型予算への参加者の属性に着目すれば，参加者は相対的には低所得者，女性，黒人の割合が高いとされるが，全体の代表を損なうものではないと考えられている。逆に言えば，女性や黒人や低所得者は，参加型予算という制度によって自らの意見や要望を表明する機会を得て，ともすれば社会的な排除の憂き目に遭う存在から脱して，政治の主体としての実感を得られるのである。

参加型予算の成果としては，予算配分の効率化や必要なインフラ整備などの経済的な利点に加えて，市民の政治参加による政治過程の透明化や参加した住民に政治主体であることを実感させるような効果がもたらされたのである。さらには，市民が共通の課題に関して議論して，集団的な決定に取り組むという点で討議民主主義の経験を得たことにより意義があると言えるだろう。

6　民主制における市民参加

ラテンアメリカでは，新自由主義に後押しされたグローバル化の影響で，政治に対する信頼は低下して既存の代表制の機能は揺らいでいるのである。これに対して，まず市民は，投票行動と社会的抗議運動や街頭での異議申し立て活動を行うなど政治的な意思表明をしてきたのである。また同時に，生活基盤を

第6章 ラテンアメリカにおける民主化以後の市民参加

```
                    個人の自律性
                        高
         ②                    ①
      アサンプレア           参加型予算

   低 ─────────────────┼─────────────────→ 高  社会的連帯性
                                              （組織度）
         ③                    ④
      ポピュリズム          ピケテーロス
      クライエンティリズム

                        低
```

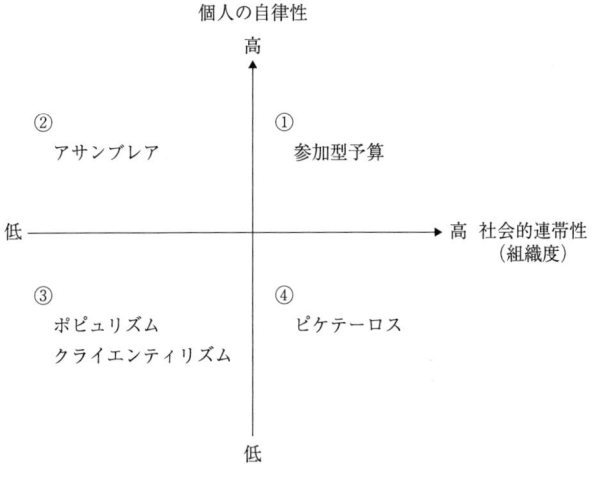

図 6-1 代表制を補完する社会的実践の分類
（出所）筆者作成。

脅かされた者や既存の代表制に依存することなく自発的に集った都市の中間層は，グローバル化が及ぼす，個人の流動化や断片化に対抗して社会的連帯性を回復させようと試みているのである。さらに，市民の政治活動は，政治社会（政治家や政党，議会の行動の場）と市民社会とを連結する公共空間の創出や既存の代表制の外にある政治的な回路を模索しているのである。

こうして，ラテンアメリカ諸国では，各国の政治環境に応じてさまざまな社会的実践が行われ，本章では市民の社会的実践として3つの事例を検証してきた。縦軸に，個人の自律性をとり，横軸に社会的連帯性（組織度）をおく時，3つの市民の社会的実践を分類すれば，図6-1の通りになる。

①には参加型予算が入る。このカテゴリーでは，個人の自律と組織的な連帯が両立されている点で，討議を通じた市民の自治的な政治行動として多くの利点を持つものである。しかし，参加型予算には問題点もある。第1に，政治参加が，その地域に張り巡らされた水平的なネットワークや自発的な組織を通じた社会的な結合性の高さに依存することである。地域の政治ボスの存在やクライエンティリズムの根強い所では参加は形骸化するのである。第2に，住民参

165

加による討議の場で，市民自身が地域の利益や優先項目により公共的な観点からの思慮を持つことができるかが問われるのである。第3に，討議の場が，各地域の利益・優先項目の主導権争いになるのを回避するように，利益の選択基準や決定理由の説得性をいかに担保するかも重要になるだろう。つまり，参加型予算では政策決定の後に，多数決以外での決定理由や広く市民を説得することが求められるのである。

④には，ピケテーロス運動が分類される。ピケテーロス運動はローカルな公共空間と生存基盤を形成する点で意義がある。その一方で，第1に，運動が個別利益に固執して，社会保障プランを確保すること自体が目的となる問題がある。すなわち，ピケテーロス運動が，市民全体からの一定の支持や共感があって，はじめてより大きな社会的な影響力が行使できることを考えると，個別利益の追求は影響力を弱体化させて，単なる利益集団になる可能性がある。第2に，運動組織によっては，組織内でリーダーの政治力の行使に組織が利用されたり，上からの支配的な意思決定によって，大多数の個人の意見が損なわれるという問題がある。

③は，代表制が機能不全で市民の自発的な社会組織も存在せず，さらには市民の自律性が欠如している政治空間の空白を，政治ボスによるポピュリズムやクライエンティリズムによって埋めるカテゴリーである。ラテンアメリカの歴史上繰り返される経験であり，現在の代表民主制に対する危機の兆候でもある。

②は，個人的な自律性が高く組織度が低いカテゴリーであるが，アサンブレアがあてはまる。アサンブレアがもつ自律した個人間のゆるい水平的なネットワークは，確かに求心力が脆弱なために，その運動の持続性や影響力の行使には問題があると考えられるだろう。

しかしながら，自発的に集った個人のゆるいつながりは強さにもなりうるのである。R・ローティは，最悪の残酷さとして，人間の苦しみや人間存在に辱めを与えることとして考え，それらに対して，まずは自分にとって重要な信念や欲求の偶然性を自覚した上での連帯の創造を志向している。彼の議論によれば，その連帯の根拠が，普遍的な人間本性という想定に基づくものではなく，

具体的な状況や場で，我々が持つ想像力によって見知らぬ人々を苦しみに悩む仲間だと見なすことを可能にする連帯を達成すべき目標としているのである。このように考えると，アサンブレアの強さは，彼の議論が示すように，私的に自律した個人同士が偶発的に集い，その時その場での対話や議論を通じた連帯の創造が，凝集性の高い個別組織や共同体からのしがらみと個人主体の無力感から脱する試みにあたるのである。したがって，理念型としてのアサンブレアは，市民の偶発的なアイデンティティや連帯が想像力や議論を介して暫定的な共同という形である。

アサンブレアは，あらかじめ限定されたメンバーによる顔なじみの組織ではない利点を有する。そこで，第1に，自律的な個人は，偶発的に集い，組織的な利益を背負うことなく，自由に対話や議論することで常に一定の緊張感と時には，対立や相互に批判する契機も含まれているのである。こうして，アサンブレアは，参加型予算と異なり，議論の末の合意や決定を意図するものではないので，批判的潜勢力を保持できる強みがある。第2に，アサンブレアは，組織としての私的利益から自由であるので，個別利益に拘束されることはないのである。そして，第3に，個別利益に拘束されない以上，アサンブレアの中の自律した市民は，市民が属するアイデンティティの複数性に依拠して，その運動と並行した他の社会組織や集団において対話や議論を図ることで，諸社会組織間の連合体である，言わば，アソシエイティブ・ネットワークの構築に貢献するのではないだろうか。そこでは，諸個人の1つの声や要望が集会や組織を介して社会全体に張り巡らされた政治的な回路に連結されることで，政治問題化されて，より多くの人々が議論する公共空間としての影響力をもつのである。こうして，アサンブレアのような市民の政治行動は，個別利益に拘束された組織度の高い中間組織や共同体による政治行動とは異なる形で，「私的自律性もつ個人が，偶発的に創り出すゆるいつながり」という強さがあるのでないだろうか。

このように，市民の社会的実践の事例からも，民主主義の深化という課題には，市民のエンパワーメントが求められ，その一方で，個別の問題や利益がい

かに社会全体の公共性や支持を得られるような政治行動になるかが問われているのである。

以上のように，現在，ラテンアメリカにおける政治及び市民社会の研究は，第1に，グローバル化の影響の問題，第2に，代表制の揺らぎの問題，第3に，それらの問題へのリアクションとしての市民の政治行動という，3点が探求される研究領域の1つになっているのである。

注
（1）「民主制」とは，当該国が一定の期間に以下の4条件全てを満たすものとする。
①政権が自由・公正な選挙で選ばれていること。
②当該国家において市民的自由が良く保持されていること。
③選挙民には大部分の成人が含まれること。
④選挙で選ばれた政権の政治領域に軍部や選挙で選ばれることのない他の社会勢力が侵害することがないこと。
この4条件のうち，部分的に条件を欠く場合は，「準民主制」として，全てを欠く場合を「権威主義」体制とする。結局，表の基準では，定期的に開かれる自由・公正な競合的選挙を中心に分類されている。その前提として，当該国に市民的自由や法治の徹底がある社会である。

参考文献
大串和雄（2002）「『民主化』以後のラテンアメリカの政治」『国際政治』第131号。
加茂雄三編（2005）『ラテンアメリカ（第2版）』自由国民社。
国本伊代・中川文雄著（1997）『ラテンアメリカ研究への招待』新評論。
篠原一（2004）『市民の政治学——討議デモクラシーとは何か』岩波書店。
タロー，シドニー（2006）『社会運動の力——集合行為の比較社会学』大畑裕嗣監訳，彩流社。
増田義郎編（2000）『ラテンアメリカ史Ⅱ——南アメリカ』山川出版社。
松下洋・乗浩子編（2004）『ラテンアメリカ　政治と社会』新評論。
ローティ・リチャード（2000）『偶然性・アイロニー・連帯——リベラル・ユートピアの可能性』齋藤純一・山岡龍一・大川正彦訳，岩波書店。
Dagnino, E., A. J. Olvera and A. Panfichi coords (2006), *La Disputa por la construcción democrática en América Latina*, Fondo de Cultura Económica, CIESAS, Universidad Veracruzana.

Hagopian, F. and S. P. Mainwaring, eds. (2005), *The Third Wave of Democratization in Latin America: advances and setbacks*, Cambridge: Cambridge University Press.

ラテンアメリカ関連年表

1998年		ブラジルで金融危機
	12月	ベネズエラで大統領選，チャベスが当選
1999年	2月	チャベス大統領の就任
	6月	フローレス・エルサルバドル大統領の就任
	9月	モスコソ・パナマ大統領の就任
	11月	米国のシアトルにおける第3回WTO閣僚会議で大規模な抗議行動
	12月	アルゼンチンでデ・ラ・ルア大統領の就任
		パナマ運河の返還，パナマから米軍の完全撤退
2000年	1月	ポルティージョ・グアテマラ大統領の就任
		大エクアドルで統領辞任要求のデモ，マワ大統領の辞任
		ノボアが暫定大統領に就任
	3月	バッジェ・ウルグアイ大統領の就任
		ラゴス・チリ大統領の就任
	5月	パラグアイでクーデター未遂
	7月	フォックスがメキシコ大統領に当選，PRIの一党支配の終焉
	11月	フジモリ・ペルー大統領が就任（第3期）するも辞任
2001年	1月	ブラジルのポルトアレグレで「世界社会フォーラム」開催
	7月	トレド・ペルー大統領の就任
	8月	ボリビアでバンセル大統領が辞任，キロガ大統領の就任
	12月	金融不安の中，アルゼンチン暴動の勃発，デ・ラ・ルア大統領の辞任
2002年	1月	ドゥアルデがアルゼンチン暫定大統領に就任
		ボラーニョス・ニカラグア大統領の就任
		マドゥーロ・ホンジュラス大統領の就任
	4月	ベネズエラで反チャベス・クーデター未遂
	5月	パチェコ・コスタリカ大統領の就任
	8月	ボリビアでサンチェス・デ・ロサダ大統領の就任
		ウリベ・コロンビア大統領の就任
2003年	1月	ルーラ・ブラジル大統領の就任
		グティエレス・エクアドル大統領の就任
	5月	アルゼンチンでネストル・キルチネル大統領の就任
	8月	ドゥアルテ・パラグアイ大統領の就任
	9月	メキシコ・カンクンでの第5回WTO閣僚会議に対して大規模な抗議行動
	10月	ボリビアでサンチェス・デ・ロサダ大統領の辞任，メサが暫定大統領に就任
2004年	1月	ベルシェ・グアテマラ大統領の就任
	2月	ハイチの内乱でアリスティド大統領の辞任

第6章　ラテンアメリカにおける民主化以後の市民参加

	6月	サカ・エルサルバドル大統領の就任
	9月	トリホス・パナマ大統領の就任
	12月	ペルーのクスコで第1回南米首脳会議の開催
2005年	3月	バスケス・ウルグアイ大統領の就任
	4月	エクアドルでグティエレス大統領の罷免，パラシオが大統領に就任
	6月	ロドリゲス・ボリビア大統領の就任
	11月	アルゼンチンのマル・デル・プラタで第4回米州首脳会議の開催，同時に第3回民衆サミットも開催
2006年	1月	ボリビアでエボ・モラレス大統領の就任
		セラヤ・ホンジュラス大統領の就任
	3月	バチェレ・チリ大統領の就任
	5月	アリアス・コスタリカ大統領の就任
	7月	ガルシア・ペルー大統領の就任
	8月	ウリベ・コロンビア大統領の就任（第2期）
	12月	カルデロン・メキシコ大統領の就任
		ボリビアのコチャバンバで第2回南米首脳会議の開催
2007年	1月	ルーラ・ブラジル大統領の就任（第2期）
		オルテガ・ニカラグア大統領の就任
		チャベス・ベネズエラ大統領の就任（第2期）
		コレア・エクアドル大統領の就任
	12月	アルゼンチンでクリスティーナ・キルチネル大統領の就任
2008年	1月	コロン・グアテマラ大統領の就任
	2月	キューバでラウル・カストロの国家評議会議長の就任
		食糧市場・エネルギー市場に投機マネーが流入して，価格の高騰
	8月	ルゴ・パラグアイ大統領の就任
2009年	4月	コレア・エクアドル大統領の就任（第2期）
	6月	フネス・エルサルバドル大統領の就任
		ホンジュラスでクーデター
	7月	マルティネリ・パナマ大統領の就任
2010年	1月	ロボ・ホンジュラス大統領の就任
	3月	ムヒカ・ウルグアイ大統領の就任
		ピニェラ・チリ大統領の就任
	5月	チンチージャ・コスタリカ大統領の就任
	8月	サントス・コロンビア大統領の就任
2011年	1月	ブラジルでジルマ・ルセフ大統領の就任
	7月	ウマラ・ペルー大統領の就任
	12月	アルゼンチンでクリスティーナ・キルチネル大統領の再任

第7章
生き延びた中国共産党[1]
―― 体制の新しい生き残り戦略とは何か ――

加茂具樹

　なぜ中国共産党による一党体制は安定しているのか。歴史的な経験によれば，経済発展と政治的多元化との間には一定の相関関係がある。しかし中国にはその経験則が適応されない。先行研究は中国共産党の一党体制が安定してきた要因を解き明かすことに注力してきた。その答えは，1つには中国共産党が社会の変化にあわせて変身し，中国社会の影響力のあるエリートとの間に利害を共有する同盟関係を築くことに成功したからである。いま1つには「聖君に対する絶対的な信頼」という中国社会のメンタリティーが存在していたからである。しかし中国共産党は現状を深く憂慮している。どうもこれらの回答は，過去20年間の政治安定を説明することはできても，これからを説明できないからである。中国共産党による一党体制をとりまく環境が変化している。中国共産党は新しい生き残り戦略を練り上げる必要性に迫られている。

1　中国共産党の生き残り戦略

　「中国共産党による一党体制の生き残りは容易ではないだろう」。1989年6月の天安門事件の直後，中国の政治体制の将来について，このような見通しを示した研究者は少なくなかった。当時，早晩中国は民主化するだろうと論じられていた。それは経済発展によって中産階級の誕生をはじめとする社会構造の変化をもたらし，そうした変化が民主化を誘導するという歴史的な経験をふまえた分析であった。シーモア・リプセット（Seymour Lipset）は経済発展と民主主義との間に統計的な相関関係が存在していることを確認したうえで，この関

係が生まれる要因として経済発展によって民主主義的な規範をもつ中産階級の登場をみていた。民主主義が社会に定着するうえで，彼らは重要な役割を発揮するという考え方である。

　しかし，そうした考え方では中国政治の現状を説明することができなかった。改革開放政策を推し進めた中国共産党は天安門事件以降20年以上にわたって急速な経済成長を実現した。同時に中国共産党は一党体制を堅持することにも成功した。中国において経済発展と非民主主義的な政治体制はトレードオフの関係ではなかった。なぜか。過去20数年を経て中国政治研究における中心的な研究課題は「いつ中国が民主化するのか」から「なぜ中国共産党による一党体制が壊れないのか」に変化してきた。政治体制の生き残り戦略を解き明かすという研究である。

　先行研究は市場経済化とグローバル化という中国共産党を取り巻く環境の変化にたいする中国共産党の柔軟な姿勢を描き出すことをつうじて，この問いに答えようと努めてきた。その柔軟性は「適応」(adaptation)といった概念を用いて説明されてきた。先行研究によれば，中国共産党は中国社会において影響力を増しつつある私営企業経営者などのエリートとの間に緊密な利害関係を結び，彼らが中国共産党による一党支配体制の支持者として活動するよう取り込んできたという。中国共産党と社会のエリートとの間の利益の同盟関係の締結が中国共産党の生き残り戦略だというのである。

　しかし今日の中国共産党を取り巻く環境は，これまで中国共産党が一党体制を維持することができた環境とは異なってきた。中国共産党は新しい挑戦に直面しているのである。本章の目的は，この中国共産党が直面している新しい挑戦を論じることにある。

2　中国共産党の変身

(1)　なぜ見誤ったのか

　20数年にわたって中国共産党による一党体制は安定した。「体制が安定した」

とは、1つには中国共産党による一党体制に挑戦し、取って代わって政権を担当しようとする政治勢力が出現しなかったことである。体制の内だけでなく外にも中国共産党を超越する影響力を持つ集団は見えない。農村や都市におけるデモ活動が頻発していても、点が線に、線が面へと発展するような組織力をもち、それらをリードする存在はいない。

「体制の安定」のいま1つの意味は、中国共産党は指導者の世代間の権力継承を平和的に実現してきたということである。2002年10月に開催された中国共産党第16期全国代表大会（16回党大会）において、「胡錦濤同志を総書記とする中国共産党中央」（胡錦濤政権）は、1989年6月から13年にわたって政治体制の指導的役割を果たしてきた「江沢民同志を核心とする中国共産党中央」（江沢民政権）から政治権力を平和裡に継承した。こうした平和的な権力の継承は、1949年10月の中華人民共和国の建国以来、初めてのことであった。2012年11月の18回党大会でも胡錦濤政権から習近平政権への平和的な政治権力が実現した。

なぜ中国共産党による一党体制の長期の安定を予測できなかったのだろうか。この問いに対して、いくつかの先行研究は観察者が中国共産党の能力を過小評価していたからだと論じている。呉軍華は、天安門事件直後のソ連や東欧地域の政治的社会的混乱を目の当たりにした中国社会が革新よりも安定を指向するようになった、という中国共産党を取り巻く社会環境の変化が、中国共産党による一党体制の安定に有利な影響をもたらしたと指摘していた。呉はこれに加えて中国共産党が自らを上手く変身させてきたからと強調ていた。つまり呉は、天安門事件後の中国政治の展開を見誤った原因について、観察者の「中国共産党の柔軟性、あるいはその学習能力に対する認識不足」を指摘していた。2012年のいわゆる「アラブの春」が中国政治社会にまで波及するかどうかに関心が集まった際、ケヴィン・オブライエン（Kevin O'Brien）は中国共産党が如何にして「親指の機能を発展させてきたのか」を理解しなければならないと語っていた。同様にブルース・ディクソン（Bruce Dickson）も社会環境の変化に適応するように中国共産党は能力を発展させてきたことを再認識する必要があると指摘していた。

それでは中国共産党はどの様に変身したのだろうか。

（2）どの様に変身したのか

中国共産党の変身とはなにか。しばしば「変身」として指摘されてきたのは，中国共産党が「3つの代表」重要思想という政策方針を提起したことである。

天安門事件直後の1989年8月，中国共産党は私営企業経営者と中国共産党との間の関係のあり方に関する通達を発した。同通達は，「私営経済は社会主義公有制経済を補充するものであり，私営企業経営者の経営と合法的利益は保証される。しかし中国共産党は労働者階級の前衛であり，私営企業経営者と労働者階級との間には実際には階級対立が存在しており，私営企業経営者の中国共産党への入党を認めることはできない」と確認していた。[4]

この通達から12年を経て中国共産党は，私営企業経営者との間の関係のあり方を大きく転換させた。2001年7月，中国共産党の創立80周年を記念する大会における江沢民中国共産党総書記（当時）による演説で提起された「3つの代表」重要思想がそれである。ここで江沢民は，中国共産党を取り巻く国内外の環境の変化に応じて，中国共産党は「先進的な生産力」と「先進的な文化」，そして「広範な人民の利益」を代表する政党へと変化する必要があると提起した。

この江沢民演説を契機として中国共産党は，民営科学技術企業の起業者や技術者，外資企業に雇用されている管理技術者，個人経営者，私営企業経営者，仲介機構（弁護士や会計士など）に就業している者，作家や編集者をはじめ専門知識を持って活動する自由業者など「中国社会が改革開放路線を歩む過程で起きた社会階層の構造の新しい変化の産物」である「新しい社会階層」を，「労働者，農民，知識人，幹部，解放軍の指導的幹部ら」ともに社会主義事業を建設する者として定義した。そして彼らと団結する必要があることを確認した。

江沢民演説の後に中国共産党は「『3つの代表』重要思想」を指導理念として公式に確認した。2002年の16回党大会は同重要思想をマルクス・レーニン主

義，毛沢東思想，鄧小平理論とならぶ指導理念として党規約のなかに書き込んだ。加えて中国共産党は「18歳以上の労働者，農民，軍人，知識人，革命分子」の政党であるという党規約の規定を，「18歳以上の労働者，農民，軍人，知識人と社会各階層の先進的な人々」の政党へと書き換えた。こうして中国共産党はプロレタリアートの前衛者としての政党から，私営企業経営者などブルジョアジー的社会階層を共に社会主義事業の建設を担う同志として認める政党へ変身したのである。

　「新しい社会階層」にどの様な政治的位置づけを与えるのか。これは中国共産党にとって重要な政策課題であった。国家統計局が明らかにした数値（2006年末）によれば，同階層はおよそ5000万人であり，関連する従業員数を加えると約1.5億人を超え，全人口の約11.5％を占めていた。また同階層は「約10億元前後の資本を管理し，全国の約半数以上の技術特許を所有し」，同階層が間接的あるいは直接的に納税する額は「全国の納税額の3分1以上」であり，毎年新たに生まれる就業人口の約半数を吸収する」と理解されていた。こうした経済的，そして政治的な影響力をまえにして中国共産党は彼らの存在を無視することはできなかった。また「新しい社会階層」は「労働者，農民，幹部そして知識人からの転身者」によって構成され，「その大部分は非公有制の分野で活動」し「高収入者の大部分が集中」する一方で，職業や地位の安定性が低いこと，近年，政治的な要求を次第に強めつつあること，その大部分が非共産党員であることが，この階層の特徴として指摘されていた。江沢民演説は，彼らは「誠実な労働と活動を通じ，そして合法的な経営をつうじて，社会主義社会の生産力とその他の事業を発展させるよう貢献している」と論じたうえで，政治的に認知し，政治的に擁護し，そして政治的に包摂する必要性があると確認したのである。

　中国共産党が「『3つの代表』重要思想」を提起したねらいについて，鈴木隆は次のように整理している。1つは「既存の政治集団が自らの既得権益を保護し，市場経済を基軸とする現存の社会経済構造にその権力ネットワークの根をより深く浸透させること」であり，いま1つは「将来，期待できる富と，現

行の政治体制を担うに足る有為な人材をプロアクティブに確保すること」である。江沢民政権は体制基盤の強化と体制の持久性の強化を図ろうとしたのである。

なお鈴木はまた「3つの代表」重要思想を指導理念として公式に確認したことは政策の変身であって，中国共産党自身の「変身」を意味するという理解は，必ずしも適切ではないと指摘している。中国共産党中央組織部は2007年末の時点で「新しい社会階層」といわれる共産党党員を88万人（同時期の党員総数の約1.2％）と報告していたが，このうち2004年から07年までの4年の間に中国共産党の党員となったのは多く見積もっても8万人にすぎず，「9割以上の者は2000年代以前に入党していたと見られる」からである。つまり「3つの代表」重要思想が提起され，公式に確認されてから新たに中国共産党に入党した者は極めて少なく，中国共産党の党籍をもつ「新しい社会階層」の大多数は，2001年以前から中国共産党の党員であった。中国共産党が「3つの代表」重要思想を党規約に盛り込んだことによって「マルクス主義政党としての自己規定を明示的に放棄した」ことは間違いないが，「『3つの代表』論をきっかけとして，中国共産党がブルジョワ政党への変容を開始した」とみるのは必ずしも適切ではないという。

3　支配をなぜ受け入れたのか

（1）　中国共産党とエリートとの同盟

中国共産党の変身を確認した。では，なぜ中国社会は中国共産党による支配を受け入れたのだろうか。

テレサ・ライト（Teresa Weight）は，社会経済的地位を指標にして中国の社会を観察すると，それは「オニオン・ドーム」（Onion Dome）に似ているという。彼女は「オニオン・ドーム」を構成する中国社会のアクターが中国共産党の一党支配を受け入れてきたとの仮説にもとづき，その要因の検討を試みた。

ライトによれば，中国の人口の15％が「オニオン・ドーム」の上部を占め，

残りの85％はその下部に位置しているという。この15％は大・中規模の個人企業経営者と弁護士や医師，会計士，技術者などの知的専門家といった社会の上層と中間層に位置する人たちである。ライトは，彼らを中国共産党による一党体制という現体制の変化に否定的な集団であると分析している。毛沢東の時代に批判の対象とされてきた彼らの活動がポスト毛沢東の現体制において認められたことは，現体制の開放性や平等性を示すものであり，このことが彼らに現体制を支持させる要因になったという。またライトは，それまで資源を独占してきた「オニオン・ドーム」の上部に位置する人々は，現在の政治体制が自由で民主的なものに変化した場合，批判の対象になる事を懸念していると分析し，こうしたことも彼らが体制を支持している要因であると説明していた。

呉軍華は「同盟」という表現を用いて，これを説明している。呉によれば1989年の天安門事件を頂点に「民間企業の経営者や知識人，新興資産家など，後に中産階層を構成する社会の中間層」といった「オニオン・ドーム」の上部の人々は「政治的民主化を達成しようとする試みを繰り返してきた」が，1990年代以降になって改革開放路線がプロ・キャピタル化するようになってから中国共産党は，次第に経済界を抱き込みはじめ，この結果，かつて体制に挑戦してきた人々は，むしろ体制を擁護し支持するようになり，そこには，実質的な一種の「同盟関係」が成立するようになったと指摘していた。

（2） 同盟の制度化

人民代表大会制度と人民政治協商会議制度は，中国共産党が「オニオン・ドーム」の上部の人々と同盟を結ぶために中国共産党が設けた制度である。

かつての中国政治研究は，制度をほとんど無視してきた。現代中国の政治過程を説明する中国語の表現に「党委揮手，政府動手，人大挙手，政協挙手」がある。これは，中国共産党は政策方針を策定し，政府は中国共産党が策定した政策方針にもとづいて活動し，人民代表大会はそれを事後に承認し，人民政治協商会議はそれに賛意を表明する，と訳される。この言葉が示すように人民代表大会も政治協商会議もなんら政治的な機能はないと見なされてきた。しかし

近年の研究によれば，これまで考えられてきたよりも中国政治において重要な政治的機能を発揮していた。それは人民代表大会と政治協商会議は中国社会において影響力をもつエリートが政治参加するための場としての機能である。人民代表大会代表は地理的空間（選挙区）の利益を代表し，中国人民政治協商会議は社会的集団（業界）の利益を代表し，中国共産党委員会と人民政府という政策決定者に対してそれぞれ自らの要求を伝達し，影響力を発揮している，と整理することができる。そして，この影響力は中国共産党との関係性において必ずしも対抗的（ゼロ・サム）ではない。人民代表大会や政治協商会議の活動の実態を理解するためには，それらの会議体を構成する人民代表大会代表と政治協商会議委員の行動を理解すればよい。

人民代表大会代表の行動に関する研究は，ケヴィン・オブライエン（Kevin O'Brien）による優れた研究がある。同研究によれば，人民代表大会の代表は政府の「代理者（agent）」として自らが選出された選挙区に対して中国共産党や政府の政策を伝達する役割を担っているという。彼らはあたかも中国共産党や政府から選挙民にのびる橋梁として機能しているのである。またオブライエンは人民代表大会代表が「諫言者（remonstrator）」としても能力を発揮しているとも論じていた。選挙区の情況に詳しい人民代表大会代表は中国共産党や政府に対して政策の立案に必要な選挙区の情況を伝達し，また人々が感じている政策に対する批判を集約して中国共産党や政府に伝える役割を担っている。彼の説明によれば，人民代表大会代表は「代理者」であるとともに，「諫言者（remonstrator）」でもあるという。

1980年代以降中国共産党は，改革開放路線を安定的に推進させるためには政策を法律化し，また法律の権威を高めることが必要であると判断し，人民代表大会の立法活動と（人民代表大会が選出した）国家機関の活動に対する監督の強化，そして，それらの制度化に力を入れてきた。1980年代以降，研究者が人民代表大会代表を立法者として，また人民代表大会代表を監督者として積極的に活動している実態を観察することができるようになったのはこのためである。この結果，例えば，近年，人民代表大会代表は中国共産党が人民代表大会に提

出した議案に批判的な意見を提起し，またそれを否決することが少なくなかった。この否決の政治的な意味は決して小さくない。否決とは，国家を指導する政党である中国共産党の国家機関に対する指導力と，国家の権力機関である人民代表大会の国家機関に対する監督力，という二つの権力が対峙し，前者が後者に屈した結果だと解釈もできるからである。中国共産党にとって二つの権力の対峙が顕在化することはあってはならず，まして前者が後者に負けることもあってはならないはずだ。しかしこの否決は中国共産党が人民代表大会の活動の制度化を促した結果である。なぜ中国共産党は人民代表大会が立法機関や監督機関として活発に活動することを期待したのだろうか。答えは難しくない。オブライエンが定義した人民代表大会代表の2つの政治的役割，すなわち「代理者」と「諫言者（remonstrator）」としての政治的機能を発揮することを期待したのである。

筆者は人民代表大会代表のオブライエンが定義した2つの役割に加えて，人民代表大会にはもう1つの政治的な役割があることを確認した(5)。

すでに先行研究が指摘しているように，人民代表大会代表の多くは選挙区の中国共産党機関や国家機関，労働組合のような社会団体の幹部，国有企業や私営企業の幹部，さらには弁護士や医師，会計士，技術者などの知的専門家である。つまり彼らは選挙区において社会的な影響力を持つエリートの集団である。そうした彼らが人民代表大会に提出した議案の内容を分析した結果，人民代表大会代表は選挙区の要求＝利益を議案というかたちに取りまとめ，人民代表大会において中国共産党や政府に対して提示し，その政策化を実現する役割を担っている。人民代表大会は自らが選出された選挙区の利益の「代表者」（representation）なのである。

興味深いことは，人民代表大会代表の「代表者」としての行動が人民政治協商会議委員の行動と密接に連携していることである。人民政治協商会議の活動や機能を分析した研究はあるが人民代表大会と人民政治協商会議との連携に関する研究は十分ではない。筆者が調査を実施してきた揚州市の事例からは，そうした連携のかたちが観察できるのである。

人民政治協商会議は民主諸党派といわれる中国共産党とその他の8つの政党の党員，中華全国総工会や中華全国婦女連合会，中華全国工商聯合会などの社会団体の構成員によって組織される国政への意見提案機関である。同会議の構成員である委員たちも人民代表大会代表と同じように，中国社会において影響力をもつエリートである。筆者の研究成果によれば，人民政治協商会議委員は自らが所属する団団や業界の利益を代表する行動をしている。人民政治協商会議委員は所属する団体や業界の「代表者」のように振る舞っているのである。例えば，中小企業の経営者を中心とした経済界の人々によって構成されている政党に中国民主建国会がある。同会の揚州市委員会に所属している人民政治協商会議揚州委員会委員は揚州市の中小企業を中心とした経済界の利益を代表した行動をしている。例えば揚州市政府が発表した同市の経済発展計画に対して，彼らは中小企業の意見を取りまとめ，市の経済発展計画を担当する揚州市政府発展改革委員会に宛てた「提案」を人民政治協商会議揚州委員会に提出している。そして，これとほぼ同じ時期にこの計画によって不利益をこうむる地域から選出された揚州市人民代表大会代表は同大会に対して揚州市発展改革委員会に宛てて計画の見直しを求める「議案」を提出している。この「提案」と「議案」の趣旨は極めて類似しているのである。まるで両者は計画的に提出されたようにも見える。
　では，中国社会において影響力を持つエリートは，どの様に人民代表大会と人民政治協商会議を利用しているのだろうか。
　人民代表大会代表は自らが選出された選挙区の利益を代表する「代表者」としての役割を担っている。中国人民政治協商会議委員は自らが所属する団体の利益を代表する「代表者」としての役割を担っている。社会のエリートは，自らの意見を人民代表大会に対しては議案として，人民政治協商会議に対しては提案として提出し，自らの意見を政策にするように中国共産党に対して要求している。そして両者は，時にはまるで連携しているかのように，類似した要求を提出している。そうした姿は，中国政治という舞台の上で，共にダンスを踊っているようにも見える。

第7章　生き延びた中国共産党

　中国社会のエリート達は，どの様に両者を使い分けているのか。人民代表大会と政治協商会議の明らかな違いは政治的な影響力である。人民政治協商会議は国政への意見提案機関にすぎない。人民政治協商会議に提出された提案に記された要求に行政機関が対処する法的な義務はない。行政機関は意見を聴取するだけでよい。一方で人民代表大会をつうじて表明された意見に行政機関は必ず対応しなければならない。中国社会のエリートたちは，たんに自らによってアクセスしやすい機関を利用しているだけなのだろうか。それとも2つの機関を戦略的に使い分けているのだろうか。今後の研究が待たれる。

　中国社会のエリート達にとって人民代表大会と中国人民政治協商会議は自らの意見を中国共産党と政府に伝達し，意見を政策化させるための場（arena）である。一方で中国共産党は，この場を社会の様々な要求を把握する場として位置づけている。中国社会のエリート達にとってこの場は政治に参加するための唯一の公式の場である。そうであるがゆえに中国共産党は彼らを政治的に取り込む（incorporate）ための場として人民代表大会や人民政治協商会議を利用している。人民代表大会と人民政治協商会議は中国共産党と中国社会の影響力のあるエリートが同盟を結ぶ場なのである。こうして中国共産党と「オニオン・ドーム」の上部の人々は同盟関係を固く結んできた。

（3）　中国における民主制度の政治的機能

　こうした理解は，非民主主義国家における民主制度に関する研究の第一人者であるジェニファー・ガンディー（Jennifer Gandhi）の議論をふまえたものである。民主主義国家と同様に権威主義国家も選挙制度や議会制度などの民主制度を設けている。権威主義国家の民主制に関心を持つ研究者は，それが権威主義的な政治体制の民主化を促す働きをするかどうかに関心を寄せてきた。しかしガンディーによれば，権威主義国家の指導者たちは議会や政党をつうじて反対勢力（政党）を体制のなかに取り込み，指導者（指導政党）の権力の強化を行ってきたという。すなわち，権威主義国家の民主制は政治体制の民主化を促すよう働きをすることはほとんどなく，それは政治体制の安定性（強靱性）を

高める働きをする，と分析するのである。ガンディーの定義によれば中国人民政治協商会議は非民主主義国家における民主制度の定義にはあてはまらない。しかし中国では人民代表大会と中国人民政治協商会議が共に政治体制の安定性（強靱性）を高める働きの一端を担ってきたといえるだろう。統治のために必要な社会の要求を把握する場として利用してきたのである。

　もちろん，こうした非民主主義体制における民主制度が政治体制の安定性に寄与しているのではないかという仮説にもとつく分析は，民主制度のあらゆる機能を都合良く解釈してしまいう可能性をはらんでいる。非民主主義体制における民主制度が常に体制にとって有利な機能を発揮するとは限らないということを意識しておく必要があるだろう。また，人民代表大会代表や中国人民政治協商会議委員が代表している要求は，「オニオン・ドーム」の上部の人々のそれでしかない。中国共産党による一党体制の安定性を検討するためには，「オニオン・ドーム」の下部の人々の意識も検討しなければならない。では「オニオン・ドーム」の下部の人々は，どの様な動機で今日の体制を受け入れてきたのだろうか。

（4）「オニオン・ドーム」の下部からの支持

　ライトによれば，一般市民や個人企業労働者，小規模な企業の経営者，農村出身の労働者や農民といった「オニオン・ドーム」の下部の人々は，中国共産党が民営化と市場経済化を推し進めてきたとはいえ労働者の保護をはじめとする最低限の社会主義的制度を維持してきたことから，他の選択肢がない現状において，現行の体制の変革を求めようとはしないだろうと論じている。ライトは，こうした「オニオン・ドーム」の下部の人々に残る「社会主義の遺産」というメンタリティーに注目をしている。

　呉軍華は，「オニオン・ドーム」の下部の人々が体制を支持してきた要因を別のメンタリティーで説明している。呉は「弱政群体たる底辺階層はどの時代においても，政治・経済的な弱者であるが故に，他の階層と比べて，圧政は腐敗の被害をより多く被る立場にあり」，腐敗や圧政に対する不満が高まる傾向

にあるが,「それに対する批判の矛先はあくまでも具体的な官僚個人に限定され,共産党体制そのものに向かうケースは少ない」と指摘した。そして呉は,この要因を「中国社会において,悪いのは聖君の意思に反して自らを圧迫している官僚であり,聖君たる皇帝,現代流に言い直すと,共産党中央はむしろ自らを守ろうとしているのだという受け止め方が広まったといえる」と説明している。また,こうしたメンタリティーは,「上訪」という地方の人々が自らが直面している地方の問題を北京に出向いて中央政府に直接訴えようとする直訴が腐敗問題の深刻化に応じるかのように大規模化しているなかで,人々が地方において直面している問題を中央に直訴するという行動原理も説明できるという。呉は「社会的不公平に最も多く直面している弱者階層を含む多くの人の間で,共産党(の中央の)指導部がなおそれなりに信認されていることを示唆している」と論じている。人々が中央への直訴やデモ活動といった政治的リスクの高い体制外の政治参加の手段を選択する要因は,こうしたメンタリティーで説明できるだろう。「上訪」する人達は問題解決のために北京(中央)の介入を期待しているのである。少なくない研究者が,こうしたメンタリティーの存在を指摘している[6]。

このように中国共産党は「オニオン・ドーム」の上部から積極的な支持を得,そして下部からは中国の人々がもつメンタリティーに下支えされた消極的な支持を得てきた。こうして過去20年間の中国共産党による一党体制は安定してきたのである。

4 中国共産党の憂慮

しかし,いま中国共産党は一党体制の行く末について深く憂慮しているように見える。中国共産党は高い経済成長と国際社会におけるプレゼンスの向上を実現してきた。実績という意味での支配の正統性(performance legitimacy)を十分に得てきたにもかかわらず。

なぜ不安を埋めることはできないのだろうか。中国共産党が不安をぬぐいき

れない要因の1つは情報技術の発展にある。情報技術の発達によって，中国共産党が情報を独占するためのコストが高まっている。情報の独占は困難になってきた。

サミュエル・ホプキン（Samuel Popkin）は「メディアが変化するとき，選挙民と政治家の関係もまた変化する。一般市民が利用できる情報と公職者が利用できる情報には差があるため，公職者は政策利益の配分を自由に決定できる。……ある種の情報を政府の内部に閉じこめておいて市民から遠ざけておこうというインセンティブが常に（政府に）存在することを意味している。そうすることによって，……現在の政策を維持したり，政治的な地位を守ろうとするのである」と述べている。このことは，裏を返せば政治支配者にとってそれまで独占してきた情報を手放すことは，支配力の逓減を意味する，ということを説明している。ホプキンは「今日のメディア・テクノロジーの変化の影響は，グーテンベルグが活版印刷機を発明した当時と多くの点で共通している」と述べている。つまり「活版印刷は教会と政府の構造を変化させた」のである。「教会に属さない著述家が書物や小冊子を出版できるようになったとき，異なる意見を簡単に抑圧したり知識の独占を守ったりすることは，教会にとっても君主にとっても不可能となった。日常語で記された聖書が何十万人もの手に渡ったとき，聖職者達は彼らの解釈を弁護せざるを得なくなり，また聖書と調和しない方針はあらためざるを得なくなったのである」。教会が中国共産党であり，聖書を中国共産党による支配の原則におきかえてよめばよい。中国共産党は情報に関して主動的な立場から，受動的な立場に追い込まれていると言える。

情報技術の発展によって登場したインターネットは「活版印刷が教会と政府の構造を変化させた」のと同じような構図を中国政治と社会に及ぼしている。情報技術の発展，今日で言えばインターネットの登場は，政治権力の構造を突き崩す力を秘めている。中国共産党による情報の独占を突き破り，中国共産党による支配力を弱めるかもしれない。中国共産党は，この問題を深く理解しているがゆえに，近年，一層インターネットに対する管理を強化している。

そしてインターネットの登場は，「オニオン・ドーム」の上部の人々が独占

してきた利益を生み出すメカニズムに影響を与えるかもしれない。彼らが中国共産党と同盟を結ぶ動機が，中国共産党との間での利益の共有にあったのだとすれば，情報技術の発達は中国共産党による情報独占のコストを押し上げ，それまでの利益の独占のコストを高めるかもしれない。また情報技術の発展は，「オニオン・ドーム」の下部の中国共産党中央に対する信頼を引き下げる効果を働きかけるかもしれない。情報技術の発展は地方政府のみならず中央政府の政策の失敗や中央の指導者の腐敗の実態をより多くの人々に知らせることが可能なのである。また，彼らが不満を実際の行動にうつし，行動を組織化し，拡大させるためのコストも引き下げることができるかもしれない。

　いまひとつの不安は中国経済の先行きの不透明性は高まっているからである。これは実績にもとづく支配の正統性（performance legitimacy）の危機である。実績にもとづく支配の正統性は，中国共産党による一党体制を支えてきた集団からの支持を得る上での前提になっている。そうであるが故に問題は深刻である。実績が「オニオン・ドーム」の上部の人々との同盟を形成するモチベーションを生み出してきた。ジョセフ・チェン（Joseph Cheng）が「急速な生活環境基準の上昇とそれに対する国民の楽観的な見方が存在してきた」と指摘しているように，将来にたいする期待をたかめる実績は「オニオン・ドーム」の下部の人々からの支持をつなぎ止めてきた(7)。中国共産党の一党体制は，その喪失の危機に直面しているのである。

5　新しい生き残り戦略

　中国共産党は，かつて誰もが予想できなかったような華麗な変身を果たし一党体制という政治体制の維持に成功した。実績の正当性の喪失の危機に直面するなかで，インターネットの登場と普及という情報技術の発展は，中国共産党による一党体制に新しい挑戦をつきつけている。中国共産党は体制を維持するためには，いま一度，華麗な変身を求められているのである。

　どう変身するのか。ミンシン・ペイ（Minxin Pei）は中国共産党に対して興

味深いアドバイスを示している。ペイによれば中国共産党には2つの歴史的経験にもとづくお手本があるという。1つはソ連邦や東欧諸国の社会主義政党が政権担当政党としての地位を追われた後,政治勢力として周縁化していったという経験である。いま1つは長期に一党体制を維持していた政党が政権の座を追われた後に復帰したという経験である。中国国民党とメキシコの制度的革命党(PRI)はともに2000年に政権の座を追われた。しかしそれぞれ2008年と2012年に民主的な選挙をつうじて政権の座に復帰している。この経験である。

ペイのアドバイスによれば中国共産党には政治的な多元主義を受け入れる選択肢しか残されていない。もちろん中国共産党にはたくさんの選択肢がある。多元主義を受け入れるか否か。受け入れないのだとすれば体制を維持するためにどの様な「同盟」を形成してゆくのか。受け入れるのだとすればどの様なスケジュールですすめてゆくのか。実に多くの選択肢がある。

注
(1) 本章は下記の2つの原稿に大幅な加筆修正したものである。加茂具樹(2012)「生き残り戦略の継承と発展――「『三つの代表』重要思想」から「科学的発展観」へ」『国際問題』第610号,日本国際問題研究所,pp.5-16および加茂具樹(2012)「中国共産党のさらなる変容」『東亜』542号,財団法人霞山会,pp.26-35。
(2) "Where 'Jasmine' Means Tea, Not a Revolt", *The New York Times*, April 2, 2011.
(3) Dickson, Bruce J. (2011) "No "Jasmine" for China", *Current History*, pp. 211-216.
(4) 藤野彰(2008)「中国共産党の新指導思想に見る政治・経済・社会の変容――江沢民『三つの代表』と胡錦濤『科学的発展観』」『立命館国際研究』20巻3号,pp. 39-54。
(5) 加茂具樹(2012)「中国共産党の議会――政府の代理者と選挙区の代表者」日本比較政治学会報告:分科会E「非民主主義国における議会の機能」2012年6月24日,東京。Tomoki Kamo (2013) "Representation and Local People's Congresses in China: A Case Study of the Yangzhou Municipal People's Congress" (co-authored with Hiroki Takeuchi), *Journal of Chinese Political Science* (January 2013, forthcoming).
(6) 例えば,園田茂人の研究を参照。
(7) "Where 'Jasmine' Means Tea, Not a Revolt", *The New York Times*, April 2, 2011.
(8) "Survival guide for one-party regimes", *South China Morning Post*, July 10, 2012.

参考文献

加茂具樹・小嶋華津子・星野昌裕・武内宏樹（2012）『党国体制の現在――変容する社会と中国共産党の適応』慶應義塾大学出版会。
呉軍華（2008）『中国　静かなる革命』日本経済新聞出版社。
鈴木隆（2012）『中国共産党の支配と権力――党と新興の社会経済エリート』慶應義塾大学出版会。
鈴木隆（2012）「社会経済エリートの台頭に対する中国共産党の政治的適応――「3つの代表」論による党の組織変容をてがかりとして」加茂具樹・小嶋華津子・星野昌裕・武内宏樹『党国体制の現在――変容する社会と中国共産党の適応』慶應義塾大学出版会。
園田茂人（2008）『不平等国家中国――自己否定した社会主義のゆくえ』中央公論新社。
園田茂人（2012）「調和社会建設の試みと帰結」『国際問題』第610号，pp. 27-37。
菱田雅晴（2012）『中国共産党のサバイバル戦略』三和書籍。
サミュエル・ホプキン・蒲島郁夫・谷口将紀編（2008）『メディアが変える政治』東京大学出版会。
Chen, J. and B. J. Dickson (2010), *Allies of the state: China's private entrepreneurs and democratic change*, Cambridge, MA: Harvard University Press.
Dickson, Bruce J. (2010), "Dilemmas of party adaptation: the CCP's strategies for survival", Peter Hays Gries and Stanley Rosen eds., *Chinese Politics: State, society and the market*, London: Routledge, pp. 22-40.
Gandhi, Jennifer (2008), *Political institutions under dictatorship*, New York: Cambridge University Press.
Gilley, Bruce (2004), *China's Democratic Future: How It Will Happen and Where It Will Lead*, New York: Columbia University Press.
Landry, P. F. (2007), *Decentralized authoritarianism in China: The Communist Party's control of local elites in the post-Mao era*, New York: Cambridge University Press.
O'Brien, Kevin J. (1994), "Agents and remonstrators: role accumulation by Chinese people's congress deputies", *The China Quarterly* 138, pp. 359-380.
Shambaugh, David *China's Communist party: Atrophy and adaptation*, Washington, D. C.: Woodrow Wilson Center Press, 2008.
Wright, T. (2010), *Accepting authoritarianism: State-society relations in China's reform era*, Stanford, CA: Stanford University Press.

中国共産党関連年表

1978年12月	第11期中国共産党中央委員会第3回全体会議（通称，11期3中全会）開催。同会議以降，一般的に中国は改革開放路線を歩みはじめたとされる
1979年1月	中国，米国と国交を正常化
12月	大平正芳総理が訪中し，中国に対してODAを供与することを表明　改革開放路線を支援
1980年3月	「深圳経済特区」誕生。以降，中国の沿海地域に経済特区が設置され，改革開放政策が本格的に始動
1989年6月	天安門事件が発生。趙紫陽中国共産党総書記が失脚し，江沢民が中国共産党総書記に就任。国際社会から経済制裁を受ける
1992年2月	鄧小平，広東省を視察した際，「南方談話」を発表。同談話を機に天安門事件によって停滞した改革開放路線が再始動したとされる
1993年3月	中華人民共和国憲法の修正をおこない，中国の経済政策における基本方針に「社会主義市場経済」を位置付ける
1997年2月	「改革開放の総設計師」といわれた鄧小平が死去
7月	香港が中国に返還される
2001年9月	米国同時多発テロ発生
12月	中国，WTOに加盟
2002年2月	江沢民総書記，広東省を視察した際，「三つの代表」という考え方を発表
11月	第16期中国共産党中央委員会第1回全体会議開催。胡錦濤が中国共産党総書記に選出。「三つの代表」重要思想が中国共産党規約に盛り込まれる
2007年10月	第17期中国共産党中央委員会第1回全体会議開催。胡錦濤が総書記に再選。胡錦濤総書記が提起した科学的発展観が，マルクスレーニン主義・毛沢東思想・鄧小平理論及び「三つの代表」の重要思想を受け継ぎ中国の特色ある社会主義を発展させるために必要な重要な戦略思想であると確認
2008年8月	北京オリンピック開催
9月	リーマン・ブラザーズ破産。バンク・オブ・アメリカがメリルリンチを救済合併。世界金融経済危機発生
11月	金融・世界経済に関する首脳会合（通称，G20）がワシントンで開催。中国も同会合のメンバーとして参加
2009年10月	中華人民共和国建国60周年
2010年5月	上海国際博覧会開催
2011年1月	中国国家統計局，中国の名目国内総生産（GDP）が約39兆7983億元（約514兆円）になったと発表。新聞各紙，中国の経済規模が日本を上回り世界第2位となったと報道
7月	中国共産党創立90周年

2012年1月		中国インターネット情報センター（CNNIC）が「中国インターネット発展状況統計報告」最新版を発表し，中国のインターネット利用人口が2011年末で5億人を突破したと報告
	11月	第18期中国共産党中央委員会第1回全体会議開催。習近平が中国共産党総書記に選出

第8章

ガバナンスと宗教
　　——体制転換の狭間に学ぶ——

奥田　敦

1　公共宗教とガバナンス

（1）　近代ヨーロッパの「普遍妥当性」の終焉

　宗教や信仰，あるいはそれらにかかわる事柄を社会から切り離そうとする点に，近代という時代の大きな特徴がある。近代において宗教は，世俗化という過程と，合理化という思考と，私事化という制約の中に置かれている。そこでは，宗教あるいは「聖なるもの」は公的であることをやめ，個人の内面へと追いやられ，個人の外的な関係，すなわち社会からは，その居場所を奪われている。つまり宗教あるいは「聖なるもの」は，「世俗化」「合理化」「私事化」という近代の傾斜において，個人の内面のレベルならばとにかく，社会のレベルには「あってはならないもの」なのである。宗教を社会科学的な考察の対象にしたり，宗教的な価値を社会科学の中に持ちこもうとしたりすると，時に強烈なアレルギー反応に見舞われることがあるのは，まさにその宗教に関する近代の傾斜に逆行するからなのであろう。

　しかしながら，宗教社会学という学問領域の存在が示すように，宗教がまったく社会関係の学問の対象にならないのかといえば，それも違う。マックス・ヴェーバーが『プロテスタンティズムの倫理と資本主義の精神』のなかで，「或る経済形態〔をささえる〕「エートス」の生誕も特定の宗教的信仰の内容によって条件づけられつつおこなわれるのだということ」（ヴェーバー，1972, p. 24）を究明したことはあまりにも有名である。また，これよりさらに直接的に，

ユダヤ人の行動様式について，それは，貨幣を神とし，契約を祈りとするような宗教的行為として捉えられるというマルクスの指摘もある。「世俗化」「合理化」「私事化」という近代に対してもまた，そうした傾向の生誕の端緒としての宗教を看過することはできない。

ところでヴェーバーには，そうした議論を展開する前提として，近代ヨーロッパの文化世界の「普遍的妥当性」の認識がある。それは「なぜ，他ならぬ西洋という地盤において，またそこにおいてのみ，普遍的な意義と妥当性を持つような発展傾向をとる文化的諸現象が姿を現すことになったのか」（ヴェーバー，1972, p.5）という問いが近代ヨーロッパの文化世界の研究において一般に立てられるとしていることに顕著である。近代ヨーロッパの文化世界の「普遍的妥当性」は，むしろ拡大の傾向にあり，2つの世界大戦を経てそれは西側全体の普遍主義へ，さらに冷戦の終結後は，アメリカの文化世界の普遍妥当性が徹底的な世俗化と合理化によってグローバル大の展開を見せたのである。

しかしながら，成長の限界や資源の有限性が叫ばれ，地球温暖化，環境問題，富の分配の著しい不均等，世界の多様性，多元性などが認識されるようになった現在，世俗的権力が集中体としての国家と経済的合理性の集合体である市場を核とするアメリカ中心のグローバリゼーションの普遍妥当性に対しては，さまざまな異議申し立てが行われている。民主主義と自由主義を世界に広げる。このことがこのグローバリゼーションの政治経済的な目標となる。ところが，現実に西洋世界のそこここで起きているのは，むしろ民主主義や自由主義の理想を裏切るような事態である。民主的な手続きを通して自分の思いを実現してくれるはずと選んだ政治家が，権力の側の一員となった途端に，望みもしなかった負担を強いてくる。自由なはずの市場が，世界の人口に比べたならばほんの一握りの富裕層にとっての実の自由な市場と化し，貧困層は，市場という場に留まることすら覚束ない。先進国においてさえ起きているこうした状況では，まさに「世俗化」と「合理化」に人間が押しつぶされている。こうした国家と自由市場の狭間で「市民社会」の連帯と自律的協調への期待が高まっている。

つまり，本来的に市民社会とは，自由で平等で独立な市民からなる社会であ

るはずなのであるが，市民社会の理想に現実がついていけていない。いや，むしろ市民社会の暴走に市民がついていけていないと言った方が正確なのかもしれない。もはや市民たちは巨大な官僚機構を信頼することも，また私的な市場に道徳的かつ市民的な価値を見出すこともない。ベンジャミン・バーバー (2007, p.66) は，現在の市民社会には市民の居場所がない，あなたと私という「私たち」を迎える場所がないと嘆く。そうした宙ぶらりんの市民たちに対してさまざまな市民的共同体がその受け皿となるが，実際的な意味でその1つとなっているのが「公共宗教」である。

(2) 公共宗教の「公性」を問う

　この「公共宗教」の動きを豊かな事例に裏打ちされた実証的な手法で明らかにしたホセ・カサノヴァ (1997) は，スペイン・ポーランド・ブラジルのカトリシズム，そして合衆国のカトリシズムとプロテスタンティズムを取り上げ，これらの宗教の「脱私事化」について論じる。つまり，これらの宗教が「私事」でだけあることをやめ，国家権力から一定の距離をとったり，対抗したりすることによって「市民社会」の成立をいかに促したかを明らかにする。国家にもよらず，また市場にもよらない市民による市民のための「公的領域」を，宗教が「脱私事化」を通じて用意しているのである。

　カサノヴァは，カトリシズムを中心とした5つの事例の検証を通じて，近代の公的領域に宗教の介入を導く条件として3つの因子をあげる。まず，その宗教が，個人救済のためのみではなく，公的で共同体的なアイデンティティを有していること。次にその宗教が，倫理共同体としての，そして普遍的救済の主張としてのチャーチを維持していること。さらに，グローバル化という状況の中で，社会を超越した普遍的な宗教としてのアイデンティティを有していることである。これら3つの因子がそろえば，たしかに小さく自らの幸福をのみ祈っていた個人同士が，自分の殻を破って同じ立場にある人々と連帯し，強調する契機を与えることにはなろう。

　こうしてまさに皮肉にも，カサノヴァ (1997, p.297) も指摘するように近代

からあらゆる打撃を被ってきた宗教が，近代の自らの救済に手を貸している状況である。しかしながら，宗教の公的で共同体的なアイデンティティにしても，教会という組織あるいは制度にしても，グローバルなアイデンティティにしても，それらは，国家や市場を包み込むものではない。今や，国家には国家のそして市場には市場の排他的な論理があり，それら宗教的な事柄は，国家にも市場にも居場所を見出せない市民たちの内部的な原則を提供しているに過ぎないのである。「脱私事化」とはいっても，「私事」でない事柄を誰と共有しているのかといえば，たとえ暮らす社会は別であっても，国家と市場の狭間に置かれた「私」と同じ境遇にある者たちなのである。こうした「私」どうしによって結ばれる「公的領域」のひろがりは，国家も市場も含まないという点で，限定的なのである。それは，「市民社会」としての「公的領域」が，「私的」でありながらも「公的」であり，「公的」でありながらも「私的」であると形容されるにとどまることと無関係ではない。宗教における本来的な意味での「公性」が，立場や状況も超えてすべての人々を現世と来世にわたってつなぎとめるものであるとするならば，「公共宗教」の想定している「公性」は，あまりにも貧弱である。

　「脱私事化」の結果が，宗教の「私たち化」に収斂してしまったとするならば，そこにあるのは，結局，一人で祈るのか，それとも同じ立場の誰かと祈るのかの差でしかなくなる。西洋近代という世俗主義と合理主義の結晶が，結局は，市民社会というメシアを待つ（奥田, 2009）。カサノヴァの脱私事化論はそのことを示唆しているのではなかろうか。彼は慎重にも彼の観察がある特定の歴史的な状況の中で選択の問題に過ぎないとしているが，キリスト教という宗教の枠を超えて，すべての人間を包み込むような「公性」を湛えた宗教からの議論が求められる。

2　宗教と王権

（1）　カエサルのものもイエスのものもアッラーに

　「カエサルのものはカエサルに，神のものは神に」とは，ローマに対する徴税に応じるべきか否かを問われたときのイエスの答え（マタイの福音書22節）に発するもので，政治学的には，政教分離の考えの端緒に位置づけられる聖書の一節である。徴税に応じる必要は信仰上は認められないにもかかわらず，徴税を否定すれば反逆者扱いが必至の状況で，硬貨に刻印されたカエサルの像を指して，「カエサルのものはカエサルへ」と苦肉の発言であった。政教の分離は，信仰者の信仰を守る点では優れているかもしれないが，信仰者自身は常に政治的で社会的な主体としての自分と，信仰の主体としての自分との間の分裂と矛盾を生きることを余儀なくされる。とは言え，キリストの教えは，基本的に，政治的・社会的なルールに長けているわけでない。ローマの徴税を，信仰に従って拒否することも，あるいは現実的に選択によって受け入れることも可能ではあるが，ローマに代わって人びとの物質的な生活を支えることはできないのである。

　このように信仰や宗教と政治，あるいは宗教権と王権は，対立するものと考えられがちであるが，これもまた，キリスト教を――それが積極的な意味合いであるにせよ，消極的な意味合いであるにせよ――背景にしたヨーロッパ政治史を範としていることに負うところが大きい。宗教と政治が対立や矛盾の関係に置かれるのではなく，補完的に位置づけられる政治理論もまた人類史の中には確認できる。その代表格が，イスラーム圏の政治理論である。ここではイブン・ハルドゥーン『歴史序説』（2001）の中に，宗教と王権の関係を訪ねてみたい。

　イブン・ハルドゥーンにとって政治の諸規定はただ現世の利益のみを考えるものでしかない。そもそも王権の真実は，人間の社会にとって「必要不可欠な有機体」であり，「怒りと動物的本能から生ずる拘束力と強制力を伴うもの」

であるとする。王権がその本性のままに振る舞えば，人びとは，支配者の目的と欲望に従って行動させられる。政治的な王権は，「現世的な利益を増進させ，損害を回避するかを知性で洞察することによって」，人々を行動させるのである。その際，支配者はその支配下にある人々に対して，「彼らの能力以上のことを強制する」ため，支配者の規定は人々の生活状態を破滅させ，それが支配者への不服従，そして暴動や流血の事態へとつながるのである。ここには，哲人王への期待は見出せない。人間は必ず度を超えてしまうのである。

　そこで必要になるのが，人々が認め従うような政治的規範の制定であるとイブン・ハルドゥーンはいう。彼は，法の制定方法に２つがあるとする。１つ目は，「有識者や王朝の指導的人物とか洞察力の持ち主とか」による制定であり，その結果は理性に基づく政治となる。２つ目は，アッラーによる制定であり，それは法規を決定し，制定する立法者を伴い，その結果は，現世と来世の両方の生活に資する宗教的な政治となる。どちらがより人間の幸福，安寧に即しているのかといえば，後者の宗教的な政治の方である。理性的な政治によって実現されるのは，所詮，死とともに滅びてしまう現世的な幸福に過ぎない。しかもそれは支配者の専制を伴うため，理性的な政治とはいえ，常に不平等と不公平が付いてまわる。

　これに対し宗教的な政治においては，不平等や不公平の入り込む隙間のない「最後の日」の裁きが控えている。いかなる支配者であってもこれからだけは免れることができない。たとえ生前に無実の罪を着せられ，不当に搾取され，圧政の犠牲になっていたとしても，死後，来世においては，完全無欠の正義が実現される。その正義の裁きによって楽園を永遠の住処とすることこそが，支配者であると被支配者であるとを問わず，目指すべき幸福であり安寧なのである。

　人間とその社会が存続していくためには，ホッブズ的な自然状態の克服が必須となる。そのためには，統治者が必要であり，さらにいえば，攻撃においてもまた防御においても連帯意識が必要となる。しかし，その統治者にしても，あるいはまた連帯意識にしても，それらを抑制し，また導いてくれる教えが必

要になる。統治者もまた連帯意識も度を超えやすいものであることに変わりはないからである。そこに社会にとって、あるいは政治にとっての宗教の必要性がある。

ここにおいて、宗教は政治を補うものではない。宗教が、それにふさわしい政治によって実現されるのである。そのことはイスラームにおける人間の目的、あるいはイスラームの法の目的の中に見て取ることができる。

(2) シャリーアの目的をめぐる理想と現実

人間の目的は「現世の安寧にだけあるのではない」とイブン・ハルドゥーンはいう。それは、「宗教」なのであり、それはクルアーンのいう「来世の幸福に導き、《天にあり地にあるすべてのものを所有するアッラーの道》（相談章53）」なのである。王権もまた、一人ひとりの人間が、来世において楽園に入ることができるよう、そこにつながる「信仰のまっすぐな道」に人々を導かなければならない。ところが、王権それ自体は、世俗的で恣意的なもの。まさにこの王権を宗教の道に沿うように導くのが、宗教法、すなわちシャリーアなのである。

その宗教法について、イブン・ハルドゥーン（2001, p.495）は、「立法者の意図は来世における人間の安寧である」として、宗教法の求めに応じて、現世のことも来世のことも、ともに宗教法の諸規定に従って」人々を行動させることの必要を説く。そのことは、イブン・ハルドゥーンのほぼ同時代にグラナダで活躍した法学者シャーティビーに詳しい。法の目的論の理論的完成者とされるシャーティビーによれば、シャリーアの目的は、現世および来世の福利の実現であり、その福利の実現に欠かすことのできないのが、5つのダルーリーヤート（必須事項）である（奥田, 2003）。

その第1にあげられるのが、「宗教」である。2番目以降には、「生命」「理性」「子孫」「財産」が続くが、「宗教」にはそれらに優先する地位が与えられている。生命を脅かすような脅威から自由なだけでは、あるいは、ただ生存権が保証されているだけでは、不十分なのである。財産と子孫と教育に恵まれ、

また与えられたとしてもそれだけでは来世も含めた福利は実現されない。「宗教」が必須事項の第一として守られることによってはじめて、人間は、よく生きること、つまり生死を越えて自らの在り方に尊厳と意味を与えられるのである。

　イスラームの政治において、王権的な権限を有したのが、まずは預言者であり、のちには預言者の代理としてのカリフたちである。イブン・ハルドゥーンの整理によれば、カリフは、礼拝のときの導師（イマーム）になぞらえて、大イマームと呼ばれることもある。また「スルターン」の名をもって呼ばれることもあるが、カリフとしての条件を欠くなど実質を伴わないとされる。ただし、イスラームではいわゆる聖職者が認められないため、トマス・アクィナスのいうような「王は聖職者のもとに置かれなければならない」状況は、原則的には生じえない。

　宗教の政治に対する優位が、人によるのではなく、法によることが可能になる背景には、聖典の性質と法体系の在り方が関係する。イスラームの聖典は、最後の預言者であるムハンマドを通じてくだされた、完成態としての教えである。したがってそこでは、キリスト教の理想的統治について、トマス・アクィナスが王たるものが神の法に通暁していなければならない根拠を、新約ではなく旧約に求めているような事態も生じない。イスラームにおいては、旧約も新約も神の書として認めるが、イスラームの法においては、クルアーン（コーラン）とスンナ（聖預言者の言行）が、不易不動の確定的な法源としての地位を占める。先行する一神教と教えの根幹は共有しつつも、より柔軟でより包括的な法が、人間の側からの努力によって引き出されるようになっているのである（奥田，2010）。

　しかしながら、王権と宗教権の緊張関係は、歴史をみる限り、西側においても、またイスラーム圏においても大方において王権の側に吸収されたといってよい。つまり、西側の世界においては、宗教権を代表するとされていた聖職者や教会、あるいは聖書が、国家の秩序からも、市場の秩序からも退場し、あるいは、世俗内職業をコーリングと位置付けることによって信者の行動を資本主

義の論理に取り込み、あるいは、神の見えざるを市場に介入させるなど、資本主義や社会主義、自由主義、民主主義、共産主義といったイデオロギーや政治経済体制にとって代わられている。

　イスラーム圏においても、植民地支配後の国民国家では、強力な国家元首——それが、大統領であれ、国王であれ——による権威主義的な支配体制が大勢を占めている。シャリーア（イスラーム法）は確かにイスラーム圏の多くの国々の憲法の中で、法の正当性の根源として位置づけられているし、イスラーム法学という学問領域も廃れてはいない。しかしながら、サラフィー主義をイスラーム諸国に対して拡大しようとするサウジ・アラビヤにしても、建国記念日を祝日にするなどナショナリズム的傾向が顕在化している。法学者の統治を掲げるイランにおいても選挙の結果選ばれた大統領は、宗教者ではないし、イランの宗教者の権威がシーア派を超えて受け入れられるとも考えにくい。また、モロッコの国王は、宗教的権威の頂点でもあるが、その権威はモロッコのみに限定される。多くのイスラーム諸国において、イスラーム学も宗教的な権威も存在するが、それらは国家権力に支えられ、あるいは囲い込まれているという側面がどうしても目につく。

3　体制転換の狭間に

（1）　自律的セーフティーネットとしての宗教的実践

　ベルリンの壁の崩壊およびグローバル化の進展に伴い、社会主義からの体制移行あるいは体制転換が政治経済学の研究の対象になってきた。社会主義からの体制移行については、例えば、中東欧諸国、中国、ベトナムなどがあげられよう。イスラーム教徒が大多数を占める国々もまた、多かれ少なかれ、この移行の影響にさらされた。ソ連型あるいはソ連寄りの政策を敷いてきた諸国、例えば、シリアや北イエメン、ソ連の崩壊とともに、独立国となったカザフスタン、ウズベキスタン、タジキスタン、トルクメニスタン、キルギスなど中央アジア諸国が想起される。

その中央アジア諸国は，ソ連崩壊の独立後，概して大統領を中心とする権威主義体制をとり，そこではミニ・ソ連ともいうべき官僚制国家が誕生した。経済体制については，ソ連経済システムとの連続性が指摘される一方で，市場経済化政策の進展度から2つのグループに分けることができる。すなわち，強力な国家主導によって管理型の経済政策を敷くウズベキスタンとトルクメニスタン，経済権力を企業に分散させ，国家からの統治権の発動は必要範囲にとどめるカザフスタンとキルギスである。金融法整備支援など日本からの援助も積極的に行われている同地域ではあるが，政府と新興財閥グループとの癒着から，域内の格差問題，さらには，アラル海流域の水資源環境エネルギー問題に至るまで，社会主義から市場経済，さらにはグローバリゼーションという経済的移行に伴う問題が山積である。

　社会主義から市場主義への移行を考える際に無視できないのが，地域に固有の経済である。例えば，シリアにおけるスークと呼ばれる伝統的な市場とそれを中心とした経済活動である。ソ連崩壊後に，旧ソ連圏における物不足が盛んに報じられていたころ，市場（スーク）には，食料品であれ，日用品であれ，物にあふれ，活気に満ちていた。ソ連崩壊以前には貴重品であったティッシュペーパーが国内需要にまわされもはや不自由しなくなったのは記憶に新しい。ソ連圏などとの関わりの中で，国営企業を通じて社会主義的に国家が統制している経済をフォーマルセクターと呼ぶのであれば，ソ連崩壊という，経済をめぐる体制や環境の激変の狭間に，インフォーマルな経済活動の力強さを印象付けられたのである。体制や環境の移行や変化そのものにではなく，それらの狭間に垣間見えるものがあるということである。

　スーク経済は，社会主義主導でも，資本主義主導でもない。慣習経済ということはできようが，それでも十分にその性質を言い当てているとは言い難い。なぜならば，その存立の基礎が，少なくとも1人ひとりの商人の行為の基礎が，イスラーム法にあるからである。例えば，シリアのみならず，イスラーム世界を代表するスークの1つであるアレッポのスーク商人たちの多くは，イスラームの商業倫理を重んじ，イスラーム教徒としての義務の履行にも熱心である。

イスラームにおいて誠実で信頼のおける商人は、来世において預言者と同じ高い場所を与えられるとされ、約束の厳守、度量衡の正確、瑕疵の排除、社会への奉仕などが国家法による秩序とは別のレベルで実現されることになる。

　イスラーム教徒としての義務の履行も重要である。とりわけザカート（喜捨）は、注目に値する。ザカートとは、礼拝、斎戒、巡礼などと並ぶ、イスラーム教徒にとっての基本的な義務の1つで、イスラーム共同体（ウンマ・イスラーミーヤ）に対する富の第2次的還流の性質を有する。商人たちについていえば、自分たちの儲けの中から、困窮者、貧困者らに対して経済的な支援を行う。商人たちの中には、篤志家や慈善団体などと組んで、義務としての施しのみならず、善意の施し（サダカ）を行う者もいる。こうした行為を通じて、国家の制度の如何や統治者の誰何にかかわらず、困窮者、貧窮者を助けることのできる秩序がそこには存在していることになる。

　アレッポのスークにはいたるところにモスクがあり、礼拝の時間となれば、近くで店を構える商人たちでいっぱいになる。礼拝という行為は、自分たちが真に従うべき存在を1日に5回確認し、もしもずれている場合には、正しい道に導かれるよう修正を施す行為であるという側面を持つ。商人だからといって、商売繁盛を祈るのではない。むしろ、儲けやお金にとらわれることなく、あるいは、権力や財産に絡めとられることもなく、イスラーム教徒としての義務を果たし、人間としての道を歩んでいけるよう祈るのである。こうして見ると、礼拝と喜捨という信仰行為は、個人の内面的な救いという面もさることながら、自律的なセーフティーネット形成という面があることにも気がつく。しかも信仰行為の実践の担い手は、商人たちに限らない。イスラーム教徒であれば、義務としてこれを行うことになるのであり、したがって、その実践が十全であれば、セーフティーネットもまた十分にしかれることになる。

(2) ウズベキスタンのラマダーン

　イスラームの5行の1つに、ラマダーン月の斎戒（サウム）がある。シリア社会では、この義務の履行は、社会全体としてよく保たれている。1日の斎戒

の開ける日没時，街区からは人も車も姿を消して，ひっそりと静まり返る。1日の辛抱を讃えあいながら，アッラーに感謝して，斎戒明けの食事を家族や親戚，あるいは友人たちとともにしている様子が，家の外からであっても手に取るようにわかる。善行をなせというのではなく，食べ物，飲み物を控えるという最も消極的な方法で，人間がもっている基本的な欲求を日の出前から日没までに限って抑え，ひもじさをあえて作り出し，すべてのイスラーム教徒がこれを分かち合う。共有するものが，農作業や漁労に伴う困難と，収穫の喜びであったとしたら，生産様式の違う人々とこのことを共有することは難しい。そうした差異にかかわりなく人々は困難を共有する。そもそも空腹には貧富の差もない。富める者と貧しい者の間の連帯の素地が醸成されていると見ることもできる。したがって，少なくとも教えのレベルで話をすれば，礼拝，喜捨，斎戒が十分に行われている社会では，人々のイスラーム教徒としての意識とその共有も含めて，盤石な社会的な基盤が築かれることになる。

　おそらく病気などの事情のない人であれば意志一つで行うことのできる，ラマダーン月の斎戒という義務であるが，2009年のラマダーン月に訪問した際のウズベキスタンでは，一般市民がサウムを行っている姿に出会うことはなかった。もちろん，熱心な信者や宗教関係者，イスラーム神学校に通う学生たちは別である。『正伝ハディース』のブハーリーの出身地であるブハラーの神学校では，整えられた環境の中で，体系的にイスラーム諸学の教育がなされていた。しかしながら，モスクの壁の外側では，日没の薄暗がりの中，声を上げながらサッカーに興じる少年たちの姿があった。イスラームの信仰は，壁の内側で博物館的な形で守られているという印象は免れえなかった。ラマダーン明けの早朝に行われるイード（祝祭）の礼拝は，状況が違っていた。礼拝にでかけたタシケントでも有数のモスクでは人があふれ，何千人という人々とともに路上で礼拝を行った。サウムはしないがイードは祝う。本来はサウムあってのイードである。そこにあるのは，形骸化した信仰の姿であった。そうであったとするならば，信仰行為にセーフティーネットの醸成を期待することも厳しいということにならざるを得ない。

ところでウズベキスタンには，マハッラという近隣関係を基礎とするコミュニティーが伝統的に存在する（ダダバエフ，2006）。ソ連時代にはイスラームの宗教儀礼が保持される場であったり，貧困者への経済的な支援が行われたりとイスラーム的な要素がないわけではないが，いずれにしても限定的である。マハッラには，かつて，部族・種族あるいは職能集団をもとに作られたものもあったという点からしても，信者の全体の福利を指向したものとは言い難く，また，日常生活の問題の受け皿としての性格の方が強いという指摘からも，信仰生活の受け皿とは言い切れない面がある。現在，独立後のウズベキスタンでは，国家によるマハッラの公式化，組織化が進められているが，行政の側から行われている組織化との抵触，富裕層および若年層の帰属意識の希薄化など，マハッラの活動が必要最小限に抑制されていたソ連時代とは，違った問題が顕在化している。イスラーム原理主義の流入をせき止め，また対テロ戦争の最前線として治安維持機能が目標の1つとなっている現状やマハッラにおける貧者への支援が，ザカートなどの信者からの浄財ではなく，主として国家予算などによって賄われている点に鑑みても，国家権力との関係が，その成立に大きく関与するようになってきていると言える。

（3）「ルーフ的価値」について

　中央アジア諸国が共通して抱える問題が価値の空洞化である。ウズベキスタンについては，カリモフ大統領によるルーフ的内面的属性についてのアラビヤ語著作『究極の価値』が参考になる。この著作は，今日のウズベキスタン的状況の中で，イスラームの信仰の新しい在り方を示したものともいえるが，そこで注目されているのは，礼拝，喜捨，斎戒といったイスラームの身体的行為のレベルではない。「あなたがたの中で最善の者とは，現世のために来世を捨てず，また来世のために現世を捨てない者である。」というムハンマドの言葉を引用しながら，人間のルーフ的内面的属性がよって立っているのは，この2つの世界であるとする。世俗的な価値と宗教的な価値の密接な結びつきとバランスの重要性についても指摘している（カリモフ，2009, p.63）。

ルーフ（霊，聖霊）とは，本来人間の内面にあって，すべての人間がアッラーから与えられ，アッラーとつながっている部分であり，もしも人間がルーフのままに生きることができれば，それは，アッラーの命令に一切違反することのない天使のそれと同じになる。しかしながらカリモフのルーフ的内面的属性には，ルーフについてのこうした説明は付されていない。むしろ彼は，世俗，現世，物質などと対立する概念として，最も広い意味でルーフ的内面的属性の語を用いている。もしもこの概念が，イスラームの教えのレベルでいうところの「ルーフ」的性質を担っているものであるとするならば，それは民族や人種，文化や伝統の違いを乗り越えて，すべての人間をつなぐことができるはずである。

　しかしながら，ここで扱われる「ルーフ的なるもの」は，ソヴィエト時代の官僚主義と対比されて，「ウズベキスタン人民のルーフ的生」という用いられ方をしている。また，カリモフは，市場経済と民主主義社会への移行にあって民主主義の確立が必須であるとの認識を示すが，その確立のための双翼である国家と社会において，国家の基礎が法であるならば，社会を方向づけるのが「ルーフ的基礎」なのである（カリモフ，2009，p.71）。つまり，強い国家から強い社会へのウズベキスタン人民の側の主導原理が，このルーフ的基礎なのである。他方，カリモフは，「ナショナリズム思想」について，それは特定の民族のものではなく，栄光あるわが大地，ウズベキスタンにあるすべての民族のための思想であるとしている。このことを考え合わせると，カリモフの主張する「ルーフ的」基礎なり内面なりは，ウズベキスタンナショナリズムに収斂させられていることが分かる。むしろ，ウズベキスタンの国民意識を形成・強化するための装置として用いられているとさえ考えうる。

　「ルーフ」については，クルアーンが明らかにしているように，人間の側に与えられている知識は僅かである。つまり，理論ではなく実践を通じてわかる概念なのである。ルーフ的な実践とは，その現われでもある「敬虔さ」を体現することである。「敬虔さ」が，礼拝，喜捨，斎戒などの信仰行為の実践を通じて表現され，また獲得されるのだとすれば，ルーフ的内面が生きるためには，

信仰的な実践が必要条件となる。もしも，信仰的な実践を欠いたまま，「ルーフ的な価値」が唱えられたとき，そこには恣意性も入り込みやすくなる。戦時中の社会においてすでに観察されていることではあるが，こうしたロジックにおいて敬虔さが，アッラー以外のものに向けられてしまうことも十分に起こりうる。

　体制移行の狭間に見えた「ルーフ的価値」ではあるが，ウズベキスタンの場合，それはナショナリズムの強化に向けられている。もちろんそれを提示しているのが，国家元首たる大統領であるゆえ，国家の統合原理としてそれが用いられるのは，当然ではある。日常的な宗教行為を特定の国民しか実践していないとなると，空洞化してしまった価値を宗教の実践が埋めることは期待できないということになる。体制の移行の狭間に，信仰行為の実践の不在が垣間見られたのであれば，そこにガバナンスの自律的な情勢は期待できないということになり，国家による一層の支配の強化が待っていることになるし，その体制が万が一終わりを迎えるような事態に至っては，社会もまた体制とともに終焉の危機にさらされよう。

　社会主義も資本主義も，正義あるいは公正を求める体制として表れることはあったとしても，またそのことを期待されることがあったとしても，全人類にとっての正義や公正の基礎や根拠としては，すでに歴史と経験が示す通り，とても十分とはいえない。つまり，全人類にとっての正義や公正の基礎を与え，曲がりなりにも人類社会を存続させているのは，社会主義でも，資本主義でも，それらの派生形や移行形，あるいは組み合わせでもない。人間の物質的豊かさへの欲望がより自由な形で認めてくれるからといって，資本主義が，人間の富と力とエネルギーの分配の最終的な体制ではない。資本主義自体が社会主義的な修正をたびたび必要としていることからも明らかであろう。資本主義にせよ，社会主義にせよ，当初それを主導してきた人々が「普遍的」であると思いこんだのとは裏腹に，ある歴史的所与の中で生みだされた「歪んだ真珠」であったことを思い起こさせてくるきっかけが，体制移行あるいは体制転換の狭間にあるのではなかろうか。

4　体制転換のためのガバナンスから体制転換に囚われないガバナンスへ

（1）「宗教」に対するあらたなまなざし

　国際場裏で最初にガバナンスという概念がもてはやされたとき，それは援助の条件としてのグッド・ガバナンスであった。つまり，自由民主主義を，あるいは資本主義を政治経済の体制として受け入れ，あるいはその実現を目指す，まさに移行へ——それは必ずしも社会主義からのものだけではなかったが——の援助の条件であったのである。つまり，ここにいうガバナンスは，体制移行あるいは移行体制の実現という目的に織り込まれていたのであって，それは事柄の性質上，一国内あるいは一地域内のガバナンスにならざるを得ない。とはいえ，そうした条件を満たして援助を受けた国々に何が起きたかを見ればわかるように，国全体としての経済成長は果たしたとしても，その国のガバナンスの状況は，貧富の差の爆発的な拡大など，むしろ悪化をたどったのである（例えばスティグリッツ（2002）など）。地球が1つのコミュニティーとなっていくためのグローバルなガバナンスの方がむしろ求められる時代に，「ガバナンス」が，アンチ・ガバナンス的事態の引き金になってしまったのである。

　こうした状況の中で，近代に入って宗教とも教会とも決別した，西側の社会の内部においてさえ「宗教」に対する見直しが起こっていることは注目に値する。市民社会の受け皿としての公共宗教としての宗教あるいは宗教団体の活動については，冒頭に紹介した通りである。しかしそれ以上に注目したいのが，ユルゲン・ハバーマスとヨーゼフ・ラッツィンガーの討論（ハバーマスとラッツィンガー，2007）の中で示された「キリスト教信仰と世俗的合理性という2つの文化が普遍性を持っていないという事実」に基づきつつ，理性は宗教以上に人類を破滅に追い込むような病理を抱え込んでいることを正視し，「理性の神的な光を宗教に対するコントロール機関としてみる」ような形で両者の間にある相関性が，必須であることの指摘である。つまり，理性の一切を否定して

宗教に傾けば，宗教戦争の悪夢が再現し，宗教の一切を否定して理性に傾けば，核戦争の悪夢が我々を待ち構える。

　ラッツィンガー（現ローマ教皇）は，こうした前提のもとでイスラーム圏や，ヒンドゥーイズムおよび仏教圏との異文化対話の重要性を説く。ラッツィンガーと対談を行ったハバーマスは，公共の問題について，信仰を持った市民が彼らの宗教的な言語で議論を提供する権利が否定されてはならないとして，彼らの主張の翻訳への努力に対する世俗化された市民の参加に対する期待を表明する。このように，キリスト教社会自身が，他の宗教との対話や信じるものを持つ人々とそうでない世俗主義的な人々の間のコミュニケーションによって，自らの主張してきた普遍性の誤りを省みようという方向性は評価できるが，それでもなお気にかかるのは，ガバナンス的な層もすべてガバメント的な層に収斂されて，その意味で一元的になってしまっているのではないかという点である。つまり，宗教と理性が，ガバメント的な主導権をめぐって綱引きをしているような状況なのである。

（2）ガバナンス醸成の基礎としてのイスラーム

　しかしながら，体制転換にかんして2012年の夏に世界に伝えられたのは，日に日に犠牲者の数を増すシリア国内における体制側と反体制側の暴力の報酬である。チュニジア，エジプト，イエメン，リビアでの一連の動きに触発されたかのようなシリアの体制打倒の動きであるが，2012年7月，ラマダーン月を迎えたにもかかわらず，暴力の応酬は激化し，世界で一番安全な場所とさえ讃えられるアレッポ城門前を擁し，今回の事態に対してもこれまで比較的安定を保ってきたアレッポ（奥田，2011b）においても多くの死者が報道され，町の中心に近い場所でも家屋の破壊が進むなど，一部市民は避難を余儀なくされている状況で，町全体が戦争状態に置かれている。

　反体制派が外部からの支援も得て武装していることは確実で，政府側の弾圧に理由を与えているとも言える。許すことができないのは，その暴力の応酬がここでも一般市民を巻き込んでいることである。まさに罪のない人々の生命と

財産が危機的状況にさらされている。

そこにあるのは、民主化を要求する丸腰の市民たちとそれを暴力によって徹底的に弾圧しようとする政府側という単純な図式ではないし、ましてや政権側少数派のアラウィー派と市民側多数派のスンニー派の宗派間対立に収斂できるような話でもない。むしろ暴力性を正統性の根拠としている国家という統治装置の本性と、民主化という神話では、そこで捧げられる犠牲までもが民主よろしく生身の人間の生命であるという事実とが、日に日に剥き出しになって迫ってきているということなのである。

クルアーンは次のようにいう。《アッラーは只次のような者を、あなたがたに禁じられる。宗教上のことであなたがたと戦いを交えた者、またあなたがたを家から追放した者、あなたがたを追放するにあたり力を貸した者たちである。かれらに縁故を通じるのを（禁じられる）。誰でもかれらを親密な友とする者は不義を行う者である。》（諮問される女章9）。またイスラエルの子孫たちはアッラーと《あなたがたは仲間で血を流してはならない。またあなたがたの同胞を生まれた土地から追い出してはならない。》（雌牛章84）という約束を自分たちの承認と証言によって結んだにもかかわらず、互いに殺し合い、一部の者を生れた土地から追い出し、罪と憎しみとをもって対立した（雌牛章85）のである。彼らには現世では屈辱が、審判の日には最も重い懲罰が与えられる。

無差別に人を殺した者は、裁かれる立場に置かれるのであって、裁く側に居続けることはできない。つまり、事態は、政府だけの力で何とかなるというレベルを超えている。もちろん、だから外側からの軍事的介入が必要なのだなどというつもりは毛頭ない。《罪と恨みのために助け合ってはならない》（食卓章2）。助け合うのだとすれば、《正義と篤信のため》（食卓章2）でなければならない。アレッポのこの事態に関係するどのアクターに、アッラーの正義とアッラーに対する敬虔さを期待できようか。

ところで、政府だけの力ではどうにもならないという点では、原子力発電所の危機的なレベルの事故も同様である。想定外とされるような事故においては、政府だけの力では復旧も復興もとても実現しない。事故を起こした原子力発電

第8章　ガバナンスと宗教

所を抱える社会，国家の全体を維持していくことも，民間の協力は不可欠であり，政府の力だけではどうしようもない。しかしながら，政府の原子力政策に慣らされ，CO_2の排出量には細心の注意を払っても電力依存型の生活スタイルを社会の側が変えようとしない状態では，社会も政府とともに倒れてしまう。核兵器の保持についても同様である。最終的には核の抑止力に頼るような安全保障自体を変えようとしなければ，核攻撃にさらされるかもしれない脅威と，核を保有することの危険との板挟みの中で社会も身動きが取れない。

　体制は時代とともにまた状況とともに変転を続ける。しかしながら，民までもが体制とともに破滅してはいけない。たといいくたび支配者が変わっても，息づき続ける社会を支えるガバナンスが求められている。それが自由民主主義体制へ移行するために国家主導で行われるガバナンスの醸成でないことはいうまでもないが，その基礎は，家族でも部族・種族でも愛国心でも，伝統でも文化でも言語でも科学でも西洋的な意味での倫理でもない。これらでは，すべての人々にとって等しく基礎となる根拠にはなりえないからである。

　信仰と呼ばれるものが，内面化しあるいは形骸化している現状にあって，それは，世俗主義者であっても共有のできる世界との向き合い方が基本とならなければならない。最新の宇宙物理学の成果とも整合性があり，かつ来世の幸福のみを説くのではなく，現世の幸福もまたよしとしてくれるような教えが基礎にならなければいけない。

　それを仮に正しい意味での「宗教」としたならば，この「宗教」こそが，民のためのガバナンスの基礎に据えられるべきものなのである。体制転換に囚われないためのガバナンス。すべての世界にとって，そしてすべての人々にとって——いかなる人であっても死ぬことから逃れられないように——その支配に服せざるを得ない存在のみを唯一の神とし，現世のみならず来世での幸福の実現を目指すイスラームの教えが，すべての民のためのガバナンスの基礎としてグローバルなスケールで見直されるべき時代がすでに始まっているのではなかろうか（奥田，2011a）。

参考文献

イブン・ハルドゥーン（2001）『歴史序説』第1巻，森本光誠訳，岩波文庫。
ヴェーバー，マックス（1972）『宗教社会学論選』大塚久雄・生松敬三訳，みすず書房。
奥田敦（2003）「イスラームにおける法発見と法の目的論」梅垣理郎編『総合政策学の最先端Ⅲ——多様化・紛争・統合』慶應義塾大学出版会。
———（2009）「イスラーム的市民社会論と『公』の概念」田島英一・山本純一編『協働体主義中間組織が開くオルタナティブ』慶應義塾大学出版会。
———（2010）「シャリーアの包括性について——生命への信奉を超える法体系」眞田芳憲編『生と死の法文化』国際書院。
———（2011a）「グローバル化時代のイスラーム信仰」水谷周編『イスラーム信仰と現代社会』国書刊行会。
———（2011b）「都市の力，国家の力——シリア，アレッポから『民衆革命』を考える」水谷周編『アラブ民衆革命を考える』国書刊行会。
カサノヴァ，ホセ（1997）『近代世界の公共宗教』津城寛文訳，玉川大学出版部。
カリモフ，イスラーム（2009）『究極の価値』クウェイト（アラビヤ語）。
スティグリッツ，ジョセフ・E（2002）『世界を不幸にしたグローバリズムの正体』鈴木主税訳，徳間書店。
ダダバエフ，ティムール（2006）『マハッラの実像——中央アジア社会の伝統と変容』東京大学出版会。
ハバーマス，ユルゲン／ヨーゼフ・ラッツィンガー（2007）『ポスト世俗化時代の哲学と宗教』フロリアン・シュラー編，三島憲一訳，岩波書店。
バーバー，ベンジャミン・R（2007）『〈私たち〉の場所——消費社会から市民社会をとりもどす』山口晃訳，慶應義塾大学出版会。

第8章　ガバナンスと宗教

▪コラム▪

アラブ民衆革命

　2010年12月，チュニジアの若者による抗議の焼身自殺に始まったとされるジャスミン革命を皮切りにエジプト，イエメン，リビア，シリアなどへと広がっていったいわゆるアラブ民衆革命。チュニジアでは，連立政権樹立後もなお中道派アンナハダとサラフィー主義者の対立が強まっているとされるし，エジプトでは，ムルシー政権誕生後もなお新憲法制定などをめぐり対立と混乱が続いている。リビアでは，移行政府の成立後も，衝突が絶えず，一般市民の死傷者や避難者を多数出しているとされるし，イエメンでは，新大統領就任後も，アルカーイダ系勢力の拡大などあって，情勢は不安定で不透明である。

　確かにこれらの国々では独裁政権が倒れたが，問題は革命後である。いずれにおいても，報道による限り，突発的な暴力と混乱に晒され続けている。長い間の圧政によって必要以上の忍耐を強いられてきた市民たちが，革命後まず必要とされるのが，さらなる忍耐といった状況である。

　シリアは，政府軍と自由シリア軍など反政府勢力との間の内戦状態にある。犠牲者数は，12月の時点で4万人を超えたとされ，双方に戦争犯罪の疑いがかかる状態である。シリアからの難民は国連難民高等弁務官事務所（UNHCR）によると，2012年11月25日現在計約44万6千人。国内にとどまっている市民は，暴力による生命の危機に晒されながら，麻痺したライフラインの上で想像を絶する困難な日常生活を強いられている。

　そうした状況の中で民衆は，ここでも政府が倒され，民主主義さえ導入されればすべての問題は解決すると信じ込んでいる節がある。何一つ信頼できる情報がない中で，政府軍戦闘機による一般家屋へのミサイル攻撃の映像と，シリア民衆に統一を呼びかけるビデオを，途切れがちなインターネットから保存し繰り返し見続けている。政府およびその軍隊に対する憎悪は昇華され，民衆は反政府側勢力の攻勢を期待するようになる。こうした機運に乗じ反政府側は，政府軍への反攻を強めるが，政府軍はそうした動きを徹底的に排除しようとするため，双方の攻撃は激化の一途をたどり，ここでも結局犠牲を払わされるのは民衆である。

　人間が人間に犠牲を差し出させる「民主主義」という政治体制も，「革命」という手段も，果たしてそれが正しいことなのか，殺し合い憎しみ合うことによるこの種の犠牲は受忍すべき義務なのかと考えざるを得ない。イスラームの預言者ムハンマドの時代に，革命はなかったし，イスラームは民が民のために犠牲になれとは言わない。むしろそうした悪循環を断ち切れと教える。つまり，イスラームの教えの観点から，この状況を分析したとき，体制転換の狭間に，それに翻弄されないガバナンス的な特性を備えたイスラーム社会本来のありようを引き出すことができる。それは，一本のオリーブの木の領有をめぐって壁を聳えさせるのではなく，壁をとり払ってともに恵みを共有できる素地を紡ぎ出すことでもある。

あとがき

　本書は，香川敏幸先生の2010年3月における慶應義塾大学退任の記念として企画された論文集である。香川先生は，1972年に慶應義塾大学大学院経済学研究科博士課程単位取得退学後，亜細亜大学助手・専任講師・助教授（1972～81年），広島大学助教授・教授（1981～91年）を経て，母校である慶應義塾大学の総合政策学部教授として1991年から19年に渡り研究・教育にあたられた。またその間，1977年から79年にかけては「新渡戸フェロー」としてベオグラード大学経済学部にて客員研究員として在外研究を行っている。

　先生の具体的な研究関心の詳細については，先生ご自身の論考である第1章「体制の収斂か？――私の比較体制論講義」に詳しいので割愛するが，そのタイトルにある通り「体制収斂論」と「比較体制論」であり，地域的な関心は主に旧ユーゴスラヴィアに向けられた。冷戦終結と旧ユーゴスラヴィア解体という歴史的転換をうけると，先生の研究は，旧共産圏の体制転換，より詳細には旧共産圏諸国間の体制転換の比較分析およびEU統合へと向けられるようになり，地域的・分析概念的な広がりを見せた。この香川先生の興味関心の変化と研究への姿勢は，研究成果を現実社会へ還元するという研究者としての責務と，今後の日本と世界を担っていく次世代，つまり学生（先生の本務校である慶應義塾大学湘南藤沢キャンパスでは「未来からの留学生」と呼んでいた）に対して新しい概念や研究領域を積極的に教えるという教育者としての責務を，絶えず意識されていた結果であったと思われる。その旺盛な研究・教育への意欲は一切衰えることはなく，後年はそれに加えて重要な学務やロシア・東欧学会，日本計画行政学会の理事としての活動にまで邁進されていた。このような先生の研究成果の一部を収録した本書を世に出すことができたことは，編者一同，心からの悦びである。

さて，言うまでもなく，香川敏幸先生の退任を記念して企画された本書のタイトル『体制転換とガバナンス』は，本書「まえがき」で述べた学術的な意義に加えて，上述した先生の研究・教育上の関心を踏まえたものでもある。体制収斂論の観点から香川先生は，早くから「体制転換」プロセスに着目し，体制変動の差異と類似点を明らかにすることに関心をもたれていた。その結果，「比較体制論」，「旧ユーゴスラビアにおける体制研究」，「中東欧諸国の体制転換研究」，「EU拡大の中東欧諸国へのインパクト」に関する研究を経て最終的に「超地域・超領域のガバナンス」という概念を構築するに至ったのである。このように，先生の研究は，常に「体制転換プロセス」に対する深い洞察から生じ深化してきたと言えよう。

　そしてこのたび，香川先生の問題関心に共鳴・賛同する香川先生にゆかりのある諸先生方からご専門とする国家，地域に関する論考を寄せて頂いた。しかしながら，予定よりも2年近く遅れての刊行となってしまい，結果として執筆者の先生方には度重なる加筆修正をお願いすることになってしまったのは，ひとえに編者の力不足によるものである。それにもかかわらず，快く論考のアップデートや修正に応じていただいた執筆者の先生方に，この場を借りて改めて御礼を申し上げたい。また当企画を実現するうえで，まさに生みの親として常に編者を支えてくださった，ミネルヴァ書房東寿浩様にも心からの感謝の気持ちを表したい。

　そして何より，新たなる門出に記念論集が間に合わなかったことを香川敏幸先生に心からお詫びするとともに，これまでのご恩に改めて感謝したい。

　　2012年11月30日

市川顕・稲垣文昭

あとがき

付　記

　本書の編集作業も大詰めを迎えた1月30日，加藤寛先生が逝去された。加藤先生には，本書の企画段階より親身に相談に乗っていただいた。さらに，「巻頭言」のご執筆をお願い申し上げたところ，早速ご快諾下さった。出版予定が大幅に遅れてしまったにもかかわらず，体調の優れない中，すみやかに「巻頭言」をお寄せ下さったことには，いかなる言葉をもっても感謝の念を表しきれない。今となっては，出版が遅れたことをただ悔むばかりである。加藤寛先生のご冥福を心からお祈り申し上げたい。

2013年2月20日

編者一同

索　引
(＊は人名)

あ 行

アイデンティティ・ポリティックス　144
アキ・コミュノテール　79
アサンブレア　149, 166, 167
アソシエイティブ・ネットワーク　167
新しい社会階層　177
アフガニスタン侵攻　29
アラブの春　iv, 175
アレッポ　209
　——のスーク　203
安定化・連合協定　46
アンディジャン事件　114
イード（祝祭）の礼拝　204
イエス　197
移行国家群　12
移行不況　36
イスラーム，イスラーム教　vii, 127, 135
　——の教え　211
　——の商業倫理　202
一族支配　119
イデオロギー　17
　——の終焉　17
＊イブン・ハルドゥーン　197, 199
インセキュリティ・ジレンマ　135
インターネット　186, 187, 191
ヴィシェグラード・グループ　13, 18
＊ヴェーバー　193
上からの改革　130
ウズベキスタン　111, 205, 206
エピステミック・コミュニティ　85, 86

＊エリツィン　130, 131
エリツィン政権　8, 10
縁故主義　118, 119, 122-124
円卓会議　31
エンパワーメント　167
欧州化　16, 68
欧州危機　48
欧州共同体（EC）　12
欧州経済地域（EEA）　13
欧州憲法制定条約　45
欧州自由貿易連合（EFTA）　13
欧州への回帰　39
欧州連合　4
欧州連合協定（EAA）　12
オレンジ革命　117

か 行

外国直接投資　40
＊ガイダール　10
　——・チーム　10
核兵器　210
カザフスタン　111
家産制　134
活版印刷　186
寡頭制　119
ガバナンス，ガバナンス論　iv, 112, 114, 115,
　207, 211
カラー（色）革命　117
カリモフ，I.（ウズベキスタン大統領）　205,
　204
環境円卓会議　76

索　引

環境基金　77, 78
環境使用料・課徴金　77
環境保護・自然資源省　77
環境問題の「安全弁」化　75
帰一論　3
議会制民主主義　115, 119, 120
旧コメコン　12, 13
旧ソ連圏　v
旧ユーゴ　4, 13, 21
共産主義　135
共産主義時代のパラドクス　71
共産主義体制　iii
共産党　95, 129, 132
共産党一党独裁　122, 130
共産党第一書記　116
共産党体制　122
競争関係法　11
拒否権　92
ギリシャ政府債務危機（ソブリン債務危機）　48
キリストの教え　197
キルギス　111
近代化　113, 128
グッド・ガバナンス　208
クライエンティリズム（パトロン・クライアント）　156
グラスノスチ（グラースノスチ）　2, 29, 124
グリーンフィールド型投資　40
クルアーン（コーラン）　200
クロアチア　4
経済改革の第2段階　30
継続と刷新　vi
経路依存性　111
権威主義　118, 119
権威主義化　120
権威主義国家　183
権威主義体制　92, 119, 120, 147

権限区分条約　99
現存する社会主義　3
原発事故　210
抗議運動　150
公共空間　159
公共宗教　195
公共性　159, 168
構成共和国　96
＊江沢民　175, 176, 178, 190
公的ナショナリズム　127
＊胡錦濤　175
国内輸出企業 PEWEX　34
＊呉軍華　179, 184
国家会議　100
国家環境保護検査局　77, 78
国家統合　94
コペンハーゲン・クライテリア　80
＊ゴルバチョフ　2, 12, 121, 124

さ　行

最後の日　198
債務・環境スワップ　77
ザカート（喜捨）　202
サブプライム・ローン危機　50
参加型公衆　152
参加型予算　vii, 149
三重の移行　113, 115, 130
私営企業経営者　174, 176
シェンゲン条約　43
資金還流（リパトリエーション, repatriation）　54
市場経済移行　7, 15
市場経済移行諸国　6
市場経済化　174
市場経済改革　15
市場経済創造　15
市場経済転換・移行　15

219

市場創造　15
氏族　127
下からの改革　130
自治共和国　97
実施面の不備　71, 72, 77, 78, 86
資本主義　2
資本主義体制　112
市民権　150
市民参加　148, 162
市民社会　195
シャーティビー　199
シャリーアの目的　199
社会運動　143
社会主義　2, 122, 184, 188
社会主義自主管理体制　4, 5, 21
社会主義体制　112, 126, 130
社会的実践　165
『社会的進歩の原理』　18
社会的排除　144
社会的連帯性　165
社会統合　154
社会保障プラン　158
社会民主主義　2
宗教　211
＊習近平　191
終身大統領　116
自由民主主義　iii
収斂論　2, 3, 17, 18
主権　114
主権宣言　96
準大統領制　115, 121, 122
　──国家　121
上訪　185
ショック療法　6, 10
「ショック療法」対「漸進的で緩やかな療法」
　　9
シリア　209

新家産制（ネオ・パトリモニアリズム）
　133-136
　──化　111
　──国家　vi, 134
新家産的　134, 135
信仰行為　203
新思考外交　27
新自由主義　143, 153
親族集団　122
人民政治協商会議　179-184
人民代表大会　179, 181-183
新ユーゴ　21
スーク　202
スカヴィナ事件　73
スタハノフ運動　69
スルタニズム　120
スロヴァキア　6
スロヴェニア　4
生活共同組合　159
政治行動　147
政治参加　163, 164
政治制度　134
政治体制　113-115
政治体制転換　122
政治の多元性　119
政治的パトロネージ　134
政治発展　113
政治文化・政治体制　135
正統性　185, 187
制度的革命党　188
セーフティネット　203
世銀（世界銀行）　8, 9
戦争状態（ヤルゼルスキとの）　28
全体主義　119
全体主義体制　119
ソビエト社会主義共和国連邦（ソ連）　2, 111,
　121, 130, 133

索　引

ソビエト社会主義人民共和国　127
ソ連化＝ロシア化　113
ソ連型工業化　69
ソ連共産党　127, 131

　　　　　　た　行

第一次国家環境政策　78
第一書記　124, 125
第三の波　113
大衆民営化　37
体制　112, 133
体制移行　6, 67, 115, 132
体制移行論　iii
体制収斂論　v
体制転換　iii, 6, 23, 25, 67, 112, 114, 115, 118, 126, 134
大統領制　113, 117, 120-122, 129
大統領全県代表　103
代表制　150
代表民主制　154
タジキスタン　111
脱私事化　196
ダルーリーヤート（必須事項）　199
タルカーチ（押し屋）　25
単一制　91
地域閥　123, 135
チェコ　6
地縁　127
地方主義　123
チャウシェスク政権　33
中・東欧諸国（中・東欧）　6, 7, 8, 12, 13, 16
中央集権　126
中国共産党　vii, 173, 175, 176, 178-183, 185-188
中産階級　173, 174
中東欧地域　v
チューリップ革命　114, 117, 135
帝国　112

テクノクラート型民営化　38
天安門事件　175, 176
伝統的共同体　128
ドイツの統一　33
統一ロシア　vi, 104
東欧革命　2
討議空間　152, 161
討議民主主義　vii, 164
＊鄧小平　177, 190
同族主義　122-124
投票行動　151
東方拡大　4
道路封鎖　156
独裁制（独裁体制）　116, 119
　　──国家　119
＊トマス・アクィナス　200
トルクメニスタン　111

　　　　　　な　行

ナショナリズム　206
ニース条約　45
ネットワーク　160

　　　　　　は　行

排他的共和国　119
バウチャー型民営化　37
パトロン・クライアント（親分子分）　122, 124, 134
　　──ネットワーク　134, 135
＊ハバーマス　208
バラ革命　117
バルツェロヴィチ・プログラム　31, 79
バルツェロヴィチ改革　6
バルト海諸国都市同盟　82
ハンガリー　6
ピケテーロス　vii, 149
非民主主義国家　183

221

＊プーチン　vi
部族　123, 127
部族閥　123
部族連合　123
負の遺産　9, 15
部門別集権的経済管理　125
＊ブレジネフ　126
　　──・ドクトリン　26
　　──政権　25
分権　94
平和の配当　12
北京オリンピック　190
ヘルシンキ委員会　81
ヘルシンキ宣言（第2次）　30
ベルリンの壁　30
ペレストロイカ（建て直し）　2, 12, 29, 125, 126
ペロニスタ党　156
封建（主義）的支配　125
封建体制　125
封建領主　125-127, 129, 133, 135
封建領主化　125, 126
ホーネッカー政権　26
ポーランド　6
ポーランド・エコロジカル・クラブ　73
ボスニア・ヘルツェゴヴィナ紛争　39
ポピュリズム　155

ま　行

マゾヴィエツキ新政権　35
マハッラ　204
マルクス主義　2
マルチレベル・ガバナンス　82, 86
「三つの代表」重要思想　vii, 176, 190
南東欧　6
民営化　10, 11, 15
民営化証書（バウチャー）　37
民営化政策　10

民衆的ナショナリズム　127
民主化　17, 91, 93, 174
　　──・市場経済化　114, 115
民主化論　iii
民主主義　120, 145
　　──の質　145
　　──の深化　145
民主諸党派　182
民主制　145
民族　95
民族自決　96
民族主義　101, 129
名称民族　96
＊毛沢東　177, 179, 190

や　行

ユーゴスラヴィア紛争　38
歪んだ真珠　207
＊ヨハネ・パウロ2世（カロル・ヴォイティワ）　27

ら　行

＊ラッツィンガー　208
ラマダーン月の斎戒（サウム）　203
リーマン・ショック　50
利益集団　166
リスボン条約　45
理性　208
ルーフ（霊，聖霊）　205, 206
冷戦　1
　　──の終焉　3, 4
連合協定（欧州協定）　13
連帯　27, 74, 76
連帯意識　198
連邦会議　101
連邦管区　103
連邦構成主体　99

222

連邦条約　99
連邦制　vi, 91, 92
労働者党（PT）　162
ローマ条約（EEC設立条約）第85条・第86条・第92条　12
ロシア・CIS　6, 7, 12, 15

わ　行

ワシントン・コンセンサス　iv, 6
渡り現象　34

アルファベット

EfEプロセス　83-86

EU　vi
　——の共通ルール（Acquis communautaire）　16
　——の第6次拡大（あるいは第5次拡大）　45
EU加盟　23
EU環境アキ・コミュノテール　vi
IMF　8, 9
Phare（PHARE: Poland and Hungary Assistance for the Restructuring of the Economy）　13

223

《執筆者紹介》（執筆順，＊は編者）

香川　敏幸（かがわ・としゆき）**第1章**
　　1944年　生まれ。
　　1972年　慶應義塾大学大学院経済学研究科博士課程単位取得退学。
　　現　在　慶應義塾大学名誉教授。
　　主　著　『グローバル・ガバナンスとEUの深化』（共編著）慶應義塾大学出版会，2011年。
　　　　　　『総合政策学の最先端Ⅳ――新世代研究者による挑戦』（共編）慶應義塾大学出版会，2003年。
　　　　　　『総合政策学の最先端Ⅰ――市場・リスク・持続可能性』（共著）慶應義塾大学出版会，2003年。
　　　　　　『人類社会時代の経営』（共著）総合法令，1994年。
　　　　　　ウィストリッチ，アーネスト『欧州合衆国の誕生――市場統合をこえて』（監訳）文眞堂，1992年。
　　　　　　ウォレス，ウィリアム・V／R・A・クラーク『コメコン　ソ連・東欧諸国の選択――変革の嵐はなぜ起ったか』（共訳）文眞堂，1990年。

家本博一（いえもと・ひろいち）**第2章**
　　1950年　生まれ。
　　1980年　神戸大学大学院経済学研究科博士後期課程単位修得退学。博士（経済学）。
　　現　在　名古屋学院大学大学院経済経営研究科教授。
　　主　著　『中欧の体制移行とEU加盟（下）――ポーランド』三恵社，2004年。
　　　　　　『ポーランド「脱社会主義」への道――体制内改革から体制転換へ』名古屋大学出版会，1994年。
　　　　　　バルツェロヴィチ，レシェク『社会主義・資本主義・体制転換』（共訳），多賀出版，2000年。

＊市川　顕（いちかわ・あきら）編者，まえがき，**第3章**，あとがき
　　1975年　生まれ。
　　2006年　慶應義塾大学大学院政策・メディア研究科後期博士課程修了。
　　　　　　博士（政策・メディア）慶應義塾大学。
　　現　在　関西学院大学産業研究所准教授。
　　主　著　「EUにおける再生可能エネルギー政策と『ポーランド問題』」久保広正・海道ノブチカ編著『EU経済の進展と企業・経営』勁草書房，2013年。
　　　　　　『グローバル・ガバナンスとEUの深化』（共編著）慶應義塾大学出版会，

2011年。
「EU 第五次拡大と環境政策」羽場久美子・溝端佐登史編著『ロシア・拡大EU（世界政治叢書）』ミネルヴァ書房，2011年。
「マルチレベル・ガバナンスの有効性──バルト海の環境問題を事例として」野村亨・山本純一編『グローバル・ナショナル・ローカルの現在』慶應義塾大学出版会，2006年。

長谷直哉（はせ・なおや）第4章
　1979年　生まれ。
　2009年　慶應義塾大学法学研究科後期博士課程単位取得退学。
　現　在　椙山女学園大学現代マネジメント学部非常勤講師。
　主　著　「ロシア連邦制の構造と特徴──比較連邦論の視点から」『スラブ研究』第53号，2006年。
　　　　　「『公正ロシア』の誕生──なぜ中道左派政党が必要とされたのか」『ロシア・東欧研究』第36号，2007年。
　　　　　「ロシア連邦制と開発政策──東シベリア・太平洋パイプラインのルート決定過程を中心に」『体制転換後のロシア内政の展開』北海道大学スラブ研究センター21世紀COEプログラム「スラブ・ユーラシア学の構築」研究報告書No. 22，2007年。

*稲垣文昭（いながき・ふみあき）編者，まえがき，第5章，あとがき
　1971年　生まれ。
　2003年　筑波大学博士一貫課程国際政治経済学研究科単位取得退学。
　　　　　博士（政策・メディア）慶應義塾大学。
　現　在　高崎商科大学商学部兼任講師，慶應義塾大学SFC研究所上席所員（訪問）。
　主　著　「電力を巡る中央アジアの国際関係──ロシア，アフガニスタンと水資源対立の相互作用」『海外事情』2012年9月号。
　　　　　「タジキスタンの水資源政策にみるアラル海流域問題──ソ連からの制度的遺産とエネルギーとしての水資源」『政策情報学会誌』第3巻第1号（共著），2009年。
　　　　　「中央アジアの国際関係と日本の外交」金沢工業大学国際学研究所編『日本外交と国際関係』内外出版，2009年。
　　　　　「アメリカの対ウズベキスタン政策──新生国家ウズベキスタンの主権とアメリカの覇権」『国際政治』138号，2004年。

廣田　拓（ひろた・たく）**第6章**
　1969年　生まれ。
　2004年　慶應義塾大学大学院政策メディア・研究科博士課程修了。
　現　在　昭和女子大学人間文化学部国際学科准教授。
　主　著　「グローバリゼーション下のアルゼンチンにおける市民社会の政治化——ピケテーロス運動に焦点を当てて」『グローバル・ナショナル・ローカルの現在』慶應義塾大学出版会，2006年。
　　　　　「民主主義の深化の過程における新しい『公共空間』の創出——1990年代のアルゼンチンの経験から」『ラテンアメリカ研究年報』，第25号，2005年。

加茂具樹（かも・ともき）**第7章**
　1972年　生まれ。
　2001年　慶應義塾大学大学院政策・メディア後期博士課程修了。
　　　　　博士（政策・メディア）慶應義塾大学。
　現　在　慶應義塾大学総合政策学部准教授。
　主　著　『現代中国政治と人民代表大会——人代の機能改革と「領導・被領導」関係の変化』慶應義塾大学出版会，2006年。
　　　　　『中国　改革開放への転換——「一九七八年」を越えて』（共編著）慶應義塾大学出版会，2011年。
　　　　　『党国体制の現在——社会の変容と中国共産党の適応』（共編著）慶應義塾大学出版会，2012年。

＊奥田　敦（おくだ・あつし）編者，**まえがき，第8章**
　1960年　生まれ。
　1990年　中央大学大学院法学研究科博士課程後期課程規定年限経過後退学。法学博士。
　現　職　慶應義塾大学総合政策学部教授。
　主　著　『イスラームの人権——法における神と人』慶應義塾大学出版会，2005年。
　　　　　「都市の力，国家の力——シリア，アレッポから『民衆革命』を考える」水谷周編著『アラブ民衆革命を考える』国書刊行会，2011年。
　　　　　『イスラームの豊かさを考える』（共編著）丸善プラネット，2011年。
　　　　　「シャリーアの包括性について——生命への信奉を超える法体系」眞田芳憲編『生と死の法文化』国際書院，2010年。
　　　　　「イスラーム的市民社会論と『公』の概念」田島英一・山本純一編著『協働体主義——中間組織が開くオルタナティブ』慶應義塾大学出版会，2009年。

体制転換とガバナンス

| 2013年5月10日 | 初版第1刷発行 | 〈検印省略〉 |

定価はカバーに
表示しています

編著者	市　川　　　顕
	稲　垣　文　昭
	奥　田　　　敦
発行者	杉　田　啓　三
印刷者	田　中　雅　博

発行所　株式会社　ミネルヴァ書房

〒607-8494　京都市山科区日ノ岡堤谷町1
電話代表　(075)581-5191
振替口座　01020-0-8076

©市川・稲垣・奥田ほか，2013　創栄図書印刷・新生製本

ISBN978-4-623-06472-4
Printed in Japan

大津定美・松野周治・堀江典生 編著 中ロ経済論	A5・360頁 本体4,500円
堀江典生 編著 現代中央アジア・ロシア移民論	A5・460頁 本体8,000円
広瀬佳一・吉崎知典 編著 冷戦後のNATO	A5・276頁 本体3,500円
天理大学EU研究会 編 グローバル化時代のEU研究	A5・258頁 本体5,500円
鷲江義勝 編著 リスボン条約による欧州統合の新展開	A5・412頁 本体4,000円
田中 宏 著 EU加盟と移行の経済学	A5・284頁 本体3,800円
山本吉宣・羽場久美子・押村 高 編著 国際政治から考える東アジア共同体	A5・320頁 本体3,200円
山下英次 著 東アジア共同体を考える	A5・516頁 本体7,500円
松下 冽 著 グローバル・サウスにおける重層的ガヴァナンス構築	A5・356頁 本体7,000円
木村雅昭・中谷真憲 編著 覇権以後の世界秩序	四六・322頁 本体3,800円

———— ミネルヴァ書房 ————

http://www.minervashobo.co.jp/